# HISTOIRE

DE

L'AUGUSTE ET VÉNÉRABLE

# ÉGLISE DE CHARTRES

*Dédiée par les anciens Druïdes à une
Vierge qui devoit enfanter.*

Tirée des Manuscrits & des Originaux de cette Eglise.

Par Vincent SABLON, *Chartrain.*

Nouvelle édition, revue, corrigée & augmentée.

CHARTRES
PETROT-GARNIER, LIBRAIRE
Place des Halles, 16 & 17.

M. DCCC. LXV.

# HISTOIRE

DE

# L'ÉGLISE DE CHARTRES.

*La véritable Représentation de l'ancienne Image de la Sainte Vierge, qui est révérée dans les Grottes de l'église Cathédrale de Chartres.*

*Réduite sur les proportions de 28 pouces 9 lignes de hauteur et d'un pied de largeur.*

(Reproduction d'une ancienne estampe. — XVII<sup>e</sup> siècle.)

# HISTOIRE

DE

L'AUGUSTE ET VÉNÉRABLE

# ÉGLISE DE CHARTRES

*Dédiée par les anciens Druïdes à une
Vierge qui devoit enfanter.*

Tirée des Manuscrits & des Originaux de cette Eglise.

Par Vincent SABLON *Chartrain*.

Nouvelle édition, revue, corrigée & augmentée.

CHARTRES
IMPRIMERIE DE GARNIER
Rue du Grand-Cerf, 11.

—

M. DCCC. LXIV.
1865

Aux Venerables
# DOYEN, CHANOINES,
et Chapitre de N. Dame
de Chartres.

MESSIEVRS,

*Il n'a pas fallu que je confultaffe long-temps mon devoir, pour fçavoir à qui il eftoit à propos que ie dediaffe cette Hiftoire de l'Eglife de Chartres. Le feul titre que porte ce Livre ne m'a pas permis de balancer en aucune maniere fur ce suiet, et ie ne pouvois fans une extreme iniuftice en difpofer qu'en voftre faveur, puis que en vous le prefentant ie ne vous fais qu'une reftitution de ce qui vous appartient. En effet, quelle meilleure protection pouvois-ie choifir à l'Eglife de Chartres, que la voftre, MESSIEVRS, qui en* estes les Ministres sacrez, qui tous les iours par vos ferventes prieres vous y rendez les Mediateurs entre Iesus-Christ et les hommes, et qui luy arrachez souvent des mains la foudre preste à tomber sur leurs testes coupables? Non certes, Messieurs, ie ne pouvois pas mieux l'addresser qu'à vous, qui en estes les plus forts arc-boutans et les plus fermes colomnes, et quand i'aurois cherché par toute la France les plus illustres personnes, les Evesques et les Archevesques les plus celebres, et quand mesme i'aurois esté iusques dans l'Italie pour la mettre à l'abry d'autres noms encore plus specieux et plus éclatans, comme de Nonces, de Legats, de Cardinaux, ou de celuy même qui est le vicaire de I. C. ie ne croirois pas encore avoir fait vn choix plus avantageux, que celuy que i'ay fait auiourd'huy en vous prenant pour mes Protecteurs. Si vous n'estes pas des Evesques, des Archevesques, des Nonces, des Légats, des Cardinaux et des Papes, l'on peut dire neantmoins que vous en estes, comme une sainte pepiniere. Ouy, Messieurs, l'histoire m'apprend, que l'on a tiré de vostre venerable Compagnie non seulement des Evesques, des Archevesques, des Legats et des Cardinaux en grand nombre, mais des Papes même. Martin V. estoit Chanoine de Chartres, et Boniface VIII. estoit Archidiacre de Pinserais, devant que d'estre élevez au souverain Pontificat: et ie ne doute point, si les François n'estoient point exclus de la Papauté, comme ils le font depuis un long temps par une politique Italienne, que l'Eglife ne tiraſt encore auiourd'hui des fouverains Pontifes de voſtre illuſtre Corps. Car, Meſſieurs, l'on peut dire qu'il eſt floriſſant autant que iamais en hommes de fçavoir, de piété et de fainteté de vie, et que s'il y euſt iamais temps ou il aye excellé en grands hommes, c'eſt à prefent qu'il y excelle le plus, et ce Siecle n'a point lieu de porter envie aux Siecles paſſez, finon en ce que les perfonnes de mérite n'y font pas recompenfées comme elles l'eſtoient alors. Mais ce vice d'ingratitude ne s'empare pas toutefois fi generalement des efprits des grands Seigneurs, que les vertus extraordinaires ne trouvent quelquefois leur appuy chez eux, et n'ayent la recompenfe qu'elles meritent. Ceux que l'on a tirez depuis fept ou huict ans du milieu de vous pour les faire Evefques, l'un de Lombés et de Nifmes, l'autre de Troye, l'autre de Cifteron, l'autre de Mafcon, l'autre de Lavaur, et les autres, d'autres lieux, font voir quels fecours vous feriez capables de donner à l'Eglife, fi l'on retiroit d'entre vous tous ceux, qui en pourroient dignement remplir les places les plus eminentes. Mais s'il eſt à defirer pour vous que vous ayez ces hautes dignitez qui font deuës à voſtre mérite, il ne l'eſt pas pour la Ville de Chartres, qui en vous perdant feroit privée de fes plus beaux ornemens, il ne l'eſt pas auſſi pour moy, qui ferois privé de plufieurs *d'entre vous qui me font l'honneur de me confiderer, et à qui ie fuis comme à vous,*

  *MESSIEVRS,*

     Le tres-humble, tres-obeïffant,
     & affectionné Serviteur
       SABLON.

# PRÉFACE.

Ce n'est pas à proprement parler une nouvelle histoire de la Cathédrale de Chartres que nous avons la prétention de publier aujourd'hui : parmi les descriptions si nombreuses de notre célèbre basilique, nous avons choisi celle qui, depuis près de deux siècles, a toujours conservé sa popularité, et en nous efforçant d'en faire disparaître toute erreur et de l'approprier à l'état actuel de l'église Notre-Dame, nous avons tâché aussi de lui conserver, autant que nous l'avons pu, son caractère original. Le véritable auteur de cette petite histoire, si complète et si intéressante dans sa brièveté, est donc Vincent Sablon.

A peine ce livre eut-il paru en 1671, qu'il remplaça dans toutes les mains, et l'histoire d'Étienne

Prévost, beaucoup trop abrégée, et la *Parthénie* de Rouilliard, beaucoup trop diffuse : tel fut son succès que deux ans après on était forcé de le réimprimer. Depuis, l'histoire de Sablon a eu quatorze éditions successives, toutes remaniées et remises au courant : la dernière de ces éditions, préparée par les soins du savant M. Hérisson, date de 1835. Dès longtemps déjà elle était épuisée et sans cesse redemandée; nous avons pensé faire œuvre agréable à tous ceux qui visitent notre Cathédrale en publiant de nouveau ce petit manuel qui est le meilleur *cicerone* de l'église Notre-Dame de Chartres. Mais en même temps nous avons voulu travailler aussi pour nos bibliophiles chartrains, et nous avons préparé une seconde édition plus complète, tirée à petit nombre et que nous avons enrichie de plusieurs gravures. Nous avons fait précéder l'ouvrage de Sablon d'une notice sur sa famille, due aux patientes recherches d'un de nos infatigables confrères, M. Ad. Lecocq, et nous avons réimprimé la curieuse dédicace que notre auteur avait placée en tête de sa première édition, aujourd'hui presque introuvable.

Les dernières années qui se sont écoulées ont vu de grands changements s'opérer dans la Cathédrale : l'incendie de 1836 est venu d'abord complétement en modifier la charpente; puis la célébrité toujours croissante du pélerinage de Chartres, l'amour filial de nos pieux prélats pour la sainte patronne de leur église ont amené l'embellissement des sanctuaires et surtout la restauration complète de la crypte, où le saint sacrifice n'avait pas été offert depuis les jours néfastes de 1793. C'étaient donc des pages nouvelles à ajouter non-seulement à l'œuvre primitive de Sablon, mais encore à la dernière édition de son histoire. Nous avons tâché de décrire aussi brièvement, mais aussi exactement que possible, les changements opérés depuis une vingtaine d'années. On nous pardonnera d'avoir raconté un peu longuement l'incendie de 1836, la cérémonie du 31 mai 1855 et celle du 17 octobre 1860. D'une part, c'est le plus grand désastre qui soit arrivé à notre basilique, d'autre, ce sont deux des faits les plus mémorables pour le culte de sa patronne; nous avons cru qu'on ne nous blâmerait pas d'avoir voulu conserver avec détail le souvenir de ces grands événements. L'éditeur précédent avait joint au travail de Sablon une liste des évêques qui avaient successivement occupé le siège épiscopal de Chartres : en conservant cette liste, nous nous sommes permis de la contrôler, et, au lieu d'une énumération sèche, nous avons pensé faire plaisir à nos lecteurs en leur rappelant les traits principaux de la vie de ces prélats.

Au reste, à quoi bon dire ce que nous avons fait ? ceux qui nous liront le verront bien par eux-mêmes; quant à ceux qui ne liront pas le livre, ils liront encore moins la préface : nous nous taisons. Qu'il nous soit encore permis cependant d'implorer l'indulgence pour les fautes qui pourraient exister dans notre petit livre : nous ne désirons qu'une chose, c'est d'être forcé de faire une nouvelle édition pour les corriger.

K. L. M.

# NOTICE

SUR

# VINCENT SABLON

ET SA FAMILLE.

---

On a de la peine à s'expliquer l'indifférence du pays envers certaines intelligences qui l'ont honoré. Après avoir brillé d'un pur éclat au milieu des contemporains, ces noms s'éteignent et semblent voués fatalement à l'oubli de la postérité. Au nombre des victimes de cette fâcheuse destinée, on peut compter les trois Sablon. Trois générations successives fournissent à Chartres une notabilité, Marin Sablon, Pierre Sablon, fils de Marin, Vincent Sablon, fils de Pierre. Les histoires et les biographies chartraines ont gardé naturellement le silence sur Marin qui n'a rien écrit et n'a rien laissé de mémorable. Pierre, poète et graveur à la fois, formerait, selon des conjectures hasardées, un double personnage; l'un aurait été graveur, l'autre aurait été poète. Une confusion étrange trouble l'ordre des filiations; les noms des femmes ont été défigurés, Choedieu pour Lhommedieu, femme de Marin, Gillot pour Sedillot, femme de Pierre : peu de mentions sur Pierre et sur ses œuvres de graveur et de poète. Enfin, les ouvrages composés par Vincent ont été relatés avec des omissions incroyables.

A l'aide de communications bienveillantes et de recherches pénibles dans les registres de l'état-civil de Chartres, nous abordons la tâche d'offrir à nos concitoyens un aperçu fidèle de ces trois illustrations locales, et la liste des richesses littéraires qui ont été produites par Pierre et par Vincent Sablon.

La famille Sablon aura probablement éprouvé le sort commun à tant d'autres : issue de la campagne, elle sera venue habiter la ville vers la fin du XV<sup>e</sup> siècle; s'élevant progressivement par la puissance du travail, de l'activité et de l'économie, elle aura parcouru les conditions diverses, artisans, puis marchands ; les fils, grandis par le labeur opiniâtre des pères, auront envié des états ambitieux et aspiré même aux fonctions publiques; une instruction plus étendue et mieux dirigée aura développé leurs facultés intellectuelles. Ainsi, nous allons voir Marin, le chef des Sablon, figurer aux premiers rangs parmi les commerçants de la cité, Pierre se livrer à la passion des arts et des belles-lettres, Vincent lier commerce familier avec la muse poétique et s'étonner naïvement du langage en vile prose.

La plus ancienne indication que nous ayons rencontrée du nom de Sablon à Chartres, est donnée dans un acte devant Estienne Badoux, tabellion à Chartres, du 28 mars 1478 (1479, n. st.) « *Jehan Sablon, cordonnier, dem<sup>t</sup> à S<sup>t</sup>-Morice-lez-Chartres, doit à Perin Aubour, corroyeur, la somme de quarante huit solz tournois pour rendition de cuyr.* »

III

En 1481, le même Sablon partage avec ses sœurs Anne et Marie Sablon, « une maison, sise à Saint-Sec » et quelques terres assises à Loinville, paroisse de » Champseru. »

Une déclaration de cens pour l'année 1536, énonce : « juxte la maison de M⁰ Sablon, chaussetier, au car- » refour de l'Epée Royale en Muret, paroisse de » Saint-André. »

Dans l'intervalle de 1479 à 1536, un des descendants du modeste cordonnier, logé au faubourg Saint-Maurice, sera devenu maître chaussetier établi au-dedans de la ville, au bas de la rue Muret.

## MARIN SABLON.

En l'absence de registres de l'état-civil régulièrement tenus pour Chartres, les documents authentiques n'apparaissent pour la filiation des Sablon qu'en 1571, paroisse Saint-Aignan.

1º Le 12 avril 1571, fut baptisé *Ambroise*, fils de Marin Sablon et de Magdelaine Lhommedieu.
2º (10 mai 1572) *Françoyse*.
3º (25 octobre 1575) *Lancelot*.
4º (21 juillet 1578) *Marin*.
5º (19 janvier 1581) *Marie*.
6º (23 octobre 1582) *René*.
7º (22 *septembre* 1584) PIERRE.
8º (8 juin 1587) *Medard*.
9º (3 janvier 1589) *Magdelaine*.
10º (6 janvier 1590) *Claude*.
11º Enfin on lit sur le registre des décès de la même paroisse : « Année 1593. Samedy 16 octobre,

» mourut un petit enfant à Marin Sablon, et le di-
» manche dix-septiesme dudit moys mourut la femme
» dudit Sablon. »

Il est présumable que Madeleine Lhommedieu sera morte par suite de la dernière couche.

D'après les actes de naissance ci-dessus rapportés, Marin Sablon exerçait sur la paroisse de Saint-Aignan la profession de marchand drapier et chaussetier, l'une des plus importantes et des plus lucratives à cette époque.

Les parrains et marraines appartenaient à la classe des marchands drapiers : Pierre Sablon et Marie Sablon, femme d'Etienne Pinteau, marchand, figurent sans énonciation du degré de parenté.

Les Registres des Echevins nous apprennent que :
« le 4 mars 1588 ; les s<sup>rs</sup> Fournier et Sablon, élus et
» nommés *procureurs de la Confrairie de la passion*
» *Nostre Seigneur*, ont fait et presté serment en cette
» qualité sous le nom et autorité du Corps et com-
» munauté de la ville pour deux ans [1]. »

Le 9 octobre 1593, Marin Sablon agit dans un acte comme *gagier* de la paroisse Saint-Aignan de Chartres.

En 1598, Sablon le chaussetier était promu, par les suffrages de ses concitoyens, à la fonction d'échevin de la ville de Chartres ; c'était alors une charge considérable, souvent pénible et périlleuse ; elle exigeait les garanties d'intelligence et de probité ; l'élu n'avait pas la faculté de refuser.

Au mois de mai 1599, il fut investi pour deux ans, de la direction du Bureau des pauvres de la ville,

---

[1] Deuxième volume (1576-1607), Arch. munic.

autre poste encore difficile à remplir; les revenus de l'établissement étaient modiques et le nombre des pauvres considérable ; les guerres avaient affligé notre cité de deux siéges, à la fin du XVI<sup>e</sup> siècle (1568 et 1591); le commerce languissait, les nombreux ouvriers qui devaient être employés à la fabrication des draps et des serges subissaient les rigueurs des chômages.

Nul doute que Marin Sablon occupait un rang distingué parmi les commerçants notables de Chartres. En effet, son nom est compris dans l'assemblée des marchands qui a eu lieu devant M<sup>e</sup> Bouvart, notaire royal, les 17 et 18 avril 1575, pour la première élection d'un juge et des consuls assesseurs[1]. Il y a plus, le choix de ses collègues le portait à la présidence de ce tribunal en 1599. Une lutte assez singulière fut suscitée à l'occasion de cette nomination. Marin Sablon occupait, à cette époque, la place d'échevin, qui lui permettait de décliner l'honneur de la présidence du tribunal de commerce. Le Corps-de-Ville, jaloux de ses prérogatives, s'associa énergiquement à la cause de l'échevin ; intervint sentence du bailli de Chartres qui repoussa les prétentions de la compagnie des marchands ; appel devant le Parlement qui confirma la décision du premier juge [2].

Il est facile de comprendre que Marin Sablon, jouissant de la considération publique, en possession d'une position sociale qui comportait une large aisance, dût pourvoir ses enfants de tous les bienfaits

---

[1] L'installation d'un Tribunal de commerce eut lieu à Chartres pour la première fois le 26 août 1575.

[2] *Regist. des Echev.*, t. II (1576-1607), fol. 592 et 607.

de l'éducation : sans grande témérité, on peut dire que notre Marin Sablon aura été le créateur de la fortune de sa famille.

La tenue inexacte des registres de l'état-civil au XVIe siècle, nous a empêché de vérifier la date de sa naissance, de son mariage et de son décès.

Au résumé, Marin Sablon nous aura présenté un type curieux du marchand chartrain, père d'une très-nombreuse famille, s'enrichissant par son activité et son habileté commerciale, acquérant par son mérite personnel l'estime de ses collègues et des autres habitants, appelé par leur confiance et leurs sympathies aux fonctions les plus importantes, *gagier de la paroisse Saint-Aignan, échevin de la ville de Chartres, l'un des administrateurs du bureau des pauvres et président élu du tribunal de commerce.*

## PIERRE SABLON.

Dans la personne de Pierre Sablon se dessinent des tendances qui le distingueront complètement de Marin Sablon son père. Sa jeunesse se lance dans la carrière des arts; on a de lui une gravure de 1602 : plus tard, il se résignera, malgré ses aspirations libérales, à l'état de marchand drapier pour ne pas le conserver long-temps : le goût des lettres l'attachera bientôt à la poésie qu'il cultivera, sans négliger le titre d'élu à l'élection de Chartres.

Comme des conjectures erronées ont attribué à deux individus nommés Pierre Sablon les faits d'une seule personne, il est à propos d'élucider les questions d'identité, de filiation et de mariage.

## VII

Reproduisons d'abord l'acte de naissance de notre Pierre Sablon.

« Le dimanche XXII<sup>e</sup> jour dudit mois (septembre
» 1584), fut baptisé Pierre, filz de sire Marin Sablon,
» drappier, et de Magdalaine Lhommedieu, sa femme;
» les pareins sont honnestes hommes Pierre Mahon,
» Orpheuvre, et Crespin Le Clerc, marchand mercier,
» la mareine est Katherine Estienne, femme de Jehan
» Langlois. » (*Paroisse Saint-Aignan.*)

On connaît trois gravures dont Pierre Sablon est certainement l'auteur [1] :

1° Une copie de l'estampe de Lucas de Leyde, représentant *Lamech et Caïn* (1602);

2° *Un portrait de Rabelais;*

3° *Le portrait de Pierre Sablon,* gravé par lui-même.

Nous adressons nos remerciments à M. Emile Bellier de la Chavignerie, qui a bien voulu nous envoyer, sur notre indication, copie de l'inscription et des vers tracés autour de ce portrait; l'un des exemplaires est conservé au cabinet des Estampes de la Bibliothèque Impériale à Paris : toute incertitude est levée au sujet de l'individualité du graveur.

Profil tourné à droite dans une bordure ovale, autour de laquelle on lit : PIERRE SABLON *chartrain XXIII ans,* 1607.

Dans la marge du bas, sont inscrits ces quatre vers :

> Me contemplant vn jour en deux diuerses glaces,
> Ie veis le mien Profil despeinct naïuement ;
> Lors je deliberé en moy soudainement
> De Graver ce Pourtraict dont vous voyez les traces.

---

[1] Voy. Robert-Dumesnil, t. VI, p. 149-150 (année 1842).

VIII

Hauteur 128 millimètres, largeur 87 millimètres.

L'âge du graveur chartrain, 23 ans en 1607, correspond parfaitement avec la naissance en 1584.

Cette précocité de talent artistique dans un jeune homme de dix-huit ans qui burine une gravure d'après un grand maître, a quelque chose de prodigieux. Notre ville pouvait alors s'enorgueillir d'un assez grand nombre d'artistes renommés. Le parrain de Pierre Sablon, Pierre Mahon, était un habile orfèvre de Chartres ; nous savons que les orfèvres confectionnaient alors des figurines ciselées et autres ornements en relief ; le travail de la gravure au burin ne leur était pas étranger, puisqu'ils gravaient les armoiries sur la vaisselle d'argent des seigneurs et des prélats. Ajoutons, entr'autres noms d'artistes graveurs de notre ville, ceux de Louis Radepont, Jacques Belly et François Langlois dit Ciartres, qui florissait au XVIIe siècle.

Revenons à Pierre Sablon, graveur, dont l'origine est définitivement constatée.

Nous avons inutilement consulté les registres de l'état-civil de Chartres, pour fixer l'époque de son mariage avec Marie Sedillot. Mais dans un registre d'obits de l'ancienne paroisse de Saint-Martin-le-Viandier de Chartres (1607-1615), conservé aux archives d'Eure-et-Loir, se trouve la mention suivante :

« Honneste filz Pierre Sablon, de la paroisse de
» Saint-Aignen, a esté espousé à honneste fille Marie
» Stillot (*Sedillot*), de cette paroisse, le demenche
» 12° jour d'oust 1607. »

De cette union naquirent douze enfants :

1° et 2° (le 7 juillet 1611) deux filles *Marie* et *Catherine*.

3° (23 *août* 1612) PIERRE.
4° (17 avril 1614) *Marin*.
5° (4 juin 1615) *Jacques*.
6° (7 avril 1618) *Catharine*.
7° (27 *décembre* 1619) VINCENT.
8° (31 janvier 1621) *Jehanne*.
9° (8 septembre 1622) *Marie*.
10° (3 mai 1624) *Catherine*.
11° (9 avril 1626) *Magdalaine*.
12° (20 avril 1628) *Nicolas* [1].

Les parrains et les marraines sont choisis dans la classe des marchands, des avocats et des conseillers au bailliage de Chartres.

Ces actes de naissance consignent la profession du père qui est encore qualifié marchand en 1615; à l'acte de 1622, il prend le titre d'élu en l'élection de Chartres [2]. Le changement de condition s'est donc opéré entre 1615 et 1622. La charge d'élu était vénale, d'assez mince importance; mais elle donnait au titulaire droit de se pourvoir d'un blason et de porter le titre de conseiller du Roi: elle plaçait le possesseur au-dessus de la roture.

Déjà, Pierre Sablon s'était par son mariage élevé dans l'échelle sociale; il se trouvait allié avec les familles Sedillot, Fresnot, Nicole et Lemaire, qui exerçaient des emplois au bailliage ou dans les aides et gabelles.

---

[1] Les cinq premiers enfants et le dernier sont nés sur la paroisse Saint-Aignan, et les six autres sur celle de Saint-Saturnin.

[2] Le corps des officiers en l'élection de Chartres était alors composé d'un président, d'un lieutenant et de six élus, plus d'un procureur du Roi et d'un greffier.

Pierre Sablon, délivré des soucis et travaux du commerce, consacre ses loisirs au culte des Muses. Le versificateur est révélé par un rarissime petit volume qu'il publia en 1631 ; il est intitulé : ABRÉGÉ DE L'HISTOIRE DES ROYS DE FRANCE, *depuis Pharamond jusques à* LOVYS XIII *de ce nom, dit le* IUSTE *à présent régnant, par* PIERRE SABLON, *conseiller du roy, esleu en l'eslection de Chartres, dédié au roy, et par lui présenté à Sa Majesté*, à Paris, par Robert Sara, M. DC. XXXI (in-8° de 32 pages).

Ce n'est pas une œuvre de longue haleine ; l'auteur raconte dans son épître au roi les difficultés qu'il a éprouvées pour résumer dans un quatrain l'histoire d'un seul règne.

Nous donnerons d'abord un extrait de cette épître en vers, pour montrer au lecteur le talent poétique de notre compatriote : il est dans cette allocution dégagé de toutes les entraves qu'imposait l'analyse des faits historiques.

### AV ROY.

Louys Roy magnanime, à qui l'autheur des Cieux
En la main droite a mis le sceptre précieux
Et versé dans le cœur la Divine semence
De Foy, de Piété, de Justice et Clémence ;
Tout ainsi que durant la plus chaude saison,
Lorsque la Chienne ardente est sur nostre orison,
La provide formis dans les champs se transporte
Pillant de tous costez du froment qu'elle emporte
Dedans son réservoir en la terre cavé,
Qu'elle dégerme, afin d'estre mieux conservé :
Ou bien comme l'abeille, au printemps agréable,
Succotte d'un parterre en couleur variable

XI

Les fleurs de çà de là, puis dedans sa maison
Ménagère en produit le doux miel à foison :
 De mesme en la saison de ces estez malades
J'ay plusieurs fois seulet fait maintes promenades
Dans le fertile champ de l'histoire des Rois,
Qui de suitte ont tenu le sceptre des François :
Et dedans le jardin qui contient délectable
De leurs variétez le récit véritable.

. . . . . . . . . . . . . . . .

Recevez-le benin, non tant pour ce qu'il vient
De mon débile estoc, que pour ce qu'il contient :

. . . . . . . . . . . . . . . .

Car en tous ces quatrains par suittes enchaînées
Des règnes et des temps j'observe les années :
Et nul n'en pourra voir la difficulté,
S'il n'a premièrement tel ouvrage tenté.
 Voilà succintement et en peu de mots, SIRE,
Ce qu'en son cœur s'estoit proposé de vous dire
Sur ce petit labeur, dont grand est le sujet,
Vostre humble Serviteur, Officier et Sujet.

. . . . . . . . . . . . . . . .

       PIERRE SABLON.

Après cet hommage de tout bon courtisan, il crut devoir placer, en tête de ses quatrains, les odes, sonnets, quatrains et épigrammes que ses parents et amis lui adressèrent pour le féliciter. C'est d'abord son beau-frère Sedillot [1], puis Martin, principal du collége Pocquet, J. Guéau, Fr. Sainte-Marthe, et jusqu'à son fils Pierre, âgé de 19 ans, élève du collége,

---

[1] P. Sedillot, avocat au bailliage et vicomté de Nogent-le-Roi, était parrain de Pierre, troisième enfant de P. Sablon, et ce dernier l'avait été également, le 12 juin 1612, d'un enfant de P. Sedillot.

qui lui envoya un quatrain en vers latins; à la suite, cette traduction en vers français :

Mon Père, je vous suis grandement redevable
De ce que vous m'avez d'un tel frère pourveu.
Puisse ma Muse un jour vous rendre le semblable,
En vous faisant l'ayeul d'un aussi bon neveu !

Nous croyons que les lecteurs verront avec plaisir le compliment poétique qui fut adressé à Pierre Sablon par Fr. Sainte-Marthe, l'un des érudits les plus éminents du XVIIe siècle :

DIGNISS. VIRO D.
PETRO SABLON IN ELECT.
*Carnot. Consil. Reg. super editione
Epitomes historicæ.*

EPIGRAMMA.

Tot Regum sortem brevibus describere chartis,
 Ætates varias imperiique vices,
Est animi præstantis opus : quos integer orbis
 Vix cepit, (mirum !) pagina parva tenet.
Fluminis auriflui jam se non jactet arenis
 India, nec flavo Eusia clara Tago.
Nam SABVLONE suo splendet natalis Adura,
 Cui benè Pactolus cedat, et ipse Tagatus.

      Fr. SAMMARTHANVS, Paris.

*Le mesme en françois.*

De tant de Roys en bref les fortunes descrire
Et les mutations des temps et de l'Empire,
Est l'œuvre d'un esprit vraiment judicieux.
Ceux que de l'univers le globe spacieux

### XIII

A peine peut comprendre, (ô Dieu, quelles merveilles!)
Ce livret les contient en ses petites fueilles.
Que le peuple Indien n'aille plus tant prisant
De son Pactole cher le sablon reluisant,
Ny le fier Portugais celuy du riche Tage :
Car l'Eure en son Sablon brille bien davantage ;
Et luy doivent sans doute, avec tout leur bel or,
Cedder le Tage mesme et le Pactole encor.

A la page 13 du volume commence la série de soixante-quatre quatrains, en autres termes, de tous les règnes depuis Pharamond jusqu'à Louis XIII. Nous allons reproduire quelques-uns de ces quatrains.

### CLOVIS (491).

Clovis des Roys Chrestiens est le premier en nombre ;
Règne autant que régna son père Chilpéric ;
Vainc le Prince Alaric : puis ternit et rend sombre
Son renom, quand pour Mets il occit Chararic.

### CHARLEMAGNE (757).

Charlemagne régna quarante sept années,
Dont cinq fois cinq il fut empereur d'Occident :
Attéra du Lombard les fières destinées ;
Vainquit Mores, Saxons; dévot, juste, prudent.

### HUGUES CAPET (987).

Hugues Capet obtient des François la couronne,
Il restaure l'Estat pour lors en désarroy ;
Il ordonne les Pairs; il combat en personne,
Vainc Charles de Loraine; est trois fois trois ans Roy.

XIV

## LOUIS IX (1227).

Saint-Louys tient le sceptre unze fois quatre années;
Benin donne secours aux Chrestiens du Levant;
Pris, engage l'hostie ; évite les menées
Du Sultan ; revient, meurt l'Afrique poursuivant.

## HENRI IV (1589).

Henry-le-Grand s'acquiert le sceptre par sa lance;
Par Nicolas de Thou dans *Chartres* est sacré :
Vainc tous ses ennemis ; voit du sort l'inconstance ;
Est vingt ans et dix mois au suprême degré.

L'opuscule que nous avons dépouillé se termine par un *Sonnet* et une *Prière pour le Roy* composée de dix stances.

Nous livrons au lecteur l'appréciation du mérite littéraire de Pierre Sablon, comme versificateur. M. Hérisson n'a pas émis un avis favorable sur ces poésies qui *seraient*, selon lui, *pitoyables ;* un critique plus moderne a jugé que les quatrains étaient préférables à ceux de Le Ragois et du père Loriquet. Nous signalons, à l'avantage de Pierre Sablon, le privilége de l'antériorité pour ces méthodes mnémotechniques qui sont en vigueur dans les écoles, comme secondant l'enseignement de l'histoire et de la géographie.

Reste à savoir si le bagage littéraire de Pierre Sablon se réduit à l'opuscule de 1631. Nous avons vainement recherché d'autres ouvrages du poète chartrain.

Nous n'avons pu découvrir la date du décès de Pierre Sablon et de sa femme : l'un et l'autre avaient cessé de vivre en 1646, puisqu'ils n'assistaient pas au mariage de Vincent Sablon.

Il nous a été également impossible de trouver des traces du jeune poète Pierre Sablon, qui adressait des compliments en vers à son père en 1631.

## VINCENT SABLON.

A la troisième génération, la famille Sablon a décidément rompu avec le passé de ses ancêtres et avec le commerce de la draperie : en 1646, Vincent Sablon est qualifié de *noble homme, conseiller du roi et élu en l'élection de Chartres*. L'héritage poétique de Pierre Sablon aura été transmis à son fils Vincent, qui portera au plus haut degré la gloire des Sablon, pour aller finir humblement ses jours au presbytère de son fils, le curé de Gambais.

Avant tout, reproduisons la teneur de l'acte de naissance et de l'acte de mariage de Vincent Sablon.

*Acte de naissance.*

« Le 27 décembre 1619.

» *Vincent*, fils de *Pierre Sablon*, m<sup>d</sup> drappier, et *Ma-*
» *rie Sedillot*, sa femme, a esté nommé par Mathurin
» Deleau, m<sup>d</sup> drappier, fils de Esprit Deleau, advocat
» en Parlement, de la paroisse de Ablye, son parain,
» avec Marthe Frenot, veufve feu m<sup>e</sup> Claude Sureau,
» lui vivant advocat à Chartres, de la paroisse de
» Saint-Aignan, sa mareinne. (*Paroisse Saint-Aignan*).

» MARTHE FRESNOT, DELEAU. »

*Acte de mariage.*

« Ce lundy, douziesme jour de febvrier mil six cens
» quarante six, furent épousez noble homme maistre

» *Vincent Sablon*, conseiller du Roy et éleu en l'élec-
» tion de Chartres, et *Marguerite Le Maire*, fille de
» honorable homme maître Ives Le Maire, vivant re-
» ceveur de Beaulieu, et d'honnête femme Catherine
» Le Feron, tous deux de cette paroisse, en présence
» de vénérable et discrette personne maistre Blaise
» Le Feron, docteur en théologie, chanoine de Char-
» tres, archidiacre de Dunois, official et grand vicaire
» de monseigneur l'Evesque de Chartres ; maistre An-
» toine Le Maire, chanoine de Chartres et archidiacre
» de Vendosme ; maistre Jacques Le Maire, aussy cha-
» noine de Chartres ; maistre Blaise Le Feron aïeul
» maternel de ladite mariée et plusieurs autres,
» tant d'un costé que d'autre, cy signez.

» Feron, B. Feron, Lemaire, Lemaire,
» Bouvart, Deleau, Foriel, Abot, Lambert,
» Aubouyn, Masson. » (*Paroisse Sainte-Foy.*)

Ce mariage rattacha plus étroitement Vincent Sablon aux familles les plus considérables de la cité chartraine, et aux notabilités du bailliage et du clergé ; ainsi, les actes de naissances des enfants nous indiquent comme parrains et marraines les noms des Leféron, Lemaire, Fresnot, Depardieu, Sedillot, Mauvoisin, Robert, etc.

Voici la liste des douze enfants, issus de Vincent Sablon et de Marguerite Lemaire :

1º (23 juin 1648) *Jean-François*.
2º (5 septembre 1649) *Joseph*.
3º (30 octobre 1650) *Jacques*.
4º (18 juillet 1652) *Marguerite*.
5º (20 mars 1655) *Pierre*.
6º (30 juin 1656) *Jacques*.

7º (19 mars 1660) *Catherine.*
8º (3 avril 1661) *Florentine.*
9º (18 août 1662) *Marie-Madelaine.*
10º (18 mars 1664) *Joseph-Vincent.*
11º (15 avril 1665) *Yves-Noël.*
12º (12 mars 1668) *Jeanne* [1].

Passons en revue les titres littéraires de Vincent Sablon.

Consignons d'abord la remarque que ses biographes ont fourni une énumération incomplète de ses productions [2].

Au XVIIᵉ siècle, le bailliage de Chartres comptait au nombre de ses membres, plusieurs poètes plus ou moins distingués! Un usage de l'époque appelait les confrères à l'insigne mission de tresser des couronnes en faveur du livre nouveau-né; c'étaient des sonnets, des odes, des épigrammes à la louange de l'auteur. Ainsi, *La Parthénie* de Rouillard (1609), *les Coutumes de Chartres* [3] et autres publications, étaient accompagnées d'hommages en vers latins ou français; on voit briller les noms de Challine, Nicole, conseiller; Nicole, avocat; J. Nicole; Gilles et

---

[1] Tous ont été baptisés paroisse de Sainte-Foy.

[2] D. Liron, *Biblioth. Chart.*, p. 280. — *Biogr. Hist.*, Paris, Menard et Desenne, 1822, t. 34, p. 50. — *Biogr. univers.* de Michaud, supp., t. 80, p. 233.
Ses concitoyens Doyen, Chevard, Doublet de Boisthibault, dans leurs listes des savants du pays chartrain, n'ont pas indiqué les noms de Pierre et Vincent Sablon, et l'ouvrage intitulé *les Hommes illustres de l'Orléanais*, t. 1, p. 175 et 262, accorde à Vincent quatre lignes !!!

[3] Paris, Huby, 1604. — Paris, Moreau, 1630. — Chartres, M. Georges, 1645.

Estienne Tulloüe; Fl. Chouayne; Hesard; P. Laigneau; A. Mussard; M. Lemaire. L'avocat Jacques Dulorens (1583-1658) publia un volume de satires fort estimées : Jean Nicole, président de l'Election de Chartres en 1658 et 1659, fit paraître deux volumes de poésies diverses. En dehors du bailliage, la ville de Chartres et les autres localités du diocèse avaient, au cours du XVI° et du XVII° siècle, fourni une pléiade d'illustrations poétiques, notamment Desportes (1546-1606). Régnier (1573-1613), Bourlier, etc., etc. A cet élan généreux qui animait les imaginations poétiques, Vincent Sablon ne dut pas résister : il paya son tribut au Parnasse en mettant au jour, à l'âge de quarante ans, en 1659, une œuvre magistrale.

LE GODEFROY OV LA HIERVSALEM DESLIVRÉE *à Paris, chez la veuve Denis Thierry.* M. DC. LIX. *avec privilége du roy* [1].

In-4° de 153 pages, plus trois pages pour l'épître à monseigneur Ferdinand de Neufville, évesque de Chartres, abbé de Saint-Wandrille et conseiller du roy en ses conseils, etc.

Dans cette épître, V. Sablon espère que le roi se montrera docile aux bons conseils de notre évêque, et que les Français devront, dans une nouvelle croisade, tenter de reconquérir la Terre-Sainte : « Ce
» sera lors, que vous redresserez les croix de Lor-
» raine en la Palestine, que vous y porterez les fleurs
» de lys, que vous arborerez l'estendart de IESUS-
» CHRIST dans le milieu de Hiérusalem, et que vous
» gagnerez à la foy, par la force de votre éloquence,

---

[1] A la fin du privilége est la mention : « Achevé d'imprimer les » cinq premiers chants, le 3 octobre 1659. »

» ces peuples infidelles que nostre roy très chrestien
» aura gagnez par l'effet de ses armes invincibles.
» Ce sera alors que marchant sur les pas du Tasse,
» à qui je me laisse tous les jours tenir la main pour
» un dessein de cette importance, j'entonneray d'un
» vers héroïque les merveilles que feront nos Fran-
» çois en cette expédition militaire, où vous aurez
» la meilleure part, etc. »

Vincent Sablon n'a pas fait preuve de modestie, en plaçant au verso du titre de son poème de Godefroy, cette épigraphe, qu'il a imitée en partie de l'auteur latin.

*Pro captu lectoris habent sua fata libelli.*

Selon que le lecteur aura l'esprit capable,
Les livres trouveront le destin favorable.

Les vers français de V. Sablon, dans sa traduction du Tasse, ne sont pas de la meilleure facture; il est bien inférieur à ses devanciers R. Belleau, Régnier et Desportes. La traduction se borne aux cinq premiers chants de la *Jérusalem délivrée* du Tasse.

Douze années plus tard (1671), il fit paraître une autre traduction en vers français, de *La Hiérusalem délivrée du Tasse*[1] en vingt chants; chacun des chants est orné d'une gravure; en tête de l'ouvrage, se trouve un frontispice gravé, avec le portrait du Tasse, au bas une jolie petite vue de Paris.

---

[1] Paris, Denis Thierry, rue Saint-Jacques, avec privilége du Roy, 1671; deux volumes in-16. Le privilége est le même que celui du *Godefroy* publié en 1659, et il est dit : « Achevé pour la première » fois le 30 avril 1671. »

La nouvelle traduction avait refondu et entièrement changé l'édition de 1659 pour les cinq premiers chants. Le lecteur jugera des progrès et des améliorations que l'auteur apportait dans l'œuvre de 1671, par la comparaison des deux traductions.

CHANT II. *Édition de* 1659.

Afin de haster d'aller à la Cité
Qui de leur grande course est le but limité,
De moment en moment à travers la nuit brune
Ils regardent aux cieux d'une envie importune,
Pour voir si le soleil d'un visage riant
Venoit point éclairer les terres d'Orient.

*Édition de* 1671.

Un si bouillant transport embrase leurs esprits,
Et d'une telle ardeur ils ont les sens épris,
Que d'instant en instant à la voûte étoilée
Qui d'un brouillard obscur étoit toute voilée,
Ils jettent les regards pour voir si dans la nuit
Du costé d'Orient quelque clarté reluit.

CHANT III. *Édition de* 1659.

Qui fait ployer l'essieu sous un fais lourd et grand,
Qui met le charme à bas et le cèdre odorant,
Qui charge de ce bois cette forte charette,
Et qui fait de cette autre une charge mieux faite.
Enfin l'air retentit du bruit des ouvriers,
Du fer et de l'acier en différens quartiers :
Aux bruits divers qu'ils font les bestes les plus fières,
Et les oyseaux s'en vont des nids et des tanières.

## XXI

*Édition de* 1671.

Ceux là, d'arbres sentans une agréable odeur
Chargent des chariots d'excessive grandeur.
Les bruits des ouvriers meslez à ceux des scies
Font retentir au loin les forets éclaircies,
Aux cris diversement dans les airs épandus,
Au son du fer encor à ces bruits confondus,
L'oiseau quitte son nid, la beste sa tanière
L'un secouant son aile, et l'autre sa crinière.

Blaise de Vigenère avait donné, du vivant du Tasse, une traduction en prose française de la *Jérusalem délivrée*. Un siècle plus tard, J. Baudoin, de l'Académie française, entreprit la même tâche, sans grand succès. Il appartenait au poète chartrain V. Sablon d'exercer sa verve poétique pour une œuvre aussi importante, aussi longue et aussi difficile ; vingt-quatre mille vers !!! Inutile de citer la médiocre traduction en vers de Duvigneau (Paris, 1595).

Mirabaud, qui fit une traduction en prose de ce même poème, s'exprime dans sa préface en ces termes peu charitables envers V. Sablon. « Cette dernière
» traduction est complète, et ce n'est pas un avan-
» tage pour le public. La médiocrité du style se souf-
» fre dans la prose, mais elle est insupportable dans
» les vers : et on peut assurer que la poésie de
» cette traduction est fort au-dessous du médio-
» cre, etc., etc. »

Les traductions de V. Sablon ne sont pas fort estimées, il est vrai ; elles n'eurent qu'une édition.

Trois mois après, en 1671, les presses de Fr. Hotot, imprimeur à Orléans, livraient au public une autre œuvre de V. Sablon ; un succès durable lui était réservé. *Histoire de l'Auguste et vénérable église de Chartres dédiée par les anciens Druides à une Vierge qui devoit enfanter. Tirée des manuscrits et originaux de ladite église, par V. Sablon, Chartrain* [1].

L'histoire est précédée d'une dédicace aux Chanoines de l'église de Chartres et d'une préface ; voici des extraits de ces deux morceaux ; commençons par la dédicace.

« *Messieurs*, je ne pouvois pas mieux l'adresser
» qu'à vous, qui en êtes les plus forts arcs-boutans
» et les plus fermes colonnes ; et quand j'aurois cher-
» ché par toute la France les plus illustres personnes,
» les Evêques et les Archevêques les plus célèbres,
» et quand même j'aurois été jusque dans l'Italie,
» pour la mettre à l'abri d'autres noms plus spécieux
» et plus éclatans, comme de Nonces, de Légats, de
» Cardinaux, ou de celui même qui est le vicaire de
» *Jesus-Christ*, je ne croirois pas avoir fait un choix
» plus avantageux que celui que j'ai fait aujourd'hui,
» en vous prenant pour mes protecteurs. Si vous
» n'êtes pas des Evêques, des Archevêques, des
» Nonces, des Légats, des Cardinaux et des Papes,
» l'on peut dire néanmoins que vous en êtes comme
» une sainte pépinière . . . . . . . . . . . . . . . »

Dans sa préface, l'auteur se complaît à développer les motifs qui l'ont engagé à écrire cette histoire.

« Après avoir passé la plus grande partie de mon
» âge [2] à ne lire que des vers tant italiens, espa-
» gnols, latins que françois, et à en faire un grand

---

[1] Le privilège est daté du 20 juillet 1671, et pour dix années.
[2] Il avait alors 48 ans.

» nombre dans ces deux dernières langues, et sur-
» tout en la nôtre, dans laquelle mon dernier ou-
» vrage composé de vingt-quatre mille vers, intitulé :
» *La Hierusalem delivrée du Tasse*, paroist en lumière
» depuis deux moys et demy : Je croyois que je ne
» devois point me hazarder à écrire en prose, comme
» estant un genre d'écrire, pour lequel j'ay plutost
» de l'aversion que de l'inclination, parce que soit
» que j'en lise ou que j'en fasse, ce qui m'arrive ra-
» rement, je ne me sens point élever l'esprit, comme
» quand je lis ou que je fais des vers. Néantmoins,
» vaincu par les prières de mes amis qui ont désiré
» cela de moy, j'ay fait un Abrégé de l'Histoire de
» l'Eglise de Chartres pour plusieurs habitants de
» cette ville, et pour un grand nombre de Pélerins,
» et de gens de la campagne qui la demandent tous
» les jours. . . . . . . . . . . .

» .... Monsieur Rouillard, advocat à Melun, nous
» en a écrit une assez ample, mais bien ennuyeuse
» aussi : Car, pour la parfaire d'une juste grosseur,
» il y a tant fourré de fratras, tant d'exclamations
» froides, de fades applications, d'inutiles exagéra-
» tions et tant de badineries, qu'il faut être plus que
» Tiercelet de Job pour lire son livre sans perdre
» patience. Ce n'est pas qu'il n'y ait de belles choses
» et de très curieuses recherches; mais on peut dire
» qu'elles sont des pierres précieuses enchassées
» dans du laiton. Je n'ay jamais tant eu de peines
» qu'il y a trois sepmaines quand je leus son livre,
» et je puis jurer que quand je vivrois dix mil ans,
» je ne le relirois jamais, à moins qu'il n'y allast
» d'un avantage extraordinaire pour moy. Il faut
» bien que ce livre soit réputé très méchant, puis-

» que aucun ne l'ose réimprimer de crainte d'estre
» condamné aux dépens. »

Il ne sera pas indifférent pour les lecteurs de connaître les dispositions quelque peu vaniteuses du personnage dont nous traçons la biographie : ses critiques de Rouillard n'étaient ni courtoises ni justes, puisque V. Sablon lui a emprunté les matériaux pour écrire l'Abrégé de l'histoire de l'Église de Chartres. La peine du talion lui fut administrée par Dom Liron : « Je ne vois pas que cet ouvrage soit autre chose
» qu'un méchant abrégé de la Parthénie de Rouil-
» lard, rempli de fautes tout-à-fait grossières [1]. »

V. Sablon avait voulu placer son Histoire de l'église de Chartres sous la protection du Chapitre de la Cathédrale; à cette intention, il avait écrit son épître dédicatoire. Il fut déçu dans ses espérances, comme nous l'apprennent les registres capitulaires.

« Le 19 août 1671. M. Sablon, ci-devant esleu, pré-
» sente deux livres qu'il a fait imprimer : l'Histoire
» de l'Eglise de Chartres qu'il a dédiée à MM[rs] du
» Chapitre.

» Les deux livres mis ez mains de MM[rs] les Archi-
» diacres de Dreux et de Pinserais, ils rapportent
» avoir veu le livre de M. Sablon où ils ont trouvé et
» remarqué tant à l'épître qu'au corps du livre plu-
» sieurs choses à redire.

» Lui sera dit que le Chapitre n'agrée point son
» présent, si auparavant il ne corrige son livre. »

V. Sablon passa outre et ne tint aucun compte des observations émises par le Chapitre.

La leçon était dure pour l'amour-propre du poète

*Biblioth. Chartr.*, p. 280.

qui avait employé dans sa dédicace, à l'égard des chanoines, les termes les plus adulateurs : le temps adoucit la rancune de l'auteur.

Une deuxième édition parut en 1683 avec les retranchements qui avaient été exigés. Dans un avis intitulé : *L'Imprimeur au lecteur*, l'auteur épanche, sous forme aigre-douce, les regrets qui le touchaient encore : « *Toutes ces choses ont fait vendre la première édition de ce livre, quoyque plusieurs en ayent critiqué quelques endroits.* »

Les passages incriminés et éliminés en l'édition de 1671 se réduisaient à dix : 1° l'Epître dédicatoire et la Préface ; 2° p. 33, La mention du caveau sous le maître-autel ; 3° p. 35, Sur la rareté du réveil-matin à horloge ; 4° p. 85, Il est dit que le guet étant éloigné des caves, on n'y peut boire frais ; 5° p. 117, Sur la sixième messe, les jours de jeûne ; 6° p. 123, Siéges ôtés dans le chœur dans l'Octave de Pâques ; 7° p. 186, Le Miracle d'un nommé Guillot ; 8° p. 194, Le Miracle d'un enfant au village de Bleine ; 9° p. 214, Miracle d'un chapelain ignorant ; 10° p. 223, Miracle de madame Corbin.

V. Sablon avait obéi à l'injonction du Chapitre dans l'édition de 1683 ; mais le libraire René Bocquet crut pouvoir en 1694, après le décès de l'auteur, imprimer une seconde nouvelle édition, qui était en tous points semblable à celle de 1671 : le privilège était expiré, l'auteur était décédé ; le libraire usait donc de son droit.

Ce livre assurément n'était pas exempt de reproches ; mais il était établi d'une manière favorable pour la vente, format commode, prix modique, à la convenance des pèlerins qui venaient alors en voyage à Notre-Dame de Chartres. Un seul opuscule d'une trentaine de pages, qui eut deux éditions bientôt épuisées, avait été anciennement composé par Et. Prévost[1]. Quant à la *Parthénie* de Rouillard, elle était d'un prix trop élevé pour beaucoup de visiteurs. Les faits ont donné raison à l'œuvre de V. Sablon ; douze éditions successives qui ont été recherchées et débitées avant ce jour, répondent victorieusement aux détracteurs de cette histoire.

Le goût poétique de V. Sablon perce même quand le sujet prêtait médiocrement aux inspirations de sa muse : le chapitre III de son livre est écrit en vers; il traite de la *Description extérieure de l'église Notre-Dame;* ce chapitre a toujours été laissé intact dans chacune des éditions, malgré les nombreux changements et modifications qui ont été apportés successivement dans quelques parties de l'ouvrage. Il contient des passages de poésie descriptive d'une bonne facture ; il commence ainsi :

> Au centre de la Ville, entre huit avenues,
> Ce saint Temple s'élève à la hauteur des nues,
> Et sa base s'enfonce autant dans les Enfers
> Que son faîte orgueilleux s'élance dans les airs;
> Dans le vaste Univers il n'est pas une roche
> Dont la pointe superbe à sa hauteur approche,
> Calpé même, Abyla, ni l'arrogant Atlas,
> En grandeur avec luy ne se comparent pas ;
> Et ces monts élevez qui voisinent les nues,
> Et l'orgueil sourcilleux de leurs têtes chenues,

---

[1] *Petit Traicté touchant la fondation et érection de l'Eglise de Chartres*, par Est. Prévost. (Chartres, Pisson, 1558) et une autre édition (Bocquet, 1675).

### XXVII

De tous les autres monts eux qui sont les Géants,
Ne semblent que des Nains, ou plutôt des néants.
Il n'est rien de si haut, de si grand que sa cime;
Sa pointe touche au Ciel, son pied touche à l'abîme;
Et par ces deux Clochers célèbres en tous lieux,
Joignant d'un ferme nœud les Enfers et les Cieux,
Ils donnent aux habitans de la voûte azurée
Du zèle des Chartrains une marque asseurée;
Et par la profondeur de ses saints fondemens,
Il accroist des Démons la rage et les tourmens.
Ce Temple est merveilleux en son Architecture,
Merveilleux en son art non moins qu'en sa structure,
Merveilleux au dedans, merveilleux au dehors,
Et merveilleux enfin en tout son vaste corps.
Il est immense et vaste et de structure antique :
L'ordre gottique l'orne avec le mosaïque,
Et par leur ornement et leur antiquité,
Ils le font vénérable à la postérité.
Des entrailles d'un mont sa masse composée
D'un art ingénieux en croix est divisée.
Son superbe lambris en arcades ployé
Sur cent fermes piliers a son faix appuyé;
Et cent forts arcs-boutans faits à plusieurs étages
Le deffendent partout des vents et des orages.
D'ouvrages si divers l'édifice assorty,
Par un maître sçavant artistement bâty,
Ne se voit point orné de marbre ou de porphire,
Ny de ces ornemens que le vulgaire admire;
. . . . . . . . . . . .

Nous terminerons par l'énumération des nombreuses éditions de cet ouvrage; chacune de celles que nous allons indiquer a passé sous nos yeux, nous avons l'assurance qu'aucune n'a échappé à notre investigation.

L'auteur de l'article V. Sablon de la *Biographie universelle* (suppl., tom. 80, p. 233) cite des éditions en 1673 et 1677, que nous ne connaissons pas : il suppose que plusieurs des éditions indiquées n'ont d'autre motif d'existence qu'un simple rajeunissement de frontispice. Nous croirons aux éditions de 1673 et 1677 quand nous les aurons vues.

1re. — HISTOIRE DE L'AVGVSTE ET VENERABLE EGLISE DE CHARTRES, *Dédiée par les anciens Druides à une Vierge qui devoit enfanter. Tirée des Manuscrits et des Originaux de cette église. Par V. SABLON, Chartrain.* Imprimée à Orléans, chez Fr. Hotot, et se vend à Chartres chez René Bocquet, 1671 ; in-12 de 244 pages. Plus la dédicace et la préface.

2e. — 1683. 2e édition. Chartres, chez René Bocquet et chez Est. Massot, imprimeur, 194 pages et un avis de l'imprimeur [1].

3e. — 1694. 2e édit. Chartres, chez René Bocquet, libraire. Imprimée à Orléans, 244 pages ; plus une dédicace et une préface. Une gravure sur cuivre représentant l'église Notre-Dame.

4e. — 1697. 3e édit. Chartres, Ve Et. Massot, imp.-libr., de 208 pages. Plus un avis au lecteur et une gravure sur bois [2].

5e. — 1707. 4e édit. Chartres, Ve Marin-Machefert, imp. de 144 pages.

[1] Dans cette édition, comme dans celle de 1697, il y a eu omission du chapitre XVI.

[2] A commencer de cette édition, le nom de l'auteur disparaît du titre : dans l'avis au lecteur, l'éditeur annonce « que les Miracles » de la saincte Vierge se vendront séparément, pour la commodité » de ceux qui en voudront. »
Nous n'avons jamais rencontré cette publication détachée.

XXIX

6ᵉ. — 1714. Dernière édition ¹. Chartres, Vᵉ Lefort, libraire, de 138 pages.

7ᵉ. — 1715. Chartres, And. Nicolazo, impr., de 131 pages.

8ᵉ. — 1767. Chartres, Et. Cormier, impr., de 119 pages.

9ᵉ. — 1774. Chartres, Fr. Letellier, impr., de 119 pages.

10ᵉ. — 1780. Chartres, Michel Deshayes, imp., de 134 pages.

11ᵉ. — 1808. Chartres, Vᵉ Mich. Deshayes, imp., de 183 p. ².

12ᵉ. — 1835. Chartres, P.-H. La Balte; imp., de 180 pages ³.

13ᵉ. — 1860. Chartres, Petrot-Garnier, libraire; imprimerie de Garnier, de 211 pages, plus une préface, et ornée de cinq gravures.

14ᵉ. — 1861. Chartres, Garnier, impr., 1 vol. petit in-8°, sur papier vergé, encore sous presse au moment où nous écrivons, et tiré seulement à 75 exempl., pour la *Bibliothèque de l'Amateur d'Eure-et-Loir*.

L'édition de 1835 avait été revue et augmentée par M. Hérisson. Dans les deux dernières, plusieurs chapitres ont été ajoutés et contiennent la description de diverses cérémonies et restaurations qui ont été établies depuis le XIXᵉ siècle.

---

¹ A dater de cette édition le titre porte dernière édition.

² Cette édition contient, en supplément, le tableau alphabétique des cures et succursales du département d'Eure-et-Loir.

³ Dans l'édition de 1835 se trouvent comme additions : la Liste des Evêques qui ont occupé le siége de Chartres, la nouvelle organisation ecclésiastique ainsi que la description de l'ancien trésor des reliques de la cathédrale. Beaucoup d'exemplaires de cette édition ont un titre lithographié et une image de la Vierge comme frontispice. Le nom de Garnier, imprimeur-libraire, devenu acquéreur en 1841 de l'imprimerie et de la librairie La Balte, y est apposé au lieu du nom du véritable imprimeur; il n'y a pas de date.

D'après l'assertion de D. Liron[1], Vincent Sablon serait auteur d'un ouvrage intitulé LES AMOURS DE VÉNUS ET D'ADONIS. Malgré nos investigations, nous n'avons pu savoir si cet ouvrage avait été imprimé. M. Em. Bellier de la Chavignerie, que nous avons consulté à ce sujet, n'a pas découvert ce livre imprimé dans l'immense dépôt de la Bibliothèque Impériale à Paris.

Une note manuscrite du savant abbé Brillon, qui l'a tracée sur un exemplaire de D. Liron, possédé par la Bibliothèque de Chartres[2], indique que V. Sablon serait encore l'auteur de RABELAIS PURGÉ DE SON SÉRIEUX, *qui n'aurait pas été imprimé.*

Il est à remarquer que, malgré ses mépris pour le langage prosaïque, Vincent Sablon, ce grand amateur de poésie, n'aura survécu dans la mémoire de ses compatriotes que par un seul ouvrage écrit en prose, *Histoire de l'auguste et vénérable Eglise de Chartres;* l'auteur ne semblait pas attacher haute importance à ce livre qui a fondé sa renommée.

Nous avons exploré les diverses phases d'élévation et de prospérité qui ont illustré la famille Sablon; bientôt les revers de la fortune vont l'atteindre.

On a vu que les mariages de Marin, de Pierre et de Vincent Sablon avaient donné naissance à un nombre considérable d'enfants. Comment se fait-il que de ces lignées aucun rejeton n'apparaisse plus vers la fin du XVII⁰ siècle à Chartres? Il est probable que, suivant la loi générale, ces familles, originaires d'artisans, parvenues par le travail et le commerce

---

[1] *Biblioth. Chartr.,* p. 280.
[2] *Catal. des Manusc.,* n° 68, 2ᵉ partie, p. 280.

XXXI

à l'apogée de l'aisance, auront essuyé les conséquences fatales de l'oisiveté orgueilleuse et dépensière. *Ainsi s'évanouissent les grandeurs de ce monde!* Vincent Sablon assista malheureusement à la décadence de sa famille. Il abdiqua le titre honorifique d'élu à l'Election de Chartres.

Disons en terminant que les trois Sablon auront dignement supporté les faveurs et les disgrâces de la fortune. On chercherait vainement les blasons de ces marchands anoblis qui conservèrent modestement leur nom patronymique ; ils surent résister aux exemples que la vanité bourgeoise multipliait dès cette époque :

 . . . . . . . . D'un nom de métairie
 Se faire dans le monde un nom de seigneurie.

Jean-François Sablon, le fils aîné, né le 23 juin 1648, exerça les fonctions de Notaire et Secrétaire du Chapitre de Chartres, pendant les années 1675-1677; en novembre 1678, il fut nommé curé de la paroisse de Gambais [1], qu'il administra jusqu'au 18 novembre 1691, époque de son décès.

Le modeste presbytère de Gambais servit de refuge à la vieillesse de Vincent Sablon.

Nous complétons nos documents biographiques en rapportant la copie de l'acte de décès.

« L'an mil-six-cent-quatre-vingt-treize, le vingt-
» unᵉ jour du mois d'aoust, est décédé Monsieur
» Vincent Sablon, âgé de soixante-quatorze ans, Con-

---

[1] Autrefois du diocèse de Chartres, actuellement de l'évêché de Versailles, canton de Houdan (Seine-et-Oise).

» seiller du Roi, ci-devant élu dans l'Election de
» Chartres, mari de damoiselle Marguerite Lemaire,
» demeurant dans cette paroisse, après s'estre con-
» fessé à M. Louis Bissay, vicaire de cette paroisse,
» et avoir reçu le Saint-Viatique du corps de N. S.
» J. C. par nous curé soussigné, et le sacrement
» d'Extrême-Onction par les mains dudit M. Louis
» Bissay, et a été inhumé dans l'église Saint-Aignan
» audit lieu, après les ordinations, par nous curé
» soussigné, assisté de Dominique Barbot, son gen-
» dre, de M.... curé de Bourdonné et Louis Bissay;
» lesquels ont signé avec nous.

» Barbot, Bissay, Dutronchay. »

Ad. Lecocq.

Chartres, 24 janvier 1861.

Pl. 1 bis.

PORTAIL ROYAL DE LA CATHÉDRALE DE CHARTRES.

# HISTOIRE ET DESCRIPTION

DE

# L'ÉGLISE CATHÉDRALE

DE CHARTRES.

## CHAPITRE PREMIER.

### Des Druides.

Les anciens peuples des Gaules ont été les plus religieux du monde : la candeur de leur vie, aussi bien que la pureté de leurs Prêtres, appelés communément Druides, les a rendus célèbres parmi toutes les nations, leur a mérité que Dieu leur fît part de ses plus belles lumières, et leur a découvert par avance l'Incarnation de son Fils, qu'il devait accomplir dans la suite des temps. César et Chrysostôme nous témoignent que ces Prêtres étaient en grande vénération. Les Rois ne faisaient rien sans les consulter; ils se conduisaient par leurs avis, et quoiqu'ils fussent élevés au-dessus d'eux par l'éminence de la dignité du trône, ils leur étaient néanmoins soumis par une dépendance religieuse et exécutaient ponctuellement leurs oracles. Pendant que les Rois défendaient l'État par leurs armes, les Druides rendaient la justice aux peuples; ils connaissaient de toutes sortes de crimes; ils jugeaient souverainement et sans appel, et leurs jugements n'étaient pas moins révérés que s'ils eussent été prononcés par la bouche de Dieu. La plus grande peine dont ils punissaient les coupables était une espèce d'excommunication qui consistait dans l'interdiction des Sacrifices : ceux qui étaient frappés de cet anathème étaient abandonnés de tout le monde. Les Druides étaient exempts de toutes les charges publiques et n'allaient point à la guerre : la paix et la piété faisaient leur partage, et souvent ils s'entremettaient pour pacifier les différends des Princes. Le peuple était persuadé que plus il y avait de Druides, plus il y avait de fertilité et d'abondance; que plus ils étaient honorés, plus l'État était florissant, et que la valeur des soldats ne peut rien sans les prières.

Ces prêtres vivaient sous la juridiction d'un souverain sacrificateur qui était l'arbitre de la religion et qui leur commandait avec autorité : celui qui avait le plus de mérite tenait toujours le premier rang. Ils étaient philosophes, théologiens et astrologues, et tenaient des écoles publiques de ces sciences. Leur principal soin était de faire couler dans l'âme de leurs écoliers et parmi le peuple la créance de l'immortalité de l'âme, afin que, par l'espérance d'une plus heureuse vie, ils leur inspirassent le mépris de la mort et les rendissent intrépides dans les périls. De là vient qu'au rapport d'Elien et d'Aristote, les Gaulois ne craignaient ni les tremblements de terre, ni les tempêtes sur mer, ni les foudres du ciel, ni la mort même qui est la plus horrible de toutes les choses. Ils affrontaient les dangers, et quand Alexandre demanda à leurs députés ce qu'ils craignaient, ils répondirent qu'ils n'appréhendaient que la chute du ciel.

> De là naissait en eux cette bouillante envie
> D'affronter une mort qui donne une autre vie,
> De braver les périls, de chercher les combats,
> Où l'on se voit renaître au milieu du trépas.

Le cours des études était chez eux de vingt ans; ils enseignaient les sciences en vers, parce que cette façon d'enseigner, étant plus concise et plus claire, soulage merveilleusement la mémoire, et fait bien une autre impression dans l'esprit que la prose; c'est ainsi que les livres d'Aristote furent mis en vers pour faciliter l'étude, et qu'on fit jusqu'à trois cent mille vers pour enseigner l'ancienne jurisprudence selon Justinien. Aussi on voit que les peuples, successeurs des Druides dans le pays chartrain et de Dreux, sont pleins d'esprit et font des vers facilement : Desportes, Regnier, Rotrou, Godeau, évêque de Vence et de Grasse, et plusieurs autres encore, qui se sont fait admirer par leurs beaux ouvrages, sont originaires de ces lieux. A cette méthode les Druides en ajoutaient une autre, c'est qu'ils ne donnaient aucun écrit, et Origène écrivant contre Celse, épicurien, le raille de ce qu'il citait les livres des Druides. César en rapporte deux raisons: la première, pour ne pas rendre les mystères et les sciences populaires; la seconde, pour bannir des étudiants la paresse et les obliger à apprendre les choses sans se fier à des cahiers, et à n'être point sujets aux reproches qu'Antisthène fit à un de ses amis qui se plaignait d'avoir perdu des commentaires très-curieux : *Tu ne devais pas*, lui disait-il, *les écrire sur le papier, mais dans ton esprit*. Cependant, ces peuples étaient idolâtres et adoraient Teutatès,

Hésus, Bélénus et Taramis. Leur religion allait jusqu'à la superstition, et ils étaient tellement attachés à leurs cérémonies, qu'ils méprisaient toutes les autres. Personne ne sacrifiait sans eux, et comme ils faisaient une profession particulière de deviner et de prédire le futur, ils étaient consultés de toutes les parties du monde; ils faisaient ordinairement leur demeure dans les forêts, à cause du gui de chêne, qui était le principal sujet de leur culte; quoiqu'ils fussent répandus dans toute la France et qu'il y en eût dans la Bretagne et dans l'Allemagne, néanmoins ils firent connaître ces cérémonies particulièrement dans les confins du pays Chartrain. C'était là qu'ils tenaient leurs grands jours, selon César, et leurs assemblées générales en certain temps de l'année. Ils célébraient leurs sacrifices dans des cavernes et des lieux souterrains, parce qu'ils croyaient tirer leur origine des dieux de l'enfer : et comme la ville de Chartres, dite *Autricum*, en grec, par Ptolémée, parce qu'elle est pleine d'antres, de cavernes, de grottes et de caves dans le roc, était bâtie alors en grande partie de souterrains, ils en faisaient le lieu principal de leurs cérémonies et y consacrèrent un autel à une Vierge qui devait enfanter, VIRGINI PARITURÆ.

Dieu s'est communiqué particulièrement à trois sortes de devins avant l'Incarnation de son Verbe : aux Mages, aux Sybilles et aux Druides. Les Mages, très-savants dans l'astrologie, ayant prévu que le Dieu du ciel devait naître un jour sur la terre, en attendaient l'avénement avec une extrême impatience, et Dieu la leur manifesta tant par une révélation particulière que par l'apparition d'une étoile extraordinaire. Les Sybilles ont reçu le don de prophétie en récompense de leur virginité, et ont pénétré dans les plus grands mystères de la religion chrétienne. Les Druides qui avaient eu communication avec les Egyptiens, les Phéniciens et les Juifs, et qui avaient lu leurs livres, connurent par un esprit prophétique plutôt que par une prédiction fortuite, qu'*une Vierge enfanterait un jour un Fils pour le salut et la félicité de l'univers*. Ils lui élevèrent des autels en plusieurs endroits, avec cette inscription : *Virgini pariluræ*, et jetèrent par ce moyen, dans la ville de Chartres, les premiers fondements de la dévotion à la sainte Vierge, et de ce superbe Temple, chef-d'œuvre de l'art, que les Chrétiens ont consacré à sa gloire, et qui est aujourd'hui le séjour de la sainteté et de la grâce.

## CHAPITRE II.

### De la manière dont cette église a été bâtie.

Cet Autel, élevé par les Druides en l'honneur de la sainte Vierge, dans la ville de Chartres, long-temps avant la venue du Fils de Dieu, demeura dans le même état jusqu'à ce que les ténèbres du paganisme, cédant aux lumières de l'Evangile, fussent dissipées. Sans mettre ici en question si saint Savinien et saint Potentien ont été les premiers Apôtres de cette contrée, s'ils passèrent par Chartres avant d'aller à Sens, s'ils y envoyèrent saint Edoald et saint Altin pour cultiver la foi dont ils avaient planté l'étendard, et si saint Aventin en fut le premier Evêque, il paraît certain que la foi y fut prêchée peu de temps après la mort de Jésus-Christ et la séparation des Apôtres. Ceux qui furent envoyés en ces lieux pour y annoncer l'Evangile, firent beaucoup de progrès et trouvèrent des dispositions merveilleuses pour la conversion des peuples, par le rapport des cérémonies des Druides à nos mystères. Il y en avait trois principales : le culte envers une Vierge qui devait enfanter, l'oblation du pain et du vin qui était ordinaire dans les sacrifices, et l'adoration du *Tau*. C'était autant de préparations à la foi des principaux mystères de la religion chrétienne, de l'Incarnation du Verbe, du Sacrifice de l'Eucharistie et de la mort de Jésus-Christ en croix. Si saint Paul, voyant dans Athènes un autel dédié à un Dieu inconnu, prit de là occasion d'annoncer Jésus-Christ, on ne peut pas douter que cet Autel, consacré à la Vierge, ne fût à ces premiers Missionnaires un argument très-puissant pour persuader aux Chartrains les vérités de la foi et les tirer de la superstition. En effet, ils prêchèrent avec tant de succès qu'ils acquirent en peu de temps à Jésus-Christ un grand nombre d'habitants de cette ville.

Les Druides, voyant l'accomplissement de leurs prédictions, quittèrent les ombres pour suivre la vérité, et les peuples passèrent avec joie des ténèbres à la lumière : ces antres et ces cavernes furent changés en Oratoires ; les Chrétiens s'assemblaient dans ce lieu souterrain consacré à la Vierge, et y célébraient tous les jours le Service divin. Quirinus, gouverneur de la ville pour l'Empereur Claude, ayant appris ces choses, persécuta les nouveaux Fidèles, et épiant le temps qu'ils étaient assemblés dans cette sainte Chapelle, y envoya des soldats qui en passèrent une grande partie au fil de l'épée et en jetèrent les corps dans un puits qui est sous l'autel de la Vierge. Le courage et la constance de ces premiers Chrétiens à souffrir le martyre le firent appeler le *Puits des Saints-Forts*. La rage de ce tyran s'augmenta contre eux et contre son propre sang, quand il sut qu'ils avaient fait entrer dans leur secte sa fille unique, nommée Modeste, et qu'ils l'avaient baptisée. Il fit souffrir à celle-ci tout ce que l'inhumanité est capable d'inventer, et la fit jeter ensuite dans ce puits avec les autres martyrs. Il fit emprisonner les chefs qui gouvernaient cette nouvelle Eglise. Mais dans le temps qu'il méditait sa ruine entière, Dieu permit qu'une mort subite enlevât de ce monde ce tyran, et en fît un châtiment exemplaire. Le sang de ces martyrs fut la semence des Chrétiens; le meurtre de tant d'innocents rendit cette Chapelle plus vénérable et plus fréquentée : l'on y continua les divins exercices; les Chrétiens s'y rendaient assidument, et ce lieu sacré fut pendant deux siècles l'abri et le refuge de l'Eglise persécutée contre la violence des tyrans.

Le nombre des Chrétiens croissant de jour en jour, et cette Eglise souterraine demandant une plus grande étendue, on fit dans la ville divers Oratoires, et il fut enfin résolu de bâtir une Eglise au-dessus de la sainte Grotte, capable de contenir et de rassembler tout le peuple. Cela ne fut pas difficile dans une ville qui était une des plus considérables des Gaules, et la demeure ordinaire des Rois et Souverains Pontifes. Aussi ce Temple était beau et magnifique, comme on en peut juger encore par les Grottes qui datent de cette époque et qui se sont conservées en leur entier jusqu'à présent. La dévotion envers la sainte Vierge était si grande, que l'on venait en pélerinage à Chartres des extrémités de la chrétienté, et l'on y accourait en foule faire des offrandes.

L'Eglise dura dans cet état de paix et de tranquillité jusqu'au règne de Charles-le-Chauve et à l'épiscopat de Frobold. Alors Hasting, chef des Danois-Normands, feignant de renoncer à son inimitié pour les habitants et de vouloir le baptême, comme s'il eût brûlé d'un désir ardent de se faire chrétien, abusa de la simplicité de ce pieux Evêque et des habitants, qui de bonne foi l'admirent dans la ville, lui et tous ses soldats. Aussitôt que les Normands furent entrés, ils firent couler des flots de sang et de larmes, incendièrent toute la ville et passèrent au fil de l'épée ce qui s'était sauvé des flammes. On rapporte que le plomb, dont l'Eglise était couverte, coulait à grands flots dans les rues, et que les peuples de dix lieues à la ronde virent ce triste incendie dont les flammes s'élançaient en tourbillons jusqu'aux cieux.

Cette première désolation de l'Eglise de Chartres fit connaître la ferveur des Chrétiens de ce temps-là, car elle fut bientôt rebâtie et ne le céda point à la première en magnificence. Elle ne dura pas deux cents ans dans cette nouvelle splendeur : Dieu, peut-être irrité contre son peuple, permit que dès l'an 973, aux nones du mois d'août, sous le règne de Lothaire, alors roi de France, et sous l'épiscopat d'Hardouin, Richard, prince de Normandie, fit la guerre à Thibaut-le-Tricheur, premier comte de Chartres, assiégea la ville, la prit de force et y fit mettre le feu, qui consuma l'Eglise et les maisons des habitants.

On la réédifia de nouveau et on la fit la plus belle, la plus magnifique et la plus pompeuse du monde; mais à peine fut-elle achevée, qu'elle fut encore détruite par un incendie. En l'an 1020, sous le règne de Robert et l'épiscopat de Fulbert, elle fut brûlée par le feu du ciel : il n'en demeura que de misérables restes et de tristes ruines, qui jetèrent la consternation dans les esprits. Ce fut la troisième désolation de cette Eglise.

Elle fut réparée dans un état à peu-près semblable à celui où on la voit aujourd'hui, par les soins de l'Evêque Fulbert, sur les plan et dimensions qu'elle avait avant son embrasement. Les fondations, plusieurs murailles et colonnes ayant résisté au désastre de l'incendie, on les conserva, ce qui fit dire qu'elle avait seulement été réparée par ce Prélat. Enfin un quatrième incendie vint presque entièrement consumer la cathédrale en 1194, sous l'épiscopat de Regnault de Mouçon : mais la piété des fidèles eut bientôt réparé ce sinistre. Tout le monde chrétien contribua pour un si saint ouvrage : non-seulement des princes et seigneurs français, mais encore un grand nombre de princes étrangers firent part de leurs richesses ; c'est ce qu'attestent les emblêmes et attributs qui décorent les vitraux de cette Eglise, achevée vers le milieu du XIII<sup>e</sup> siècle.

## CHAPITRE III.

### Description de l'extérieur de l'église de Chartres.

Au centre de la ville, entre huit avenues,
Ce saint Temple s'élève à la hauteur des nues,
Et sa base s'enfonce autant dans les enfers,
Que son faîte orgueilleux s'élève dans les airs ;
Dans le vaste univers il n'est pas une roche
Dont la pointe superbe à sa hauteur approche,
Calpé même, Abila, ni l'arrogant Atlas,
En grandeur avec lui ne se comparent pas ;
Et ces monts élevés qui voisinent les nues,
Et l'orgueil sourcilleux de leurs têtes chenues,
De tous les autres monts eux qui sont les géants,
Ne semblent que des nains ou plutôt des néants.
Il n'est rien de si haut, de si grand que sa cime,
Sa pointe touche au ciel, son pied touche à l'abîme,

Et par ces deux clochers célèbres en tous lieux,
Joignant d'un ferme nœud les enfers et les cieux,
Ils donnent aux habitants de la voûte azurée
Du zèle des Chartrains une marque assurée ;
Et pour la profondeur de ses saints fondements,
Il accroît des démons la rage et les tourments.
Ce Temple est merveilleux en son architecture,
Merveilleux en son art non moins qu'en sa structure,
Merveilleux au dedans, merveilleux au dehors
Et merveilleux enfin en tout son vaste corps.
Il est immense et vaste et de structure antique :
L'ordre gothique l'orne avec le mosaïque,
Et par leur ornement et leur antiquité,
Ils le font vénérable à la postérité.
Des entrailles d'un mont sa masse composée
D'un art ingénieux en croix est divisée.
Son superbe lambris en arcades ployé
Sur cent fermes piliers a son faîte appuyé ;
Et cent forts arcs-boutants faits à plusieurs étages
Le défendent partout des vents et des orages.
D'ouvrages si divers l'édifice assorti,
Par un maître savant artistement bâti,
Ne se voit point orné de marbre ou de porphyre,
Ni de ces ornements que le vulgaire admire ;
Mais l'habile architecte a voulu faire voir
Qu'il n'est rien qui ne cède à son rare savoir.
Son travail délicat des pierres de Berchères
A fait de l'univers les pierres les plus chères,
Et, par un ciselage où le prodige est joint,
Il a donné du prix à ce qui n'en eut point.
Son esprit, employant la juste symétrie
D'une laborieuse et savante industrie,
Figura dans ces lieux mille divers objets,
Y grava de fameux et d'illustres sujets ;
Il distingua si bien en toutes ses images
De ceux qu'il y traça les corps et les visa es

Que l'homme qui les voit s'imagine aisément
Qu'ils sont tous animés, qu'ils ont du mouvement ;
Tant les sens sont trompés d'une belle imposture,
Qui si parfaitement imite la nature.
Du bas jusqu'en haut, de l'un à l'autre bout,
L'édifice est orné de sculpture partout :
Les yeux trouvent partout des portraits dans des niches,
Partout de grosses tours, et partout des corniches,
Et partout l'on peut voir festons et chapiteaux,
Outre cent ornements qui sont encore plus beaux.
L'on ne voit en tous lieux que pilastres et qu'arcades
Plates-formes, balcons, qui sont les promenades
Où les Chartrains oisifs portent souvent leurs pas,
Et prennent quelquefois leurs innocents ébats.
En trois endroits divers, cette Eglise a neuf portes,
Trois de chaque côté, toutes grandes et fortes,
Trois sont vers le midi, trois vers où le soleil,
Submergé dans les eaux, va prendre son sommeil ;
Les trois autres vers où le mari d'Orythie
Nous amène le froid du fond de la Scythie.
Deux grands et longs porteaux artistement voûtés,
Sur des piliers massifs s'offrent des deux côtés ;
D'une pierre solide ils ont mille figures,
Qui ne craignent du temps la faux ni les injures,
Et mille bas-reliefs s'y présentent aux yeux,
Mais si savamment faits qu'il ne se peut pas mieux.
Toute la cour céleste y semble historiée,
Il semble qu'elle y soit toute pétrifiée,
Et d'entre tant de Saints par le ciseau gravés,
Sur de fermes piliers plusieurs sont élevés.
Là les maîtres de l'art chaque jour se vont rendre
Là vont cent écoliers qui désirent d'apprendre,
Là chacun d'eux s'applique à faire des portraits,
Qui puissent de ces Saints exprimer tous les traits.
Pour monter aisément sous ces amples portiques,
Que l'artifice rend si beaux, si magnifiques,

De terre on voit sortir deux pompeux escaliers,
Qui sont industrieux autant que singuliers,
Et de qui la moitié sous le pavé cachée
Mériterait bien d'être avec soin recherchée.
Mais la porte royale efface les beautés,
Dont ce grand bâtiment s'orne de tous côtés ;
Superbe, elle s'élève entre les pyramides,
Etalant aux regards cent figures solides,
Qui, du grand artisan déployant les dessins,
Représentent des Rois, des Anges et des Saints ;
Ils y sont revêtus tous d'habits à l'antique,
En eux on ne voit rien qui ne soit magnifique ;
Et n'étaient ceux qui sont sous les deux grands porteaux,
Je dirais que sur terre ils n'auraient point d'égaux.

## CHAPITRE IV.

### Description des Portails de l'Église.

#### PORTAIL ROYAL.

Trois grandes portes, précédées d'un perron élevé de six marches, et pratiquées sous des voussures ogivales, décorées de figures et d'ornements, divisent également la partie de la façade de l'église qui règne entre les deux clochers. Elles représentent divers sujets tirés de l'Apocalypse et de la vie de la sainte Vierge.

Sur la porte du milieu, dite *Porte Royale*, parce que c'est par cette porte que les rois de France étaient reçus dans cette Eglise, on voit à la partie supérieure de l'enfoncement, Jésus-Christ dans un ovale lumineux, assis sur son trône, tenant de sa main gauche le livre des sept sceaux, puis ayant la main droite élevée comme pour donner la bénédiction. La statue du Sauveur est vêtue d'une longue tunique et d'une espèce de peplum ou manteau enrichi de broderies, et environnée des symboles des quatre Evangélistes désignés dans la vision d'Ezéchiel, savoir : le lion (saint Marc), le bœuf (saint Luc), l'aigle (saint Jean), et l'Ange (saint Mathieu). Cette manière de représenter la divinité est conforme à celle adoptée dans les onzième et douzième siècles, qui nous avait été transmise par les Grecs. Au-dessus de cette représentation, sont placées sur une même ligne les figures des Prophètes, au nombre de quatorze. Dans les arcs ogives qui forment la voussure du portail, se voient les vingt-quatre Vieillards de l'Apocalypse, tenant divers instruments de musique, des coupes d'or remplies de parfums, et chantant aux noces de l'Agneau un cantique nouveau, avec la harpe, le sistre et le psaltérion. Ces instruments de musique, parmi lesquels on reconnaît le violon à trois ou quatre cordes, sont aussi curieux qu'intéressants par la richesse et par la variété de leurs formes. Le fond du cadre ogive, au-dessus de la porte, est décoré de plusieurs Anges tenant dans leurs mains des astrolabes ou espèces de cadrans servant à indiquer le cours des astres. Les faces latérales de ce portail sont ornées de grandes statues placées dans l'ordre suivant : sur la gauche, il y a d'abord deux reines et un roi, ensuite un autre roi et un Saint qui sont les plus près de l'entrée ; de l'autre côté, à droite en entrant, un Saint, puis un roi, une reine et un autre roi. Tous portent le nimbe ou cercle lumineux : l'un des deux rois tient un livre, les deux reines en tiennent chacune un ; on doit observer que c'est la marque ordinaire alors en usage pour désigner les fondateurs ou bienfaiteurs : les rouleaux déployés que tiennent les rois et les reines, semblent indiquer la permission qu'ils ont donnée pour sa construction.

La deuxième porte à droite en entrant représente divers sujets tirés de la vie de la sainte Vierge. On voit successivement dans trois divisions distinctes : 1º un Ange qui annonce aux bergers la naissance de Jésus-Christ. Le lit de la sainte Vierge se fait remarquer par sa forme élégante. 2º La Présentation de Jésus-Christ au Temple par la sainte Vierge et saint Joseph ; de l'autre côté est le vieillard Siméon. 3º Dans la partie supérieure du tympan, la sainte Vierge assise, un sceptre à la main, tenant l'enfant Jésus sur ses genoux ; à ses côtés sont deux Anges tenant chacun un encensoir. Ces statues du XIVe siècle étaient fort mutilées ; elles ont été remplacées il y a cinq ans par d'autres images faites sur le même modèle par le sculpteur Pascal. Sur les faces latérales de ce portail sont placées six grandes statues de rois et de reines dont les noms ne sont point connus.

La troisième porte à gauche représente dans la partie supérieure, au-dessus de la porte, Jésus-Christ, la main droite élevée, accompagné de deux Anges, et au-dessous les quatre Anges désignés dans le septième chapitre de l'Apocalypse : plus bas se voient dix petites figures. Dans les arcs ogives de la voussure du portail on remarque plusieurs figures grotesques : des quadrupèdes, les signes du zodiaque et les travaux agricoles des douze mois de l'année, le tout grossièrement sculpté. Aux signes du zodiaque, le sculpteur, conformément à l'usage, a cru devoir associer les travaux des douze mois de l'année qui y correspondent. Ils sont distribués de la manière suivante : 1º le Janus à deux faces devant une table tenant une coupe à boire. 2° Un bûcheron faisant la coupe de bois. 3° Une femme occupée à ensemencer. 4° Un homme abattant des glands pour la nourriture des pourceaux. 5° La chasse au faucon, ou le printemps. 6° Un homme qui paraît être un moine jetant sa cuculle à l'entrée d'un monastère. 7° Un vigneron qui plante des ceps de vignes. 8° Un paysan qui bat en grange. 9° Un vigneron foulant des raisins dans une cuve qu'un vendangeur s'occupe à remplir. 10° Un homme travaillant à la moisson. 11° Un homme conduisant un cheval au labourage. 12° Un paysan fauchant un pré. 13° Et un autre plantant un arbre. Sur les faces latérales du portail sont six grandes statues, trois de chaque côté, représentant les principaux bienfaiteurs de cette Eglise.

Toutes les statues qui décorent ces trois portes sont aussi intéressantes pour l'histoire de l'art que pour celle du costume français dans les onzième et douzième siècles ; elles sont revêtues de longues tuniques recouvertes par une espèce de manteau qui, quelquefois ouvert sur le devant, laisse apercevoir de riches ceintures et de très-belles étoffes gaufrées. On doit surtout remarquer la forme variée des couronnes ainsi que les longues tresses de cheveux, dont quelques-unes sont enveloppées de rubans, que portent la plupart des reines et des princesses. Les chapiteaux et couronnements des colonnes et des statues de ces portes, ainsi que le pourtour des chambranles, sont décorés d'une suite de petits bas-reliefs, représentant pour la plupart les mystères du Nouveau Testament ; ces petites figures sont d'une exécution très-soignée. Plusieurs chapiteaux des colonnes de la porte royale offrent quelques réminiscences du chapiteau corinthien.

## PORTAIL MÉRIDIONAL.

Le portail de ce côté est précédé d'un vaste porche à trois portiques, formant péristyle, d'une structure admirable et auquel on monte par un perron composé de dix-sept marches. Ce magnifique porche est soutenu par des massifs et des pieds-droits décorés d'une longue suite de bas-reliefs et accompagnés d'une grande quantité de colonnes dont presque tous les fûts sont d'une seule pierre.

Les trois portes sont surmontées de pignons et d'une suite de dix-huit statues placées dans des niches surmontées de pyramides.

Sur le trumeau de la porte du milieu est représenté Jésus-Christ tenant le livre des saints Evangiles, afin d'indiquer qu'il est la lumière du monde : la couverture du volume est richement ornée. Sous le piédestal de cette statue est placée, dans deux divisions, la figure de Pierre Mauclerc, duc de Bretagne et comte de Dreux, à genoux, la tête ceinte d'une couronne enrichie de perles, distribuant des pains dans une corbeille portée par des serviteurs : plus bas est Alix, sa femme, assise, paraissant faire la même distribution. De chaque côté de la statue de Jésus-Christ on distingue, sur deux lignes parallèles, les statues des douze Apôtres et leurs attributs. Dans le tympan qui forme le fond du cadre ogive de la porte est représenté le sujet du Jugement dernier : Jésus-Christ est assis sur son trône, ayant la sainte Vierge à sa droite et saint Jean à sa gauche. Dans la partie supérieure du tympan, qui termine le cadre ogive, sont deux anges tenant la croix du Sauveur. Plus bas, dans le même bas-relief, deux autres anges portent les divers instruments de la Passion. Au-dessous du Christ et des personnages qui l'accompagnent s'effectue la séparation des élus et des réprouvés; au milieu est saint Michel, archange, pesant les âmes des mortels. La balance ayant été mutilée, on ne voit plus que les vestiges des bassins, dont l'un contenait la figure d'un juste, et l'autre celle d'un démon qui fait tous ses efforts pour faire pencher la balance de son côté. Ceux qui sont condamnés vont s'engouffrer dans l'énorme gueule du dragon, où plusieurs démons les font entrer à coups de fourche; sur le côté est un diable qui saisit une religieuse, tandis qu'un autre prend une reine par la main et paraît s'entretenir avec elle. Les contours des arceaux de la voussure de la porte sont remplis de figures; sur la droite sont les Justes qui jouissent de la béatitude céleste; sur la gauche les Réprouvés qui sont condamnés aux peines éternelles. Le fronton qui surmonte le centre du porche est décoré de la statue de la sainte Vierge, dans une gloire au milieu des Anges.

Dans le tympan de la deuxième porte, à gauche du spectateur, sous le porche, sont figurées deux divisions inscrites dans l'étendue du cadre ogive : dans la plus haute on voit Jésus-Christ accompagné de deux Anges en adoration devant lui. Sur le bas-relief de la partie inférieure du tympan est sculpté le martyre de saint Etienne; les parties latérales de la porte sont décorées de statues disposées de la manière suivante : à la gauche se voit un guerrier armé, tenant de la main droite une enseigne militaire, et de la gauche un bouclier orné de bandes de fer terminées par des fleurs de lis gravées en creux. Ce chevalier, portant le nimbe ou cercle lumineux derrière sa tête (ainsi que les autres personnages), paraît être *saint Théodore*. La figure suivante représente un Evêque ayant une crosse de la main gauche, et de la droite donnant sa bénédiction; à ses côtés sont deux clercs servant d'acolytes et tenant chacun un livre placé sur le pectoral. La couverture des livres et les ornements des tuniques sont très-riches; le support de la statue de l'Evêque est un temple au milieu des eaux : c'est l'image du pape *saint Clément*. De l'autre côté du portail est *saint Denis*, évêque de Paris, avec les mêmes attributs et dans la même attitude; il est accompagné de deux acolytes tenant des livres : celui de la gauche porte de la barbe. La statue suivante représente un guerrier armé à peu près de même que celui qui est décrit plus haut, à l'exception qu'il ne porte point d'enseigne : il est vraisemblable que c'est l'image de *saint Georges*.

Sur le tympan de la porte, à droite du spectateur, sous le porche, sont figurés quelques traits de la vie de *saint Martin*, évêque de Tours. Dans le premier bas-relief du tympan, le Saint à cheval partage son manteau en deux, pour en donner la moitié à un pauvre qui lui demande l'aumône, près l'une des portes de la ville d'Amiens. La seconde partie présente deux bas-reliefs : dans l'un on voit saint Martin revêtu de ses habits pontificaux, au lit de la mort; l'autre offre son tombeau. La troisième et dernière partie du tympan représente le saint évêque de Tours dont l'âme monte au ciel.

Sur les faces latérales de la porte sont placées huit grandes statues disposées de la manière suivante : *saint Laumer*, abbé, en costume sacerdotal; *saint Léon*, pape, en vêtements pontificaux; *saint Ambroise*, vêtu en archevêque et *saint Nicolas*, bénissant de sa main droite. Tous les ornements de ces statues sont très-riches. De l'autre côté est la statue de *saint Martin*, barbu et en costume archiépiscopal; il est accompagné d'un acolyte tenant un

Pl. II.

Portail Septentrional de la Cathédrale de Chartres.

livre ouvert : *saint Jérôme*, en vêtements sacerdotaux, puis *saint Grégoire-le-Grand*, vêtu en pape ; sur son épaule droite est une colombe. L'attitude de cet évêque diffère de celle des autres Prélats, en ce qu'il a une main sur la poitrine et que de l'autre il tient son bâton pastoral ; ses gants sont richement brodés, et ses doigts sont à découvert. La quatrième figure est celle de *saint Avit*, abbé de Milly, portant de la barbe ; sa tête est nue comme celle de saint Laumer : il tient un livre et une crosse ; sur son manipule sont tracées des fleurs de lis.

Plusieurs des évêques, qui décorent ces trois portes, portent le pallium, et leurs rochets sont garnis de mousseline brodée de points à jour et d'un riche dessin.

Les piliers qui supportent la voussure sont ornés de délicats et curieux bas-reliefs encadrés par d'élégants rinceaux de vigne. Le pilier de gauche offre vingt-quatre scènes qui représentent le supplice des saints martyrs *Calixte, Cyprien, Denis, Théodore, Eustache, Piat, Saturnin, Cheron*, etc. Celui de droite présente douze des *vingt-quatre Vieillards-rois de l'Apocalypse* et une série de naïves allégories qui figurent les *Vertus* mises en opposition avec les *Vices*. Cette série se continue sur le pilier de droite de l'autre baie latérale, où l'on retrouve également les douze autres Vieillards-rois de l'Apocalypse.

## PORTAIL SEPTENTRIONAL.

Le portail de ce côté est précédé d'un vaste porche à trois portes formant péristyle, et auquel on monte par un perron composé de treize marches : ce porche, dont les avant-corps sont décorés de statues, est d'une composition plus sévère que celui du midi.

Sur le trumeau de la porte du milieu, est *sainte Anne*

tenant la petite Marie dans ses bras. Dans le tympan au-dessus de la porte, sont représentés dans plusieurs bas-reliefs sculptés, suivant l'usage du temps, dans toute l'étendue du cadre ogive, la sainte Vierge au lit de la mort et les disciples de Jésus-Christ procédant à son inhumation en plaçant son corps dans un sépulcre. Dans la partie la plus élevée du tympan, se voit la mère du Sauveur près de son fils, et entourée des Anges, des Archanges et des Bienheureux qui célèbrent par des concerts de joie son arrivée dans le ciel. Toute l'étendue de la voussure du porche est remplie de petites figures représentant les Trônes et les Dominations du ciel. Les statues qui décorent les faces latérales de la porte du milieu figurent une suite de personnages de l'Ancien et du Nouveau Testament. A la gauche du spectateur se voit *Abraham* prêt à immoler Isaac, son fils, par le commandement du Seigneur, vers lequel il tourne la tête. Plus loin *Abraham* tient un bélier qu'il vient d'offrir en holocauste à Dieu; à côté de ce Patriarche est *Melchisedech*, Prêtre du Très-haut, et roi de Salem, tenant un encensoir à la main. Sur la face latérale, à droite du spectateur, sont successivement *Moïse*, avec les tables de la loi, le serpent d'airain et le veau d'or; *Samuel*, immolant un agneau; *David*, portant une lance et une couronne d'épines; *Isaïe*, avec l'arbre de Jessé; *Jérémie*, montrant une croix qu'il tient de la main gauche; *Siméon* et l'Enfant-Jésus sur son bras; *Jean-Baptiste*, le Précurseur, avec l'Agneau divin, et enfin *saint Pierre*, en costume de pape, portant les clefs suspendues à son bras.

Sur le tympan placé dans la partie supérieure de la deuxième porte, à droite, est représenté *Job* couvert d'ulcères, couché sur du fumier et plongé dans la plus profonde misère. Plus loin se trouve le démon qui cherche à le tenter en lui promettant des richesses ; de l'autre côté le Seigneur apparaît à Job. Sous le bas-relief on voit le *jugement de Salomon.* Dans le contour des arceaux de la voussure de cette porte sont sculptés plusieurs autres sujets de l'Ancien Testament, qui racontent tout au long, en leur style de pierre, les histoires de *Samson*, de *Gédéon*, d'*Esther*, de *Judith* et de *Tobie*. Dans le contour de l'ogive de l'avant-corps du porche, qui correspond à cette porte, sont les *douze signes du zodiaque*, et sur le deuxième bandeau de l'ogive, les *travaux agricoles des douze mois de l'année.* Ces compartiments de figures sont espacés par des trèfles ou autres découpures qui décorent toute la voussure de la porte et de l'avant-corps. Les deux côtés de ce portail sont ornés de six magnifiques statues colossales, figurant *Samson*, dont le socle est un âne relevant la tête ; *la reine de Saba*, dont les pieds reposent sur un eunuque nègre ; *Salomon*, vêtu d'une robe et d'un manteau doublé d'hermines ; *Jésus, fils de Sirach*, l'auteur de l'*Ecclésiastique*, travaillant au temple de Jérusalem ; *Judith*, avec un chien, chef-d'œuvre de sculpture ; enfin *Gédéon*, portant le sceptre et le diadème.

Dans le tympan de la troisième porte située à gauche, sous le porche, sont représentés les sujets suivants : la *naissance de Jésus-Christ, un Ange annonçant cette nouvelle aux bergers,* et dans la partie supérieure *l'adoration des Mages.* Dans les contours des arceaux de la voussure de la porte, du côté droit, les *cinq vierges sages* tenant leurs lampes droites et pleines, et du côté gauche les *cinq vierges folles* avec leurs lampes renversées. Au-dessus se voit une série de douze statuettes fort élégantes, représentant des reines vêtues de la robe traînante et du manteau : ces reines sont sans doute le symbole des *douze Fruits du Saint-Esprit* qui ont orné Marie.

Un autre cordon représente à gauche les travaux manuels, à droite les occupations de l'esprit, c'est la *Vie active* et la *Vie contemplative*; au-dessous existaient autrefois deux statues colossales qu'il est question de rétablir lorsqu'on aura achevé de restaurer ce portail qui depuis long-temps est soutenu par des étais de l'effet le plus disgracieux.

Sur un dernier cordon se voient quatorze reines jeunes et gracieuses, s'appuyant toutes sur un bouclier où sont figurés les emblêmes qui caractérisent chacune d'elles : ce sont les *Béatitudes célestes* dont les Justes seront comblés dans la vie future. Au-dessous se dressaient deux statues colossales, *la Synagogue* et *l'Eglise catholique*, qu'il est question de rétablir comme celles de la Vie active et de la Vie contemplative. Les compartiments des figures de la voussure et de l'avant-corps du porche sont espacés de même que le précédent, par des trèfles et autres découpures qui produisent un fort bel effet.

A la baie centrale, les piliers sont ornés de huit statues colossales, quatre de chaque côté. C'est d'abord à gauche un prince en habit long, la tête ceinte d'une couronne en forme de diadème, avec un sceptre à la main, que l'on présume être *Philippe, comte de Boulogne*, oncle de saint Louis. A côté de ce comte est *Mahaut*, son épouse. Les deux statues suivantes ont été brisées en 1793. Sur les piédestaux de ces quatre statues figurent plusieurs traits de la jeunesse de David. Sur les piliers de droite on voit un *Prophète* ayant son manteau sur la tête et tenant un rouleau déployé; *Louis VIII*, en costume royal; *Isabelle*, fille de Louis VIII, abbesse et fondatrice de Longchamps, la main droite sur la poitrine, et tenant un livre de la gauche; le vieillard *Zacharie*, un ensensoir à la main. Les soubassements de ces statues offrent l'histoire de Samuel et d'Héli, sculptée avec une finesse admirable. Aux piliers de la baie latérale de gauche on voit d'un côté *saint Ferdinand*, roi de Castille, près duquel est un *Prophète* tenant un rouleau ; de l'autre *saint Louis*, accompagné de même d'un *Prophète*. Sur les piédestaux de ces quatre statues on a figuré les Arts et les Sciences. Sur la face du porche qui regarde le clocher neuf, on distingue *saint Savinien* qui paraît s'entretenir avec *sainte Modeste*, tenant un livre et la main élevée : elle a un voile sur la tête. Les piédestaux semblent représenter des scènes de la vie de sainte Modeste. Enfin, sur la face latérale qui regarde la sacristie, il y avait également deux statues colossales ; une seule existe aujourd'hui ; c'est celle d'un jeune roi, qui pourrait bien être *Philippe-le-Hardi*. Toutes les statues groupées autour des pieds-droits du porche n'ont pas le nimbe, à l'exception de celle de saint Savinien.

## CHAPITRE V.

### Des Clochers et des Cloches, de la Charpente et de la Couverture de l'Eglise.

Il y avait sur la couverture de cette basilique deux petits clochers d'un travail et d'une symétrie admirables. Dans l'un d'eux, qui était au milieu de la croisée, était un instrument qu'on appelle *grue*, servant pour assembler le peuple à l'Eglise pendant la semaine sainte, lorsqu'on ne sonne plus les cloches. L'autre petit clocher, qui était vers le milieu de la couverture du chœur, avait six petites cloches d'accord, qu'on appelait *commandes*, parce que durant le service divin elles servaient pour avertir les sonneurs de sonner les cloches qui étaient suspendues dans les deux grandes pyramides.

Ces deux grandes pyramides ou clochers sont aux deux côtés de la porte royale : on les aperçoit à plus de huit lieues de Chartres. Sur leurs pointes sont placés des globes de cuivre doré, d'une prodigieuse grosseur, sur l'un desquels paraît une grande croix.

Ces pyramides, construites en pierres de taille, sont d'une beauté admirable. L'une d'elles, qui se nomme *le clocher neuf*, a soixante-trois toises de hauteur : elle est ronde, fort spacieuse et a plusieurs galeries autour desquelles on se promène en sûreté ; elle contenait cinq grosses cloches parfaitement d'accord entre elles ; l'une de ces cinq a été fatale à beaucoup de personnes : elle s'appelait *Anne de Bretagne*, parce qu'elle avait été donnée par Anne, duchesse de Bretagne, mariée en premières noces avec Charles VIII, et en secondes avec Louis XII, roi de France. Elle vint à Chartres en 1510, où, ravie de la voix du jeune Le Fêvre, qui était enfant de chœur, elle le demanda à MM. du chapitre, qui le lui accordèrent. En les remerciant elle leur dit : Vous m'avez donné une petite voix, mais moi, je veux vous en donner une grosse, ce qu'elle fit ensuite en leur donnant cette cloche qu'on appelait aussi la *cloche des biens*, parce que ce Le Fêvre, pour qui cette princesse avait obtenu un canonicat de Chartres, fit présent de la somme de trois mille livres à MM. du chapitre, à condition qu'on sonnerait cette cloche depuis le dimanche d'après Pâques jusqu'au dimanche de la Trinité, une heure par jour, de six heures du soir jusqu'à sept. Vers 1720, M. Girardot, chanoine, fit une pareille fondation, qui commençait le lendemain de la Trinité, et finissait à la Saint-Remi, moyennant quatre mille livres qu'il donna à MM. du chapitre, en sorte que cette cloche sonnait six mois l'année une heure par jour : pendant qu'elle sonnait, les fidèles qui l'entendaient priaient Dieu pour les biens de la terre. Il ne reste plus aujourd'hui que six cloches et le timbre de l'horloge, qui sont dans le clocher neuf.

Bien haut au-dessus des clochers il y a une lanterne percée à jour de tous côtés, dans laquelle est une grosse cloche qui sonne toutes les heures, et qui sert de règle pour toute la ville. Il y a aussi deux hommes gagés par la commune qui veillent pour voir si le feu n'est point dans Chartres, ou dans quelque village de la banlieue, et pour sonner le tocsin, au son duquel chacun s'empresse d'aller au secours : autrefois on sonnait encore pour avertir les habitants de se tenir prêts en temps de guerre.

De la chambre des guetteurs l'on descend dans une autre plus grande et plus spacieuse : on l'appelle la *chambre de la sonnerie;* elle est au second étage au-dessous des cloches. Contre la muraille, du côté du midi, sont écrits les vers suivants, gravés dans une pierre blanche, et qui font mention du bâtiment et de la structure du clocher, tel qu'on le voit à présent, au lieu de celui que le feu du ciel détruisit l'an 1506.

Voici cette inscription :

> Je fu jadis de plomb et boys construit,
> grand, hault et beau, de somptueux ouvraige,
> jusques ad ce que tonnerre et oraige
> m'a consumé, dégaté et détruit.
> le jour sainte Anne, vers six heures de nuyt,
> en l'année mil cinq cens et six,
> je fu brulé, démoli et recuyt,

et avec moi de grosses cloches six.
après Messieurs en plain chappitre assis
ont ordonné de pierre me reffaire
à grant voultes et pilliers bien massifs,
par Jehan de Beausse, maçon qui le sut faire.
l'an dessus dist après pour leuvre faire
assouar firent le vingt quatrième jour
du moys de mars, pour le premier affaire,
première pierre et aultres sans ce jour.
et en avril huitième jour, exprés
René d'Illiers, évêque de regnon,
pardist la vie, au lieu duquel après
feust Erard mis par postulacion.
en ce temps là que avoys nécessité
avoit des gens qui pour moy lors veilloient
du bon du cœur feust yver ou esté,
Dieu le pardont et à ceulx qui s'y employent.

### 1506.

Le roi Louis XII, par lettres-patentes, datées de Blois en l'an 1509, pour refaire ce clocher, donna deux mille livres à prendre sur les tailles, en cinq années, à raison de quatre cents livres par an, ce qui fait voir que cette somme était considérable en ce temps-là. René d'Illiers, Evêque de Chartres, donna quatre cents livres pour aider à le réparer. Les habitants de la ville de Chartres et ceux des campagnes firent aussi des dons considérables.

Le maître entrepreneur, Jean de Beausse, gagnait six et sept sous par jour, et ses compagnons cinq. Les mêmes ouvriers qui firent les statues qui sont à ce clocher, firent une partie des figures qui sont dans la moitié du tour du chœur, et gagnaient cinq, six et sept sous par jour; l'autre moitié fut faite dans le même siècle et dans les siècles suivants par d'autres artistes, de sorte que le tour du chœur ne fut terminé qu'au XVIIIe siècle.

L'on nomme l'autre clocher, *le clocher vieux*, qui est de forme ronde et spacieux; il a cinquante-sept toises de hauteur. Il y avait trois cloches d'une prodigieuse grosseur, qui s'accordaient avec les cinq du clocher neuf, et formaient une si belle et si forte harmonie, qu'on les entendait de quatre lieues. On ne les sonnait toutes qu'aux grandes fêtes de l'année. Quand elles sonnaient, la population était ravie de contentement, car elles exprimaient toutes les parties de la musique; et l'on se sentait le cœur épris d'une secrète joie, qui donnait de la dévotion à ceux qui en étaient le moins susceptibles.

Les personnes qui se connaissent en architecture, donnent la préférence à la structure de ce clocher sur celle du clocher neuf, quoique celui-ci soit plus beau et plus haut de six toises. En effet, le clocher vieux convient mieux au dessin de l'Eglise, et son antiquité vénérable a quelque chose qui l'emporte sur l'autre.

Rien n'était plus admirable que la charpente de l'Eglise avant l'incendie qui la détruisit en 1836 : on la nommait *forêt*, à cause de la quantité de bois et de ses longues allées à perte de vue. Toutes les pièces de bois y étaient si artistement jointes qu'elles allaient aboutir à une grosse pièce qui était au bout du rond-point, suspendue en l'air, et néanmoins supportant les masses de plomb qui faisaient la couverture de la cathédrale. Le bois de cette charpente était encore aussi sain lors de l'incendie que s'il fût sorti de la forêt d'où il avait été tiré plus de six siècles auparavant. Il s'y trouvait plusieurs échos d'un effet surprenant.

## CHAPITRE VI.

### Description de l'intérieur de l'Eglise de Chartres.

Après la description du dehors de l'église, il convient de donner celle de l'intérieur, qui ne le cède en rien par sa magnificence aux plus beaux monuments de ce genre.

Entrant d'abord par la porte royale, il se présente à la vue une nef d'une longue étendue, entre deux rangs de colonnes massives, qui font l'ornement de l'église, comme elles en sont l'appui. Cette nef, de la porte royale à la principale porte du chœur, contient en longueur trente-six toises et un pied. Le chœur, depuis son entrée jusqu'au fond du Sanctuaire, a vingt toises de longueur, et depuis l'autel jusqu'à la porte du chœur, dix-neuf; et de largeur huit toises de même que la nef. La croisée a de longueur trente une toises et demie, et de largeur sept toises ; la longueur de l'église, depuis la porte royale jusqu'à la chapelle Saint-Piat qui est derrière la clôture du chœur, est de soixante-neuf toises.

Tout autour du chœur, de la nef et de la croisée, il y a de hautes galeries par lesquelles on peut faire le tour de l'église dans l'intérieur; il y en a également de hautes et de basses, par lesquelles on fait doublement le tour de l'église. Par celles qui sont dans l'intérieur, on peut aller facilement sur toutes les voûtes des ailes du chœur. Les voûtes du chœur et de la nef ont de hauteur, depuis le pavé jusqu'à leurs chefs, dix-neuf toises, et celles des ailes, dix toises. Il est à remarquer que le long des deux côtés de la nef, des deux côtés de la croisée, à l'entour du chœur, il y en a deux.

Autour du chœur, entre les colonnes qui en font la clôture, il y avait quatre belles chapelles destinées à la garde de plusieurs saints reliquaires, et deux dômes élevés sur cette clôture, dans l'un desquels était un réveil-matin composé de petites cloches, qui, autrefois touchées avec un compas, sonnaient un hymne de Notre-Dame. Cette horloge a été entièrement supprimée dans la Révolution.

La clôture du chœur a été faite d'une pierre fort blanche et fort polie. Aux deux côtés de la porte du chœur, pour sortir par la nef, l'on trouvait deux escaliers de pierres de taille, par où l'on montait de côté et d'autre au Jubé, qui contenait onze toises de longueur, et deux toises neuf pouces de largeur. Il était artistement fait de pierres de taille; plusieurs sujets historiques et autres ornements y étaient sculptés; il était soutenu par des colonnes de pierre d'une seule pièce; il y avait aux deux bouts des armoires fermantes, où deux marguilliers laïques couchaient pour la garde de l'église. Ce Jubé a été supprimé en 1763 pour faire place aux nouvelles décorations.

Au-devant de ce Jubé, du côté du septentrion, était une colonne ronde d'une pierre fort dure, sur laquelle était posée une image de Notre-Dame, entourée de colonnes et de traverses de cuivre. Elle fut ainsi érigée par la piété de Vastin des Feugerais, en son vivant chanoine de cette église, afin que, sans troubler le service divin, elle fut librement exposée à la vénération de tout le peuple. L'affluence y était si grande, que la colonne de pierre, qui soutenait cette image, était cavée des baisers des personnes dévotes.

Cette colonne a été détruite, et l'on a transporté la statue en bois de la Vierge dans l'aile gauche du tour du chœur, à côté de la sacristie, où on lui a fait une belle décoration, comme nous le verrons plus loin.

De l'autre côté, vers le midi, se trouvent les orgues, placées en cet endroit vers le milieu du XVIIIe siècle et qui, restaurées en 1846, à la suite de l'incendie de 1836, se font admirer par leur belle harmonie. Peut-être cependant serait-il à désirer qu'elles fussent replacées au-dessus de la porte royale, où elles existaient primitivement; elles ne briseraient point ainsi l'harmonie de la nef.

Pour les vitraux, ils répondent aussi à la beauté et à la magnificence de ce grand édifice; ils sont en très-grand nombre et montrent leur ancienneté par leur épaisseur extraordinaire; ils sont diversifiés par des fleurons et des ornements historiques, et plusieurs représentent les miracles qui se sont faits par l'intercession de la sainte Vierge.

« La vitrerie peinte de la cathédrale de Chartres, dit M. l'abbé Bulteau [1], est sans contredit la première du monde. La peinture sur verre garnit 125 grandes fenêtres, 3 roses immenses, 35 roses moyennes et 12 petites roses; presque toute cette peinture date du XIIIe siècle. Parmi ces fenêtres, les plus remarquables sont celles qui sont placées sous la grande rose occidentale; elles paraissent remonter au XIIe siècle. C'est d'elles que M.

---

[1] *Description de la Cathédrale de Chartres*. Chartres, Garnier, 1850. — Nous ne saurions trop recommander cet excellent ouvrage à ceux qui veulent étudier en détail notre Cathédrale. Il nous a souvent servi de guide à nous-même.

Lassus a dit : « Chartres possède trois magnifiques ver-
» rières qui font pâlir tous les vitraux dont le XIIIe siècle
» a enrichi cette admirable cathédrale. »

« La cathédrale de Chartres, dit M. de Lasteyrie, offre
» au peintre-verrier un des plus parfaits modèles qu'il
» puisse étudier, et si, comme exécution de détail, on
» a été beaucoup plus loin, il n'existe, j'ose le dire,
» rien de plus complet, rien de plus admirable comme
» décoration et entente des effets. Chartres est un type,
» et un type parfait. »

## CHAPITRE VII.

### Des Autels et Chapelles qui existaient dans cette Eglise.

On comptait dans cette Eglise jusqu'à trente-huit autels, en y comprenant le maître-autel ; mais aujourd'hui il n'y en a pas la moitié. On a ôté tous ceux qui étaient appuyés contre les colonnes et on n'a laissé que ceux qui sont dans les chapelles. Par la démolition de ces autels, la nef est plus belle, l'Eglise paraît plus auguste et plus majestueuse, et ressent mieux son antiquité. Quoique ces autels n'existent plus, on ne laissera pas d'en faire mention ici, peut-être sera-t-on bien aise un jour de savoir ce qu'ils étaient. Pour faire cette description avec quelque méthode, il faut commencer par ceux qui étaient du côté de la chaire.

Le premier autel était consacré à saint Cloud, et était appuyé contre la seconde colonne, proche le bénitier, à main droite en entrant par la porte royale.

Le second était appuyé contre la troisième colonne, sous le nom de saint Thibaut.

Le troisième, du même côté, était dédié à saint Fiacre et à saint Amateur.

Le quatrième était celui de saint Germain.

Le cinquième, appuyé contre la dernière colonne, était dédié à sainte Anne.

Le sixième était à la seconde colonne au-dessus du bénitier à main gauche en entrant par la porte royale; il était consacré à saint Gatien.

Le septième était celui de saint Eustache.

Le huitième était l'autel de sainte Marie-Madeleine.

Le neuvième était de sainte Catherine.

Le dixième était de saint Mamert, de saint Côme et de saint Damien.

Le onzième était celui du Crucifix, l'un des dix anciens, dont cinq sont sous terre et cinq en haut. Pour ceux de sous-terre, nous en parlerons dans la suite; ceux d'en haut sont de saint Laurent, des Apôtres, des Confesseurs et de saint Vincent.

Le douzième était l'autel de Vendôme, hors d'œuvre et non assis contre un pilier, comme étaient ceux dont nous venons de parler.

Le treizième, dit de Notre-Dame-Blanche, à cause d'une image de la Vierge en albâtre, était dans la croisée tirant du midi au septentrion; il était situé contre un des piliers du Jubé.

Le quatorzième était celui de la Trémouille, sis contre un autre pilier du Jubé.

Le quinzième était l'autel où l'on gardait le chef de sainte Anne; il était appelé autrefois l'autel des trois Maries; il était sous le Jubé.

Le seizième, dédié à saint Mathurin, était appuyé contre

une colonne, dans la croisée qui regarde le midi, entre l'autel de sainte Anne et le bénitier.

Le dix-septième était celui de saint Michel, où étaient, outre son image, celles de sainte Gertrude et de saint Roch, sis contre la colonne de cette croisée, proche le chœur, à main droite.

Le dix-huitième était celui de saint Jacques et de saint Christophe, autrement dit de Pellegrue, du nom d'un Cardinal qui l'avait fondé.

Le dix-neuvième était l'autel de saint Louis, situé dans l'autre croisée, allant du chœur vers la porte septentrionale.

Le vingtième était l'autel des Vierges, sis contre la muraille et proche la porte septentrionale, fondé par saint Louis.

Le vingt-unième était l'autel de saint Lubin, pratiqué dans la muraille de la clôture du chœur, du côté droit.

Le vingt-deuxième était celui de saint Guillaume, sis dans le mur du côté gauche.

Le vingt-troisième était celui de saint Jean l'Evangéliste.

Le vingt-quatrième était l'autel de la Belle-Verrière ou de Notre-Dame-des-Neiges, appuyé contre le plus proche pilier de l'autel de saint Michel, en montant vers le haut de l'Eglise.

Le vingt-cinquième était l'autel de saint Santin, appuyé contre le pilier suivant.

Le vingt-sixième était l'autel de sainte Honorine, situé au pilier suivant, et vis-à-vis la porte du chœur pour aller au chapitre.

Le vingt-septième était celui de saint Verain, sis au côté gauche de l'Eglise, près l'autel de saint Laurent et la porte du chœur qui allait à la sacristie.

Le vingt-huitième était celui de saint Laurent, où

étaient aussi représentées sainte Cécile et sainte Apolline, sis au même côté, contre la muraille de l'Eglise, entre la sacristie et la chambre où se rendaient les comptes de l'Eglise.

Le vingt-neuvième était l'autel de saint Julien, sis contre la même muraille, entre la chambre que nous venons de nommer et la petite porte qui conduit à l'Evêché.

Le trentième était l'autel de saint Etienne, dit communément la chapelle des Pénitenciers, parce que c'était là qu'ils confessaient les Pénitents.

Le trente-unième était celui de saint Jean-Baptiste, où était l'image de saint Georges.

Le trente-deuxième était l'autel des Apôtres, contre la même muraille et au rond-point de l'Eglise, près duquel étaient les degrés pour descendre au chapitre.

Le trente-troisième était celui de saint Nicolas, dit l'autel des Confesseurs, sis au rond-point de l'Eglise, contre la muraille.

Le trente-quatrième était l'autel de saint Loup et de saint Gilles, où était aussi une image de saint Jean l'Evangéliste, sis au rond-point, contre le mur.

Le trente-cinquième était celui de saint Vincent, où étaient aussi les images de Notre-Dame et de sainte Barbe.

## CHAPITRE VIII.

### Des Chapelles aujourd'hui existantes dans l'Eglise.

Des chapelles primitives de notre cathédrale, quelques-unes furent supprimées en 1661 pour dégager l'église; les autres disparurent en 1791 : aujourd'hui il n'en reste plus que dix, et parmi celles-ci deux ont été construites en 1791 pour remplacer les petits autels des Vierges et de Notre-Dame-des-Neiges et deux autres en 1830 et 1837. A l'époque de la Révolution, ces chapelles ont été ornées de plusieurs autels et tableaux qui décoraient les églises des paroisses et couvents de la ville, mais qui, transportés dans la cathédrale, y font, il faut l'avouer, le plus pitoyable effet.

La première chapelle est sous le clocher neuf; elle a été érigée en 1837, sous le vocable de Notre-Dame-des-Sept-Douleurs. Au rétable on voit un tableau peint sur toile qui représente une *Piéta* et qu'on attribue au Carrache; sur le mur de droite est le groupe en plâtre de Notre-Dame-des-Sept-Douleurs. Près de l'entrée de la chapelle se trouvent les fonts baptismaux, en marbre du Languedoc.

La seconde chapelle à gauche, construite en 1791, est ornée d'un tableau ayant pour sujet la Transfiguration de Notre-Seigneur. En 1793, on en a enlevé trois bas-reliefs en albâtre, placés au-dessous du tableau. Ces bas-reliefs, qui représentaient la Passion de Notre-Seigneur Jésus-Christ, furent, dit-on, envoyés à Paris : on ignore maintenant ce qu'ils sont devenus. Ils formaient le retable du maître-autel de l'Eglise Saint-Père. L'autel en marbre provient de l'Eglise Sainte-Foi. Sur les deux piliers qui sont à l'entrée de la chapelle sont les statues de saint Fiacre et de sainte Barbe.

La troisième, dite de l'*Ecce Homo*, est très-simple d'ornements : c'est l'ancien autel de saint Julien.

La quatrième est sous l'invocation *du Sacré-Cœur de Marie*: c'était autrefois la chapelle de saint Etienne ou des Pénitenciers.

La cinquième, au rond-point de l'Eglise, appelée vulgairement *la chapelle de la communion*, est décorée d'un tableau représentant la Visitation de la sainte Vierge. Ce tableau et les ornements qui l'accompagnent proviennent de l'oratoire des Dames religieuses de la Visitation. A l'entrée de cette chapelle sont deux statues de marbre blanc, représentant l'apparition de Notre-Seigneur à la Madeleine après sa résurrection. Ces deux statues en ronde-bosse, formaient le tableau de l'autel du grand séminaire de Beaulieu.

La sixième, en retour, à droite, est celle *du Sacré-Cœur de Jésus*, autrefois chapelle de saint Nicolas ou des Confesseurs.

La septième, dite *la chapelle de tous les Saints*, est ornée, à droite et à gauche de l'autel, de deux tableaux peints sur bois, représentant le martyre de saint Pierre et saint Paul. Ces deux tableaux proviennent de l'Eglise Saint-Père; ils étaient placés au-dessus des deux portes latérales du chœur. C'était autrefois la chapelle de saint Loup et de saint Gilles.

La huitième, dite *du Lazare*, construite en 1791, est ornée d'un tableau de la Résurrection du Lazare. Ce tableau a été substitué à celui représentant le martyre de saint André, peint pour le maître-autel de cette paroisse, par Sébastien Bourdon, à son retour d'Italie : il passait pour son chef-d'œuvre et a disparu en 1793. L'autel en marbre décorait le chœur de l'Eglise Saint-Saturnin. Les deux piliers de l'entrée portent les statues de saint Clair et de sainte Christine.

La neuvième, derrière la chaire, est *la chapelle des Martyrs* ou *chapelle de Vendôme*. Elle renferme deux châsses : l'une, en bois d'ébène, garnie de glaces et d'ornements en argent, contient le corps de saint Piat, martyr; et l'autre, en bois de noyer, de couleur noire,

Pl. III.

Notre-Dame-du-Pilier.

ornée de palmes et autres ornements d'argent, est remplie des différentes reliques qui avaient été profanées et jetées dans la terre en 1793. Au mois de septembre 1816, après beaucoup de recherches, on retrouva le corps du saint martyr et les saintes reliques bien conservés, ce qui est d'autant plus étonnant, qu'on avait jeté une grande quantité de chaux pour les faire entièrement disparaître. Depuis cette époque, ces châsses sont exposées à la vénération des fidèles. Une troisième châsse, en bois doré, est exposée sur une console près de la fenêtre. Elle renferme le chef de saint Castrin, martyr.

La dixième chapelle, sous le vieux clocher, est celle *du Calvaire* : c'est dans cette chapelle qu'a été déposé en 1830 le calvaire érigé à la suite de la mission de 1826. Il avait été placé d'abord dans le cloître ; mais la crainte des profanations a forcé de le rentrer dans l'intérieur. Cette nouvelle chapelle, décorée avec simplicité, est due au zèle et à la générosité de M. de Meaussé, chanoine de Chartres.

## CHAPITRE IX.

### De la Vierge-Noire, de sa Chapelle et de son Pélerinage.

Outre les dix chapelles que nous venons de décrire, il en existe une onzième, qui n'est pas une chapelle à proprement parler, mais c'est là que les fidèles vénèrent la statue miraculeuse de la *Vierge-Noire-du-Pilier*. La Vierge-Noire de Chartres est célèbre dans le monde entier. Autrefois, comme nous l'avons dit, elle était placée sur une colonne ronde, en avant du jubé ; ce fut par les soins de M. le curé Maillard qu'elle fut placée en 1806 sur une des colonnes du jubé, dans l'endroit où on la voit à présent. Cette statue date des premières années du XVIe siècle ; elle est peinte et dorée, mais on ne peut en voir que le visage, parce qu'elle est toujours couverte d'un riche vêtement. Marie est assise sur un trône fort simple ; elle est figurée dans toute la grâce de la jeunesse ; son visage offre l'expression de la bonté et de la candeur ; ses cheveux sont dorés ; un petit voile jaune couvre le haut de sa noble tête ; sa main droite tient une poire, et sa gauche soutient son enfant assis dans son giron. Son vêtement consiste en une double robe et un manteau royal : la robe intérieure d'azur et d'or ne montre que ses manches étroites ; la seconde robe est toute d'or avec des dessins de couleur rouge de feu, bordée d'azur et doublée de noir ; cette robe est retenue par une ceinture rouge-pourpre. Le manteau jeté sur les épaules revient gracieusement se replier sur les genoux, et trouve pour attache, au milieu de la poitrine, une belle agrafe losangée ; il est d'azur parsemé de fleurs d'or et doublé d'écarlate ; sa bordure est aussi d'or et porte une inscription trois fois répétée : *Tota pulchra es, amica mea, et macula non est in te.* Les chaussures noires de la Vierge ont les extrémités arrondies. — Jésus, qui est assis dans le giron de sa Mère, comme dans toutes les anciennes représentations de la sainte Vierge, bénit de la main droite, et de la gauche s'appuie sur le globe terrestre : sa tête est nue ; son visage est gracieux et plein d'intelligence : il est vêtu d'une robe d'or bordée de rouge et doublée de vert.

Outre le vêtement que nous venons de décrire, la Vierge-Noire en a deux autres très-précieux qu'on lui revêt en certaines circonstances : l'un est en broderie, et a été donné par le vénérable Olier, fondateur de la Congrégation de Saint-Sulpice; l'autre est en drap d'or et est un présent des fidèles de la ville de Chartres.

La boiserie qui entoure la chapelle a été faite en 1831 par M. Bravet. Un prêtre garde constamment la sainte Madone, et il ne se passe pas d'heure du jour sans que de pieux fidèles viennent allumer des cierges et prier devant cette image de la Mère de Dieu.

A la suite du couronnement de la Vierge-Noire, cérémonie qui se fit le 31 mai 1855, le jour même de la promulgation du dogme de l'Immaculée-Conception, avec les encouragements de M<sup>gr</sup> Regnault, une confrérie se forma, dite *Confrérie de Notre-Dame de Chartres*, destinée à perpétuer le souvenir de ces événements mémorables. Cette confrérie compte aujourd'hui des membres sur tous les points de la France, et c'est par ses soins ou sous ses auspices que s'accroît chaque jour l'ornementation de la chapelle de la Vierge-Noire.

Du sommet de la voûte pendent neuf lampes, en argent ciselé ou en cuivre doré, qui brûlent perpétuellement, emblêmes des neuf chœurs des Anges qui célèbrent dans le ciel la gloire de la sainte Vierge : entre ces neuf lampes sont placés sept lustres byzantins, et à la boiserie sont fixés plusieurs bras en cuivre doré : un nombre infini de cœurs en argent, en vermeil ou en or sont appendus autour de la Madone. Lorsque, dans un jour de fête, toutes les bougies sont allumées, le manteau d'or de la Vierge-Noire resplendit de mille feux et le pèlerin s'arrête charmé de tant de magnificence.

Dans les entrecolonnements de la boiserie qui forme le tour du sanctuaire, vingt petites niches ont été ménagées, et, toujours par les soins de la confrérie de

Notre-Dame, chacune de ces petites niches a reçu la statue d'un saint ou d'une sainte qu'un souvenir particulier rattache à l'histoire de la Vierge de Chartres.

Voici le nom de ces saints et l'ordre dans lequel ils seront placés :

1º *Saint Joachim*, le père de la sainte Vierge.

2º *Sainte Anne*, sa mère.

3º *Saint Joseph*, son mari.

4º *Saint Jean-Baptiste*, son parent et le premier témoin, pour ainsi dire, de l'Incarnation divine.

5º *Sainte Elisabeth*, aussi la parente de la Vierge et témoin de sa conception miraculeuse.

6º *Saint Jean-l'Evangéliste*, le fils adoptif de Marie.

7º *Sainte Madeleine*, la compagne de Marie aux pieds de la Croix.

8º *Saint Pierre*, la personnification de tant de saints pontifes qui ont travaillé à la glorification de la sainte Vierge et en particulier de la Vierge de Chartres.

9º *Saint Luc*, qui, suivant la tradition, a eu le bonheur de peindre les traits de la Mère du Christ.

10º *Sainte Brigitte*, qui a fondé la dévotion du chapelet.

11º *Saint Dominique*, le fondateur du rosaire.

12º *Saint Simon Stok*, à qui l'on doit le scapulaire.

13º *Saint François-d'Assises*, qui a institué la dévotion à Notre-Dame des Anges et qui a défendu énergiquement le dogme de l'Immaculée-Conception.

14º et 15º *Saint Taurin* et *saint Piat*, qui partagent avec Marie les honneurs du pélerinage.

16º *Saint Bernard*, le prédicateur de la seconde croisade, qui vint en pélerinage à Notre-Dame de Chartres. — Cette statue a été donnée en 1859, par des pèlerins venus de La Ferté-Bernard.

17º *Saint Louis*, le roi de France, si connu par sa piété et ses dons magnifiques envers notre église, et qui, en 1260, assista à sa dédicace.

18º *Saint François-de-Sales*, qui, dans un pélerinage à la Vierge de Chartres, conçut la première pensée de l'établissement de son ordre dans notre ville.

19º *Saint Vincent-de-Paule*, qui si souvent se prosterna devant la Vierge-Noire lorsqu'il vint à Chartres établir ses Lazaristes au Séminaire et ses sœurs de Charité à l'Hôtel-Dieu.

20º Enfin, *Saint Sulpice*, patron du séminaire de ce nom, et qui représente ici le vénérable Olier, fondateur de cette congrégation, dont il vint souvent méditer les statuts aux pieds de la patronne de Chartres. — Ces deux dernières statues ont été offertes en 1859 par les fidèles de la paroisse de Saint-Sulpice de Paris dans un pélerinage qu'ils firent à la Vierge-Noire.

Telle est très-brièvement la description de la chapelle où se conserve la statue miraculeuse, depuis nombre de siècles objet de la vénération de tant d'augustes pélerins. Sans doute il y a bien loin de là à la magnificence de notre église avant les jours néfastes de 1793 ; mais de grands progrès ont déjà été accomplis en ces dernières années, et l'on peut espérer, sans trop de témérité, voir peu-à-peu se réparer les pertes qu'eut à souffrir la cathédrale à cette époque de vandalisme [1].

---

[1] M. l'abbé Legendre, sous-directeur de la confrérie de Notre-Dame de Chartres, prépare sur la chapelle de la Vierge-Noire une notice où l'on trouvera tous les détails de l'ornementation de ce riche sanctuaire.

## CHAPITRE X.

**Description des Sculptures ornant le tour du chœur de l'Eglise de Chartres.**

La clôture du chœur est un ouvrage digne de l'admiration des connaisseurs, tant par la richesse de son architecture, que par sa composition et l'heureux choix de ses ornements, le fini et la belle composition des figures. Les traits principaux de la vie de la sainte Vierge, ainsi que ceux de la vie de Jésus-Christ, y sont représentés en figures de très-belle proportion, le tout surmonté d'une multitude de pyramides et autres découpures à jour, du style gothique le plus riche et le plus élégant. Voici le détail et l'explication des figures qui décorent le pourtour extérieur du chœur; elles sont divisées par groupe.

Pour suivre l'ordre chronologique des faits racontés par ces figures, il faut commencer à droite, près du transsept méridional.

I. *L'Apparition de l'ange à Joachim.* — Ce groupe et les trois suivants furent faits en 1519 par Jean Solas, sculpteur de Paris [1].

II. *L'Apparition de l'ange à sainte Anne.*

III. *Rencontre de Joachim et d'Anne.* — Sous ce groupe existe un autel très-curieux autrefois dédié à saint Lubin.

IV. *La Nativité de Marie.*

---

[1] On possède encore les marchés passés avec Solas, Marchant et Boudin, pour les figures du tour du chœur. Rien de plus curieux que les détails de ces marchés, déjà publiés par MM. Lucien Merlet et Em. Bellier de la Chavignerie, dans les *Archives de l'Art français*, t. IV et V.

V. *La Présentation de Marie.* — Sous ce groupe est une porte admirablement sculptée.

VI. *Le Mariage de Marie avec saint Joseph.*

VII. *L'Annonciation.*

VIII. *La Visitation.* — Entre ce groupe et le suivant, on voit, soutenu par deux anges, le cadran d'une horloge fort ingénieuse qui indiquait les heures, les jours, les mois, le lever et le coucher du soleil, l'âge de la lune et les signes du zodiaque; il n'en reste que trois ou quatre rouages. A côté est une charmante tourelle en style Renaissance où se trouvait un escalier par où on montait à l'horloge et au haut de laquelle était le réveil-matin qui sonnait une hymne à Notre-Dame et dont nous avons parlé page 29.

IX. *Joseph est tiré de son doute.*

X. *La Naissance de Jésus,* un des groupes les plus gracieux du tour du chœur. — Sur le pilier, le bœuf et l'âne mangent au râtelier; des bergers gardent leurs troupeaux dans la campagne de Bethléem. De l'autre côté du pilier est représentée l'apparition de l'ange aux bergers.

XI. *La Circoncision.*

XII. *L'Adoration des Mages.*

XIII. *La Purification.* — Ce groupe et le suivant ont été sculptés par François Marchant, sculpteur d'Orléans, en 1543.

XIV. *Le Massacre des Innocents.* — Sur une face du mur est figurée en demi-relief la *Fuite en Egypte,* œuvre également de François Marchant; sur l'autre face on voit Jésus dans le Temple au milieu des Docteurs.

XV. *Le Baptême de Jésus.*

XVI. *La triple Tentation.*

XVII. *La Chananéenne.* — Ce groupe et celui qui porte

le n° XXXII ont été faits en 1611 et 1612 par Thomas Boudin, sculpteur de Paris.

XVIII. *La Transfiguration*.

XIX. *La Femme adultère*. — Ce groupe et le suivant ont été faits en 1681 par Dieu, sculpteur de Paris.

XX. *La Guérison de l'aveugle-né*. — Entre ce groupe et le suivant, il règne un espace dépourvu de baldaquin. Avant la restauration du chœur, il y avait déposées diverses châsses en cet endroit. Aujourd'hui on n'y voit que quelques statuettes dépareillées.

XXI. *Entrée de Jésus à Jérusalem*. — Ce groupe et les dix suivants n'ont été sculptés que dans les premières années du XVIII° siècle.

XXII. *La Fête des Palmes*.

XXIII. *L'Agonie de Jésus*.

XXIV. *La Trahison de Judas*.

XXV. *Jésus devant Pilate*.

XXVI. *La Flagellation*.

XXVII. *Le Couronnement d'épines*.

XXVIII. *La Crucifixion*.

XXIX. *La Compassion de la sainte Vierge*.

XXX. *La Descente de croix*.

XXXI. *La Résurrection*.

XXXII. *L'Apparition aux saintes Femmes*.

XXXIII. *Jésus et les disciples d'Emmaüs*.

XXXIV. *Jésus et Thomas*.

XXXV. *Comme Jésucrist ressuscité apparoist à la vierge Marie*. — Nous copions pour ce groupe et les sept suivants les inscriptions qui se trouvent sous les sculptures. C'est la partie la plus ancienne et la mieux rendue du tour du chœur, sculptée par Jean de Beauce, l'architecte du clocher neuf, ou du moins sous son inspiration, de 1508 à 1518 environ.

XXXVI. *Comme Nostre-Seigneur monte ès cieux.*
XXXVII. *Comme le Saint-Esperit descent sus les Apostres.*
XXXVIII. *Comme Nostre-Dame adore la Croix.* — Sous ce groupe se voit une petite porte en bois sculpté.
XXXIX. *C'est le trépassement Nostre-Dame.*
XL. *Le portement Nostre-Dame.*
XLI. *Le sépulcre Nostre-Dame.* — Sous ce groupe est une belle porte en bois sculpté, qui ferme l'entrée de l'ancienne chapelle Saint-Guillaume.
XLII. *Le Couronnement Nostre-Dame*, un des plus charmants groupes certainement de toute cette couronne de pierre.

Les pilastres qui séparent chaque groupe, ainsi que les murs qui servent de base aux groupes et de clôture au chœur, sont décorés d'une immense quantité d'arabesques du meilleur goût et d'une composition variée, de petites niches, de très-jolis dais gothiques et de colonnes richement ornées.

Il serait trop long de décrire en détail tous les sujets représentés par les pieux artistes du Moyen-Age; nous mentionnerons cependant encore les 35 médaillons faisant tableaux qui ornent le stylobate de la clôture dans sa courbure absidale.

Nous partirons, comme pour les groupes, de la porte latérale du midi.

1º *Chartres assiégé par Rollon en 911*, le plus curieux assurément de tous ces médaillons.

2º *David et Goliath.*

3º *Déroute des Philistins.*

4º *Daniel dans la fosse aux lions.*

5º *Pharaon ordonne de jeter dans le Nil tous les enfants mâles des Hébreux.*

6º *Moïse sauvé des eaux.*

7º *Moïse sauvé une seconde fois.*
8º *Moïse au Sinaï.*
9º *David à Nobé.*
10º *Abigaïl allant vers David.*
11º *David consulte le Seigneur.*
12º *Samson victorieux.*
13º *Samson livré.*
14º *Sacrifice d'Abraham.*
15º *Samson à Gaza.*
16º *Jonas.*

Les douze médaillons qui suivent n'offrent que des sujets mythologiques : *Antée étouffé par Hercule; Cacus volant les bœufs d'Hercule*, etc. Enfin les sept derniers médaillons sont timbrés d'une tête d'empereur romain, avec les inscriptions : *Titus César, Néron le Cruel César*, etc.

## CHAPITRE XI.

**De l'intérieur du Chœur et de sa principale grille.**

Sous l'épiscopat de Mgr de Fleury, ce vénérable évêque et son Chapitre crurent qu'ils ne pouvaient mieux faire que de travailler à la décoration de cet auguste temple. Ils chargèrent M. d'Archambault, chanoine, de rechercher des artistes habiles, pour les diverses parties de la nouvelle décoration qu'il convenait de donner à leur église. Ce fut ce chanoine qui proposa à Mgr l'évêque et au Chapitre les artistes qui furent employés. Le choix en ayant été fait, il dressa et rédigea les marchés, les signa au nom du Chapitre, et fut spécialement chargé du détail et de l'exécution de ces marchés. Le Chapitre nomma une commission composée de plusieurs dignitaires et chanoines, présidée par Mgr l'évêque pour l'exécution de ces travaux.

Le sieur Louis, architecte du duc d'Orléans, donna tous les plans.

L'ancien jubé qui était à l'entrée du chœur et que l'on disait prêt à tomber de vétusté, fut abattu et remplacé par une grille qui a d'ouverture, sous l'architrave, au moins quinze pieds de hauteur sur quatorze pieds de largeur, divisée en deux pilastres et en une grille à deux ventaux, ouvrant chacun de quatre pieds dix pouces; le tout surmonté d'un couronnement et d'une croix. Cette grille fut exécutée par le sieur Perès, maître serrurier de Paris; elle n'est composée que de fers droits; elle est légère, mâle et noble; l'œil passe aisément au travers, pour voir l'intérieur du chœur et le sanctuaire. Les ornements ont été faits par le sieur Louis Prieur, sculpteur-modeleur de Paris : tous sont analogues à la sainte Vierge, et composés de roses, lis, lauriers, étoiles, cassolettes.

Cette grille est accompagnée, de chaque côté, de massifs de pierre de Tonnerre, sculptés de divers ornements. Dans la partie supérieure, il y a d'un côté un bas-relief d'environ huit pieds de haut sur six de large, représentant l'Annonciation de la sainte Vierge et composé de deux figures avec leurs accessoires; de l'autre côté un pareil bas-relief figurant le Baptême de Notre-Seigneur par saint Jean-Baptiste et composé de deux figures et de leurs accessoires. Aux côtés de ces bas-reliefs sont les images des quatre Vertus théologales, en ronde-bosse, d'environ sept pieds et demi de haut, savoir : la Charité, la Foi, l'Humilité et l'Espérance.

Lesdits massifs sont surmontés de quatre torchères. Le tout a été modelé et sculpté par P. Béruer, sculpteur de l'Académie de Paris, et a coûté 12,000 francs. — Et c'est là ce qui a remplacé le magnifique jubé du XIII° siècle dont nous retrouverons les débris en parlant des chapelles de l'église sous-terre !

En avant de la façade du chœur, il existait une grille aussi artistement travaillée que la précédente ; sa hauteur était de quatre pieds, régnant sur toute la largeur du chœur, dont elle était éloignée de sept à huit pieds, ainsi qu'on peut le voir par le pavé de marbre noir et blanc qui ornait cette partie. Elle se terminait par une double épine torse, qui formait son couronnement ; elle a été détruite en 1793. On regrette beaucoup que cette grille, qui avait été reléguée pendant plusieurs années sous le vieux clocher, n'ait pas été replacée lorsque l'église fut rendue à sa première destination ; mais on a préféré la vendre à la livre et à vil prix.

M$^{gr}$ l'évêque et le Chapitre, ayant entrepris la décoration entière du sanctuaire, crurent devoir changer le mode de sa décoration. Chaque pilier était accompagné, dans sa partie supérieure, de petites colonnes qui s'arrêtaient aux chapiteaux desdits piliers ; ces colonnes furent prolongées jusqu'au bas des piliers. Tout le pourtour du sanctuaire est revêtu en marbre blanc veiné, à quatre pieds et demi de hauteur, ledit marbre prenant la forme des colonnes et piliers, et le surplus dudit pourtour a été fait en stuc jusqu'au-dessus des arcades. Les piliers sont en stuc, marbre jaune de Sienne ; les pilastres et entre-colonnements en blanc veiné, sur lesquels sont des draperies en stuc marbré vert porphyre ; le bandeau et le couronnement des piliers sont partie en blanc veiné, partie en vert ; les bases des pilastres, les franges des draperies, leurs clous ou agrafes, les chapiteaux des pilastres, les lis au-dessus des arcades, les guirlandes placées entre l'architrave et la corniche, les rosaces qui garnissent l'intérieur des arcades sont tous dorés. M. Hermand, sculpteur-stucateur de Paris, fut chargé de cette entreprise. Tout le pourtour du sanctuaire, le revêtement du groupe, l'autel, les gradins, les grandes bandes qui encadrent toutes les étoiles, le pavage en forme circulaire et en compartiments de divers marbres précieux en forme de jeu d'oie, tout a été travaillé et fait par le sieur Montleveau, maître marbrier de Paris. Au milieu de l'espèce d'échiquier formé par le pavage est une grande étoile de divers marbres, et au milieu d'icelle une rose : le tout de plusieurs marbres, parfaitement rapportés et incrustés.

Le maître-autel, de marbre bleu turquin, en forme de tombeau, est enrichi d'ornements en bronze doré. De chaque côté sont trois gradins en marbre blanc veiné, sur lesquels il y a six chandeliers en bronze doré et élégamment ciselés, de cinq pieds deux pouces de hauteur, et décorés de chiffres et ornements analogues à la sainte Vierge : ils ont été également ciselés par Louis Prieur. Au-dessus du maître-autel est un tabernacle doré en or moulu fin, de forme ovale, enrichi de guirlandes de feuilles de vignes, de grappes de raisin, d'épis de blé; l'astragale, le talon et le pied du vase sont décorés de feuilles de persil, d'acanthes et de roses; le tout surmonté d'une croix avec un Christ : le modèle en a été fait par Bridan. Au-devant du sanctuaire, aux deux angles, sont placés deux grands lampadaires d'environ huit pieds de haut, sur deux pieds quatre pouces de large, décorés de feuilles d'eau, de persil, de gouttes de suie, d'entrelacs, de perles, d'aves; quatre enfants se pendent aux chaînes de ces lampes, faisant supports, entourés de branches de lauriers et d'oliviers; quatre médaillons, des branchages, pommes de pin, artistement distribués, ornent ces lampes auxquelles sont adaptés, à chaque face, des bras à trois branches, richement ornés; le chapiteau et son talon sont décorés d'aves, goudrons, soleils et fleurons; le tout couvert d'or moulu fin, ciselé suivant toutes les règles de l'art.

Au-dessus des stalles, sur les deux faces latérales du chœur, sont huit grands bas-reliefs en marbre blanc, enchâssés dans des cadres de marbre bleu turquin.

Les quatre bas-reliefs placés à droite représentent les sujets suivants :

1º La Conception de la sainte Vierge.

2º L'Adoration des Mages.

3º Une descente de croix.

4º Le vœu de Louis XIII.

Les quatre bas-reliefs à gauche sont :

5º Le prophète Isaïe qui prédit à Achaz, roi de Judas, qu'une Vierge enfantera pour le salut du monde.

6º L'Adoration des Bergers.

7º La Présentation de Jésus au temple.

8º Le Concile d'Ephèse prononçant la déposition de Nestorius, l'an 431.

Ces morceaux de sculpture ont été exécutés par Charles-Antoine Bridan, sculpteur du roi et de l'Académie royale de sculpture.

Derrière et joignant le maître-autel, s'élève un groupe en marbre blanc statuaire, de la plus grande beauté, que ledit sieur Bridan a été lui-même choisir à Carrare en Italie, où il est resté plus de deux ans et demi à faire ce choix et à faire ébaucher aux deux tiers cet ouvrage. Il est haut d'environ dix-huit pieds, pris de dessus la table de l'autel, sur environ treize pieds de large et est composé de quatre figures principales, de huit à neuf pieds de proportion chacune, savoir : la sainte Vierge s'élevant au ciel, soutenue par des nues et trois Anges qui semblent soulever et soutenir lesdites nues; un autre Ange a les mains jointes et est comme ravi d'admiration à la vue de cette Assomption; le troisième Ange regarde le tombeau d'où est sortie la sainte Vierge et semble annoncer au peuple cet événement miraculeux; plusieurs têtes de Chérubins sont répandues çà et là et forment un ensemble qui rend de la manière la plus naturelle, la plus expressive et la plus auguste, l'Assomption de la sainte Vierge. Ce groupe, unique en Europe, ravit au XVIII<sup>e</sup> siècle tous les spectateurs d'admiration. Le Chapitre, voulant donner à Bridan une marque de sa reconnaissance et de sa satisfaction, lui accorda d'une voix unanime, dans un chapitre général, une pension annuelle et viagère de mille francs, reversible à moitié sur la tête de sa femme. Le groupe fut amené à grands frais, depuis le port de Marly, sur des chariots faits exprès, et fut enlevé et mis en place par le sieur Loriot, machiniste du roi.

Le prix total du marbre et de son transport s'éleva à 57,000 francs, et, outre la pension votée à Bridan, il reçut, pour prix de son travail, la somme de 30,000 fr.

Le dessin du groupe de l'Assomption est parfaitement conçu, les figures sont distribuées selon les règles de l'art, les attitudes sont très-bien saisies, les expressions également bien rendues, mais ce groupe, où l'on ne reconnaît que trop le style du XVIII<sup>e</sup> siècle, est-il bien à sa place dans la noble et sévère cathédrale de 1194?

## CHAPITRE XII.

**De Notre-Dame-sous-Terre et des Autels qui y étaient.**

Nous parlerons dans le prochain chapitre de l'autel sous-terre que M<sup>gr</sup> Regnault a consacré le 31 mai 1855; mais auparavant nous voulons donner la description de l'église Sous-Terre telle qu'elle était dans des temps plus heureux. C'est dans ce lieu que les Druides avaient érigé un autel à une Vierge qui devait enfanter, et qu'ils faisaient tous les jours leurs prières et leurs sacrifices. Cette grotte, qui est creusée sous le roc, contient autant de longueur, de largeur et de circuit que toutes les ailes simples et doubles qui sont aux deux côtés de la nef et du chœur de l'église dont on vient de donner la description; c'est-à-dire qu'elle a comme elle soixante-neuf toises de longueur et plus de cent quarante toises de circuit.

On y entre par quatre différentes portes : la première est au midi, près le local de la maîtrise des enfants de chœur, auprès du jardin de l'Evêché; la seconde est sous le clocher vieux; la troisième sous le clocher neuf; la quatrième est au septentrion : on y va par-dessous le portique. On descend dans ces lieux par quatre divers escaliers de pierre de taille : aussitôt qu'on y est entré, on se sent surpris d'une dévotion extraordinaire, inspirée même aux cœurs les plus endurcis, par la majesté de cette caverne ou de cette grotte.

Ce lieu souterrain est cambré de fortes voûtes et éclairé presque partout, parce qu'il est percé et vitré en plusieurs endroits; ce qui dissipe l'odeur causée par l'humidité. Autrefois l'obscurité qui règne en quelques parties n'existait même pas ; mais lors de la construction des porches du nord et du midi, on mura quelques-unes des fenêtres qui éclairaient l'église souterraine.

Des treize chapelles, les plus belles étaient celles qui sont visitées par le soleil. La première et la principale était celle de la sainte Vierge, consacrée par saint Potentien, à l'autel où était l'image des anciens Druides. Cette chapelle était riche et magnifiquement ornée. Ses murailles étaient revêtues de marbre, et son balustre était de la même matière ; on ne voyait qu'or, que jaspe et que peintures autour de l'autel ; et le lieu où le peuple se mettait pour prier la sainte Vierge, était orné de belles peintures qui couvraient la voûte et les murailles depuis le haut jusqu'en bas. Ces peintures, refaites du temps de Louis XIII, en cachaient de plus anciennes datant sans doute du XII$^e$ ou XIII$^e$ siècle. Derrière cette chapelle il y avait une espèce de cachot, et à côté le puits des Saints-Forts. La plus grande dévotion des Chartrains et des pélerins était à cet autel appelé l'*autel de Notre-Dame-sous-Terre*.

Il ne sera point hors de propos de dire ici comment était représentée la Vierge que nos anciens Druides avaient élevée sur cet autel. Elle était assise sur un trône, tenant son Fils entre ses bras. Suivant la tradition populaire qui pourrait bien cacher une erreur, elle était noire ou mauresque, comme le sont presque toutes les images qui la représentent dans la ville de Chartres, et l'on croit que les Druides l'ont ainsi dépeinte, parce qu'elle était d'un pays plus exposé au soleil que le nôtre. On ne sait pas bien quelle était la couleur du teint de la Vierge ; mais l'on peut conjecturer pourtant, par ce qu'en a prédit Salomon, qu'elle était brune et qu'elle ne laissait pas d'être belle. Nicéphore néanmoins dit en avoir vu plusieurs tableaux qui avaient été faits d'après nature par saint Luc, et que la couleur de son visage était brune.

Cette statue druidique était en bois de poirier; emblême de la fécondité. Jusqu'en 1793, elle fut le principal objet de la dévotion populaire; mais à cette époque de désolation, elle fut arrachée de son sanctuaire auguste et brûlée devant la porte Royale de la Cathédrale par quelques impies sans vergogne.

Il y avait primitivement dans l'église dix autels d'une part et six d'une autre, si anciens, que la tradition les disait consacrés par saint Potentien, premier apôtre de Chartres, et par ses collègues. Parmi les dix autels anciens, cinq étaient dans la haute église et cinq sous terre : ces derniers étaient ainsi désignés : *l'autel des Saints-Forts* ou *de sainte Savine et de sainte Potentienne*, ceux *de saint Jean-Baptiste, de saint Denis, de saint Christophe* et *de saint Pierre-ès-liens*.

Quant aux six autres autels anciens, l'un d'eux était dans l'église supérieure, et les cinq autres dans l'inférieure, savoir : *l'autel de la Trinité*, celui *de saint Thomas, de saint Clément, de sainte Catherine* ou *de la Madeleine, de saint Paul* ou *de sainte Marguerite*.

Outre toutes ces chapelles, il y avait vis-à-vis le puits des Saints-Forts une grande et belle sacristie bien éclairée. Près de cette grotte souterraine se trouvaient plusieurs petites prisons et des cachots, où les chrétiens furent enfermés au temps de la persécution; on y voyait encore des chambres pour loger les dames qui gardaient les Saints-Lieux et que l'on nommait les *Dames des Saints-Lieux-Forts ou des Grottes*.

## CHAPITRE XIII.

### De la Chapelle actuelle de Notre-Dame-sous-Terre.

Long-temps interdite au culte, l'ancienne chapelle de Notre-Dame-sous-Terre, si pleine de souvenirs miraculeux, si chère aux cœurs religieux des Chartrains, a été bénite de nouveau et inaugurée le 31 mai 1855 par Mgr Regnault, digne imitateur de la piété de ses saints prédécesseurs pour la patronne de Chartres, *Carnutum tutela*. La restauration de cette chapelle, entreprise sous la direction de ce pieux prélat par notre habile archéologue, M. P. Durand, a été terminée au commencement de 1858, et elle présente aujourd'hui un ensemble de peintures murales dont l'exécution et le symbolisme ne laissent rien à désirer et qui défient la critique la plus sévère. On nous excusera de nous étendre un peu longuement sur la description de ce sanctuaire. Ceux qui n'ont pas eu avec eux M. P. Durand pour les guider n'ont peut-être jamais bien compris dans tous ses détails la décoration de cette chapelle, où aucune ligne n'a été tracée au hasard, où tout parle et a un sens mystique et profond [1].

Voici d'abord les deux principales prophéties d'Isaïe dont la légende se déroule sur les trois murs du sanctuaire : *Ecce Virgo concipiet et pariet filium. — Egredietur virga de radice Jesse, et flos de radice ejus ascendet, et requiescet super eum spiritus Domini, spiritus sapientiæ et*

---

[1] Voir la *Description du Sanctuaire de Notre-Dame-sous-Terre*, par M. l'abbé Hénault. (*Voix de Notre-Dame*, avril 1858.)

*intellectus, spiritus consilii et fortitudinis, spiritus scientiæ et replebit eum spiritus timoris Domini.*

Une Vierge concevra et enfantera un fils.... Cette Vierge-Mère est en effet l'objet principal de notre vénération dans cet auguste sanctuaire. A côté de la prophétie d'Isaïe, par un privilége tout spécial à notre saint temple, nous retrouvons la fameuse prédiction druidique : *Virgini pariturœ.* Au-dessus de la statue de la Vierge druidique, un baldaquin fixé à la voûte nous représente le firmament étincelant des astres du jour et de la nuit : c'est l'image de la création du monde. Au milieu la Main de Dieu le Père, sortant d'un nuage, s'étend pour commander au néant. Mais cette création première, déchue par le péché de l'homme, a besoin d'un réparateur. Alors, sur le bord antérieur de ce couronnement, apparaît le monogramme du Christ, entouré d'un nimbe sur lequel on lit ces mots : *Sit nomen Domini benedictum.*

Au-dessus du ciel étoilé, on aperçoit la Vierge-Mère, recevant les hommages de la cour céleste, figurée par deux anges qui encensent Marie. Une auréole, parsemée d'étoiles d'or, brille autour de la statue ; cette auréole est tronquée par la base et semble, comme l'aurore, se lever à l'horizon, *quasi aurora consurgens.* Du pied de l'auréole se déploie de chaque côté une végétation symbolique qui s'épanouit en fleurs gracieuses : au sommet sont sept colombes nimbées, symbole des sept dons du Saint-Esprit, qui se reposent sur l'enfant divin que tient la Vierge sur ses genoux.

Marie a donc conçu et enfanté le Sauveur. Sur le plan incliné de la corniche qui supporte sa statue, six bustes d'anges sortent des nuages pour annoncer cette nouvelle à la terre. Les quatre anges du milieu tiennent une banderole, sur laquelle on lit d'un côté la prophétie : *Ecce Virgo concipiet et pariet Filium*, et de l'autre son accomplissement : *Et Verbum caro factum est*. Un autre ange voltige du côté de l'épître et proclame sur sa banderole l'hymne angélique : *Gloria in excelsis Deo*, tandis que du côté de l'évangile un autre ange publie le règne de la paix pour les hommes : *Pax hominibus in terra*, paix divine figurée par une suite de colombes portant un rameau dans leur bec et qui, sur le même plan horizontal des murs collatéraux, se dirigent d'un côté vers la partie extérieure du sanctuaire et de l'autre poursuivent leur vol pour rentrer dans les cieux.

Derrière l'autel, la victime sainte nous apparaît sous la figure symbolique de l'agneau triomphateur. L'étendard de la résurrection flotte au-dessus de sa tête : il repose sur une éminence d'où jaillissent les quatre fleuves du paradis terrestre; ce sont les eaux de la grâce où les Justes viennent s'abreuver. L'agneau rédempteur est accompagné de deux chérubins ailés, dont les roues rappellent ce texte d'Ezéchiel : *Spiritus vitæ erat in rotis*.

Les trois murs du sanctuaire sont revêtus d'une suite d'arcatures, composée de vingt-quatre colonnes, les douze principaux prophètes du côté de l'épître et les douze apôtres du côté de l'évangile, bases sur lesquelles s'appuie l'édifice immortel de l'Eglise. Le chef de cette Eglise, c'est le Christ; aussi voyons-nous son monogramme sur le chapiteau de chaque colonne, et la couronne qui entoure ce monogramme est ornée alternativement de grappes de raisin et d'épis de froment, symboles de l'Eucharistie. Au bas et au sommet des colonnes, on découvre, entremêlées de rinceaux, les vingt-quatre lettres des alphabets grec et latin : ceci nous rappelle une cérémonie mystérieuse qui a lieu lors de la consécration des églises. L'évêque consécrateur trace, du bout de sa crosse, sur le pavé du temple, ces deux alphabets dont il entrecroise les caractères, pour exprimer l'union de tous les peuples par la croix du Rédempteur.

La partie supérieure de l'arcature est ornée de petits compartiments signés d'une croix, pour indiquer que les Elus sont les pierres vivantes de l'édifice sacré et que pour entrer dans la Jérusalem céleste ils doivent être marqués au front du signe de vie. Sur cette même partie, au point d'où naissent les cintres des arcades, brillent des palmiers et des cèdres, images des Justes qui fleurissent comme le palmier et qui, plantés dans la maison du Seigneur, se multiplient comme le cèdre du Liban.

Au sommet des arcades sont suspendues dix lampes ardentes et dix couronnes. C'est la figure des dix vierges sages de l'Evangile, et ces couronnes sont la récompense qu'elles vont recevoir de la main du divin époux.

Enfin, dans les entrecolonnements, des rideaux aux longs plis simulent une étoffe brodée que des têtes de lion retiennent suspendue et sur laquelle sont peintes, sous l'inspiration des compositions qu'on retrouve encore dans les catacombes ou dans les œuvres du Moyen-Age, les litanies et les louanges de Marie :

*Sedes sapientiæ,*
*Speculum justitiæ,*
*Vas spirituale,*
*Vas honorabile,*
*Vas insigne devotionis,*
*Rosa mystica,*
*Turris Davidica,*

*Turris eburnea,*
*Domus aurea,*
*Fœderis arca,*
*Janua cœli,*
*Stella matutina;*

et de l'autre côté :

*Electa ut sol,*
*Pulchra ut luna,*
*Stella maris,*
*Virga Jesse floruit,*
*Cedrus exaltata,*
*Oliva speciosa,*
*Plantatio rosæ,*
*Lilium inter spinas,*
*Fons hortorum,*
*Civitas Dei.*

L'autel en pierre repose sur un seul degré; les deux marches du sanctuaire complètent le nombre trois. Au centre de la partie antérieure de l'autel brille une grande croix fleuronnée. Sur l'épaisseur de la table, on voit une petite croix accompagnée de six palmes de chaque côté, Jésus-Christ et ses douze apôtres.

Le sol est revêtu de carreaux en terre cuite de couleur rouge et blanche, fabriqués exprès et d'un effet charmant.

Le sanctuaire est entièrement clos par une balustrade en fer, d'un style simple, mais élégant, et d'un travail extraordinaire. Les barreaux qui forment son réseau ont été ciselés au burin et terminés à la lime comme un objet d'orfèvrerie.

La voûte et les murailles de la chapelle sont encore décorées de peintures faites vers 1640 : sur les murs, on voit quatre grands tableaux représentant *l'Ascension de*

*Jésus, la Pentecôte, la mort de la Sainte-Vierge* et *l'Assomption.* Sur la voûte, on distingue, dans des médaillons : *le signe donné à Achaz, l'Annonciation, la Nativité, l'Adoration des Bergers, la Purification, Jésus au milieu des Docteurs, le vœu de Louis XIII*, etc. Sous les peintures qui ornent le mur de droite, on découvre les pieds d'un personnage, sans doute de la Vierge, et à gauche de ce personnage, trois hommes agenouillés, peut-être les Mages; à droite un ange; restes de peintures murales remontant certainement au XIII siècle : ce qui prouve que l'autel a toujours été à la place qu'il occupe actuellement et que dès les temps les plus reculés, il était en grande vénération.

## CHAPITRE XIV.

### Des Autels de l'Eglise Sous-Terre.

Nous venons de décrire l'autel principal de l'église souterraine, inauguré le 31 mai 1855 : ce n'était pas assez pour le zèle de notre pieux prélat d'avoir rendu au culte le sanctuaire le plus célèbre de son antique cathédrale, il voulut restaurer entièrement la crypte, et, malgré les difficultés d'une aussi gigantesque entreprise, son ardeur que rien n'épouvante lui a permis de la mener à fin. Dix nouveaux autels sont préparés, et, au mois d'octobre 1860, dix prélats viendront à la fois consacrer ces nouveaux sanctuaires où, depuis 1793, les fidèles ont désappris à adresser leurs hommages à la divinité. Nous allons faire rapidement la description de ces chapelles qui ne sont pas encore entièrement terminées et qui se distinguent par une simplicité de bon goût, digne du temple auguste où elles sont placées.

I. *Chapelle des Saints-Forts* ou de *Saint-Savinien et Saint-Potentien*. — Cette chapelle, située à droite de celle de Notre-Dame-sous-terre, est consacrée déjà depuis long-temps, mais son ornementation n'est pas encore achevée. A la voûte on voit encore des peintures du XVII<sup>e</sup> siècle. Ce qu'il y a de plus curieux dans cette chapelle est un triptyque du XIII<sup>e</sup> siècle, recouvert de cuivre et d'émaux de Limoges. Ce triptyque, qui servait autrefois de reliquaire dans l'église de Saint-Aignan, mérite une description détaillée.

Il a deux pieds six pouces de hauteur sur dix-huit pouces environ de largeur. A l'extérieur, ses faces latérales et supérieures sont revêtues de disques, sur lesquels sont gravés des bustes d'anges; la face antérieure offre en haut les deux mains du Père Eternel laissant échapper des flammes qui vont se terminer sur la tête de chacun des douze apôtres représentés assis sous de petites arcatures gothiques. — A l'intérieur, on voit Jésus en croix; aux pieds de la croix, la Sainte-Vierge et saint Jean; à droite, derrière la Vierge, on aperçoit la Nouvelle Loi tenant un calice et un étendard élevé; à gauche, derrière saint Jean, l'Ancienne Loi, les yeux bandés, tenant son étendard brisé. Sur la croix même, en bas, l'image d'Adam ou du genre humain racheté par Jésus-Christ, et en haut une main de Dieu. Au-dessus de la croix, trois anges, dont l'un tient le soleil, l'autre la lune; le troisième étend les mains vers le Christ. — Sur les faces en retour, d'un côté est l'image de saint Pierre, de l'autre saint Thomas mettant son doigt dans la plaie de Jésus-Christ. Au-dessus de ces deux médaillons, plusieurs figures d'anges. La face intérieure des volets est décorée d'un côté d'une statuette de saint placée dans une ellipse et entourée des quatre symboles des évangélistes : on aperçoit derrière cette statue l'image du Christ qui occupait primitivement la place du saint : de l'autre côté une image de sainte dans une ellipse portée par quatre anges, remplaçant une Vierge qui dans le principe occupait cette ellipse. Au haut sont deux anges thuriféraires.

II. *Chapelle de Sainte-Véronique*, convertie en sacristie vers 1620. — Elle n'est pas encore restaurée et servira provisoirement de sacristie, mais on espère pouvoir la rendre au culte dans un avenir peu éloigné. Cette chapelle, celles de Saint-Fulbert, de Saint-Yves et de Sainte-Madeleine furent construites immédiatement après l'incendie de 1194; les fenêtres et la voûte sont ogivales. Les autres chapelles sont postérieures. — Dans l'ébrasement d'une ouverture qui communiquait avec la chapelle suivante, on distingue encore des peintures murales du XIII<sup>e</sup> siècle, représentant Jésus et deux anges thuriféraires.

III. *Chapelle de Saint-Joseph*, autrefois consacrée à saint Christophe, puis à saint Charles-Borromée en 1661. — On remarque encore sur les parois, la voûte et les pendentifs de la fenêtre absidale des restes de peintures murales du XIII<sup>e</sup> siècle, mais tellement informes qu'il sera peut-être impossible de les conserver.

IV. *Chapelle de Saint-Fulbert*, autrefois de Saint-Martin.

V. *Chapelle de Saint-Jean-Baptiste*, le second patron de la cathédrale. — C'est la chapelle absidale mise en 1661 sous le vocable de l'Annonciation.

VI. *Chapelle de Saint-Yves*, autrefois de Sainte-Catherine.

VII. *Chapelle de Sainte-Anne*, autrefois de Saint-Pierre-aux-Liens.

VIII. *Chapelle de Sainte-Madeleine.*

IX. *Chapelle de Saint-Martin*, autrefois de Saint-Paul et de Notre-Dame-de-Bon-Secours en 1661. — Pendant long-temps on a conservé dans cette chapelle les restes du jubé : par une heureuse inspiration, M$^{gr}$ Regnault a voulu qu'ils servissent à décorer cette chapelle; l'effet de cette décoration est joli, mais il est à craindre que les débris du jubé ne causent bien des distractions à ceux qui viendront assister au service divin dans cette chapelle. Quelques fragments sont assez bien conservés; nous noterons entre autres une Nativité dont la pureté de style fera éternellement regretter la décision de 1763 qui a privé la cathédrale d'un de ses plus beaux ornements.

X. *Chapelle de Saint-Nicolas*, autrefois de la Trinité, puis du Saint-Esprit en 1661. — On a rapporté derrière l'autel de cette chapelle la tombe de saint Calétric, évêque de Chartres, curieux monument du VI$^e$ siècle, digne de l'attention et du respect de l'archéologue chrétien. Sur le couvercle de cette lourde pierre, on lit :

† Hic requiescit Chaletricus eps cujus dulcis memoria pridie nonas septembris (551) vitam transportavit in cœlis.

XI. *Chapelle de Saint-Clément et de Saint-Denis*, en face de celle de Saint-Nicolas. — On y voit des peintures murales du XIII$^e$ siècle, les mieux conservées de toutes celles de la crypte : malheureusement on ne peut lire les inscriptions placées sur les banderoles que portent les sept personnages figurés sur ces fresques. On y reconnaît cependant un roi à genoux, probablement le

fondateur de cette chapelle, avec l'inscription ......S.
REX; saint Jacques avec un manteau couvert de coquilles; saint Nicolas en habits pontificaux.

Une autre chapelle existait au bas de l'église, au milieu du passage, près des fonts baptismaux. C'était la chapelle de Saint-Thomas; elle fut supprimée en 1620, mais l'on voit encore à la voûte la branche de fer où s'attachait le dessus de l'autel.

XII. *Chapelle de Saint-Lubin.* — Cette chapelle qui n'existait point autrefois est placée sous le groupe même de l'Assomption. C'était dans le principe le *Martyrium*, puis le *Trésor* de l'église. C'est la partie la plus ancienne de la cathédrale; on y voit des traces de construction gallo-romaine; les piliers qui supportent la voûte datent du commencement du XII siècle. Plusieurs portes de fer en fermaient les différentes issues; dans le mur cinq niches étaient pratiquées qui servaient comme d'armoires pour serrer les objets précieux. Dans un des côtés placé en face de l'escalier qui conduisait du sanctuaire au trésor, on avait pratiqué une basse-fosse dans laquelle on descendait la sainte châsse.

Nous citerons encore parmi les objets dignes d'être signalés que renferme la crypte une stèle gallo-romaine, qui provient on ne sait trop d'où; un tombeau d'évêque du XII siècle, autrefois dans l'abbaye de Saint-Père; de magnifiques fonts baptismaux du XII siècle, composés d'une grande cuve ronde ornée de moulures et cantonnée de quatre colonnes aux fûts cannelés et perlés et aux chapiteaux élégants; un chapiteau du XII siècle, provenant de l'abbaye de Josaphat et qui sert aujourd'hui de bénitier. Enfin près de la chapelle de Saint-Nicolas existe une piscine curieuse du XII siècle, que l'on se propose de restaurer. Au-dessus on distingue une peinture murale du XIIIe siècle, représentant la Nativité de Notre-Seigneur.

La plus grande partie de la crypte est aujourd'hui éclairée par des fenêtres donnant sur le cloître: autrefois elle l'était entièrement; ce n'est qu'au XIIIe siècle, lorsqu'on a construit les porches de l'église, que les remblais nécessités par ces constructions sont venus boucher quelques-unes des fenêtres primitives. Lors des travaux de restauration, on a en effet retrouvé une de ces fenêtres du XIe siècle parfaitement conservée, et nul doute qu'on n'eût également rencontré les autres, si on avait continué les explorations : mais, une fois le fait acquis, ces investigations n'avaient plus de but, car il est impossible de rendre le jour à ces fenêtres murées par les terres rapportées.

## CHAPITRE XV.

### Des Chapelles de Saint-Piat et de Saint-Jérôme, adjacentes à l'Église.

La chapelle de Saint-Piat, beaucoup plus considérable que les autres, est hors d'œuvre.

Cette chapelle, sous laquelle était le lieu capitulaire, est bâtie d'une excellente structure, en pierres de taille, à double voûte. Sur les deux côtés de l'autel sont deux grosses tours de pierres de taille, qui sont à trois étages, voûtées en pierres, et dont les pointes finissent en pyramides. Elles sont couvertes d'ardoises, ainsi que tout le corps de la chapelle. On entre dans cette Eglise par celle de Notre-Dame, derrière le chœur, par un escalier appuyé sur une forte voûte faite de pierres de taille. Le bâtiment de cette chapelle, avec ses tours, est presque de pareille hauteur que l'Eglise Notre-Dame.

La voûte est formée de quatre croisées d'arêtes dont les nervures offrent des tores très-saillants et allongés en dos de carpe. Les chapiteaux sont riches de feuillages délicatement ciselés ; les clefs de voûte ont la même délicatesse et le même fini. Les murs latéraux sont percés de six fenêtres qui ont toute l'élégance et toute la variété du style ogival rayonnant. Le mur oriental offre une large fenêtre, digne d'attention. Toutes ces fenêtres étaient autrefois ornées de vitraux des XIVe et XVe siècles ; aujourd'hui ces vitraux sont mutilés.

Deux portes donnent entrée dans la chapelle. La première est au bas de l'escalier qui y conduit ; c'est « un » gracieux portique que ses formes élancées, mais » sans maigreur, et sa décoration pleine de richesse, » quoique sans surcharges, peuvent faire considérer » comme l'un des types les plus caractéristiques de la » belle architecture du XIVe siècle [1]. »

Le Chapitre a été le premier fondateur de cette chapelle, vers l'an 1349. Alors le corps de saint Piat, par la dévotion que plusieurs personnes avaient en lui, opérait plusieurs miracles qui attiraient la foule de toutes parts dans la ville de Chartres : tous les fidèles faisaient de grandes aumônes qui servirent à bâtir ce bel édifice. Les titres de la fondation de cette chapelle portent qu'en l'année 1349 Messire Aimery de Châtelux, alors Evêque de Chartres, ayant appris les miracles qui se faisaient par l'intercession de saint Piat, en l'Eglise de Chartres,

---

[1] *Monuments français*, de Willemin.

et que les chanoines de cette ville lui faisaient bâtir une belle chapelle, après s'être informé de tout par des gens dignes de foi qu'il y envoya exprès, y fonda douze canonicats pour huit Prêtres, deux Diacres et deux Sous-Diacres, qui ne furent point chanoines de la grande Eglise, parce que les saints décrets défendent d'avoir plus d'un bénéfice sous le même toit. Il donna douze mille florins pour y fonder trois cents livres de rente, et quelque temps après il légua aux mêmes chanoines, par testament, la somme de douze cents livres pour être employée en achat de livres et d'ornements.

On célébrait tous les jours en cette chapelle, à l'issue des matines, une messe haute et des messes de fondations. Le Chapitre en conférait les canonicats et les prébendes; par des bulles du pape Martin V, il les avait affectés à ses heuriers-matutiniers, qui étaient ses chantres de musique, ses secrétaires et ses clercs de l'œuvre, sans qu'aucun autre en pût être pourvu par résignation ou collation. Cette décision avait été prise par le Chapitre pour récompenser ses officiers, quand il en avait reçu de bons services.

Comme nous l'avons dit, c'était sous la chapelle Saint-Piat que se trouvait la *salle capitulaire*. C'est une belle et noble construction du XIVᵉ siècle, contemporaine de la chapelle elle-même : elle forme un parallélogramme de 11 mètres de longueur et 7 mètres de largeur. De la cathédrale, les chanoines descendaient dans cette salle par un escalier qui aboutissait à l'entrée de la chapelle de la Communion. De chaque côté de la salle on voit deux tours rondes : l'une servait à mettre les archives du Chapitre, l'autre était la prison des officiers de l'église; on l'appelait *Painchaud*.

Il y avait au bas de la chapelle de Saint-Piat, près le

lieu capitulaire et la galerie par laquelle l'Evêque allait de son palais dans l'église, un cimetière où étaient ordinairement inhumés les chanoines, les domestiques et les officiers du cloître, s'ils n'en avaient pas disposé autrement. Au milieu de ce cimetière était une chapelle fondée en l'honneur de saint Jérôme, construite avec beaucoup d'élégance et de légèreté, et d'un travail très-délicat pour le peu d'espace qu'elle contenait ; car elle n'avait que dix-huit pieds de long : elle était faite de charpente et de maçonnerie de briques par dehors, et bâtie en croisées de petites chapelles où se trouvaient deux autels, non compris le maître-autel autour duquel étaient de petites fenêtres éclairées par des vitres, où la vie de saint Jérôme était artistement représentée.

Dès l'année 1358, une ordonnance capitulaire statua que la place existant entre la maison épiscopale et la chapelle Saint-Piat serait bénite et qu'on y construirait une chapelle. Cette ordonnance ne reçut point son exécution immédiate. Le 8 juin 1408, Guillaume d'Escoubar légua au chapitre la terre de Charré pour bâtir une chapelle dédiée à saint Jérôme près la chapelle Saint-Piat. On ne voit point pour quelle cause ce testament ne fut encore suivi d'aucun effet. Enfin, en l'année 1500, François Baudry, chambrier et chanoine, reprit ce projet depuis si long-temps en suspens et cette fois le mena à bonne fin. La chapelle de Saint-Jérôme fut consacrée en 1501, et François Baudry y fonda une messe basse, chaque dimanche, avec vêpres, et une messe haute chaque année, le jour de la fête de saint Jérôme.

## CHAPITRE XVI.

**De quelle manière la sainte Chemise de Notre-Dame fut apportée à Chartres, et comment elle a miraculeusement sauvé la ville plusieurs fois.**

La sainte Vierge, au rapport de Nicéphore, se sentant proche de sa fin, enjoignit aux Apôtres qui l'assistaient, de donner ses habits à une honnête veuve qui l'avait toujours servie, depuis que son Fils, s'en retournant à son Père, se fut séparé d'avec elle. Pendant que ces vêtements furent dans la Palestine, ils firent plusieurs miracles, ce qui fut cause que ceux entre les mains desquels ils étaient les conservèrent avec grand soin et leur firent faire de belles châsses.

Comme par succession de temps ils passèrent par beaucoup de mains, il arriva que la sainte chemise vint à tomber en partage à une femme juive, chez qui deux frères, nommés Candidus et Galbius, patrices de Constantinople, étant logés en revenant de Jérusalem, où ils étaient allés en pélerinage pour visiter les saints lieux, découvrirent que la sainte chemise de la sainte Vierge était gardée dans une châsse dont ils remarquèrent bien la figure, la grandeur et la largeur. Ils demeurèrent quelque temps avec cette femme, parce qu'elle les pria de bonne grâce de se délasser un peu pour être plus frais à continuer leur voyage. Pendant qu'ils furent chez elle, ils ne perdirent point l'occasion qui se présentait de prendre cette châsse et de l'enlever de chez cette juive. Pour venir à bout de leur dessein, ils firent faire une châsse pareille à celle-là, en la place de laquelle ils la mirent et emportèrent celle qu'ils avaient si ardemment désirée. Ravis de posséder ce grand trésor, ils prirent incontinent leur route vers Constantinople et arrivèrent heureusement au faubourg de Blachernes, résolus de cacher leur riche butin, afin que personne n'en eût connaissance ; mais ils ne la gardèrent pas long-temps, car cette sainte chemise s'étant découverte d'elle-même par plusieurs miracles, l'empereur la fit enlever de chez eux et lui fit construire un temple arrondi en dôme, artistement travaillé, dans lequel il la mit; et cette châsse s'appela la tutelle de l'empire.

Elle fut toujours dans cette ville jusqu'à ce que Charlemagne, à son retour de Jérusalem, vînt à Constantinople où était alors Nicéphore, l'empereur, et Irène sa femme, qui partagèrent l'empire avec lui; on dit aussi que le roi de Perse nommé Aaron était avec eux. Ces princes magnifiques lui ayant ouvert leurs trésors et lui ayant offert plusieurs raretés d'un prix inestimable, entre lesquelles était la sainte chemise, il les refusa toutes, à la réserve de cette sainte chemise et d'autres reliquaires dont Nicole Gilles fait le dénombrement et il les fit transporter à Aix en Allemagne.

Toute cette histoire est bien figurée sur la grande vitre de la chapelle de saint Jean-Baptiste, sise derrière le chœur de la grande église d'Aix-la-Chapelle : on y voit ces trois princes dépeints avec beaucoup de coffres ouverts auprès d'eux, et cette sainte chemise. Charles-le-Chauve, petit-fils de Charlemagne, fit transporter en France cette précieuse relique et la donna à l'église de Chartres : Nicole Gilles rapporte ce fait dans la vie de Charles-le-Chauve, et les titres de l'église en font mention d'un commun accord. Un vieux poème latin. du XIIe siècle, touchant les miracles de la sainte Vierge,

le contient en ces vers traduits par Jean-le-Marchand,
l'an 1262 [1].

> Lor pristrent la seinte Chemise
> A la Mère Dex qui fu prise
> Jadis dedenz Constentinoble.
> Précieus don en fist et noble
> A Chartres un grant roi de France,
> Challes-le-Chauf ot non d'enfance ;
> Cil rois à Chartres la donna,
> Dont l'en croit que guerredon a,
> De la Dame qui la vestoit
> Quant le filz Dex en elle estoit.
> Car el pensoit qu'el fust mise,
> A Chartres en sa mestre iglise,
> Et qu'el soit encore gardée
> O leu dont est Dame clamée.

Ces vers expriment le miracle qui s'opéra par cette sainte chemise peu de temps après qu'elle fut apportée à Chartres, et la merveilleuse délivrance du siége de Chartres par les Normands, laquelle est mentionnée dans l'histoire et les chroniques de Chartres.

L'an 908 ou environ, sous le règne de Charles-le-Simple, roi de France, et l'épiscopat de Gaucelin ou Gousseaume, évêque de Chartres, Raoul, duc de Normandie, après avoir saccagé plusieurs villes et plusieurs provinces de France, vint assiéger Chartres avec une armée furieuse, à une époque où la ville n'avait pour sa défense que l'évêque et les habitants et où elle était sans espoir de se procurer des secours étrangers, à cause de la désolation où était le royaume de France,

---

[1] Imprimé chez Garnier, 1855, in-8°, par les soins de M. Gratet-Duplessis.

qui était gouverné par un prince accablé de misères et dont la simplicité pouvait plutôt être prise pour lâcheté que pour autre chose.

Alors l'évêque, voyant que tout secours humain défaillait aux habitants, eut recours à la divine assistance, exhorta le peuple à jeter les yeux au ciel à et se fier après Dieu en sa princesse et dame tutélaire. Prenant la sainte chemise et l'élevant en forme d'étendard, il sortit courageusement sur les ennemis; et dans ces heureux moments, comme si la sainte Vierge eût combattu auprès de cette bannière, au milieu des légions des anges et archanges, il prit une telle frayeur et une telle épouvante à Raoul et aux siens, qu'ils détournèrent le visage comme des stupides et des insensés, se jetèrent précipitamment les uns sur les autres en désordre et fuirent d'une telle façon que les prés de la porte Drouaise, où ils avaient campé, en ont toujours retenu depuis le nom de *Prés des Reculés*. Voici comme en parle notre poète vénérable pour son antiquité :

> Li Chartrain la Chemise pristrent,
> Sus les murs au quarneaus la mistrent,
> En leu d'enseigne et de bennière :
> Quant la virent la gent aversière,
> Si la pristrent mult à despire,
> Et entr'eulx à chuffler et rire.
> Quarreaus i trestent et sagètes,
> Et d'ars turquois et d'arbalestes ;
> Mais Dex qui vit lor mescréance,
> I mostra devine venchance,
> Si les avougla qu'il perdirent
> La veue que point il ne virent,
> Si qu'il ne porent reculer
> Ne ne porent avant aler.
> Quant li Chartrain aperceu

> Orent le miracle et veu,
> Que leur fist la dame chartraine,
> Mentenant fu la joie pleine.
> Si s'apareillent d'issir hors,
> Et garnissent d'armes leur cors,
> Vestent haubers, et lacent hiaumes,
> Ovec leu esvesque Gousseaumes,
> Qui portoit la seinte Chemise,
> Por deffense et por garantise,
> Aveques une autre bannière
> Qui du Voile de la Virge y ère.
> De Chartres s'en issirent tuit
> O grant effors et o grand bruit,
> En l'ost des Paiens tot se mirent :
> Si grant occision en firent,
> Com il leur vint à volenté,
> Des ocis i ot tel plenté,
> Que la terre en fu jonchiée,
> Tant i ot de gent de trenchiée.

Cette insigne victoire, obtenue par la sainte chemise, est représentée au bas du chœur de l'église.

C'est encore à cette sainte relique qu'on est redevable du miracle suivant, opéré sous l'épiscopat de saint Fulbert. La cathédrale ayant été atteinte du feu du ciel, la veille de la Nativité de Notre-Seigneur (1020), et l'embrasement étant survenu si subitement, qu'elle fut tout-à-coup environnée de flammes, il se trouva des Chartrains si dévoués au culte de la sainte Vierge, qu'ils se jetèrent au milieu du feu pour emporter la châsse où la chemise était renfermée. En effet, résolus à la mort plutôt que de laisser perdre un si précieux trésor, ils l'emportèrent sur leurs épaules, à travers les flammes, en sortirent sains et saufs et la déposèrent dans les grottes. Aussitôt après, les clochers tombèrent, les cloches fondirent, ainsi que le plomb qui couvrait l'église. On n'entendait partout que le bruit des piliers qui s'écroulaient. Ceux qui s'étaient réfugiés dans les grottes ne pouvaient trouver d'issue pour en sortir et n'avaient aucun espoir de se procurer des vivres, le feu environnant les grottes : ils se voyaient à tout moment sur le point de mourir de faim ou de devenir la proie des flammes.

Dans cette extrémité, ils implorèrent l'assistance de la sainte Vierge dont ils avaient la chemise avec eux et ils en éprouvèrent aussitôt une faveur singulière. Comme si les flammes eussent redouté sa voix, elles s'arrêtèrent aux portes de l'antre sacré, et la sainte Vierge donna une telle force à ces malheureux qu'ils semblaient tous d'invincibles athlètes; et par ce moyen elle conserva sa chemise saine et entière contre la violence des flammes.

Le feu s'étant éteint, l'évêque Fulbert, le Chapitre et le clergé, avec la plupart des habitants de Chartres, coururent aussitôt pour décombrer les grottes, pensant trouver ces malheureux morts de faim ou évanouis de frayeur, ou consumés par les flammes, et craignant la perte de leur sainte relique; mais Dieu, Dieu qui n'afflige jamais les siens qu'il ne leur réserve toujours plus de miséricorde qu'ils n'en méritent, et sa sainte Mère qui avait eu soin de conserver à ce peuple ce qu'il avait de plus cher, rendirent l'évêque, le clergé et le peuple bien étonnés quand ils virent ces fervents chrétiens sains et saufs et qui semblaient plutôt sortir d'un paradis terrestre que d'une grotte environnée des horreurs de la mort. La conservation de la sainte châsse, demeurée intacte des atteintes des flammes, leur causa d'autant plus de joie que la crainte de la perdre les avait presque mis au désespoir.

Alors on chanta des hymnes et des cantiques entremêlés de larmes de joie. L'évêque et le doyen chargèrent la sainte châsse sur leurs épaules pour la porter solennellement en procession, afin que chacun eût plus de ferveur et de zèle pour remercier Dieu de ces grâces et chanter des cantiques en l'honneur de la sainte Vierge.

En effet, les Chartrains s'aperçurent bientôt après, l'an 1137, sous l'épiscopat de Geoffroi de Lèves, leur évêque, quel prix ils devaient attacher à la conservation de la sainte chemise. Louis-le-Gros, alors roi de France, ayant résolu de ruiner entièrement leur ville, en haine de Thibaut, quatrième de ce nom, qui en était le comte, parce que celui-ci l'avait appelé en duel et avait compromis son honneur par des propos injurieux, l'évêque Geoffroi, informé de la colère et des menaces de ce prince, fit assembler son clergé, tout le peuple chartrain, et fut au devant de lui en procession solennelle, où la sainte chemise fut portée.

Alors le roi, calmé et revenu à des sentiments meilleurs, grâce à la protection de la sainte Vierge, se mit humblement à genoux, fit retirer toute son armée, au lieu de se venger comme il l'avait résolu, et défendit, sous peine de la vie, de faire du mal à aucun habitant. Il entra dans la ville et devint si fervent pour le culte de la sainte Vierge, qu'il accorda au Chapitre de l'église le pouvoir d'affranchir ses esclaves, comme on le voit par ses lettres-patentes gardées autrefois au trésor de ce lieu, en date de 1138.

On pourrait ici rapporter plusieurs autres miracles que la sainte chemise a faits en faveur de ceux qui, ayant besoin du secours de la sainte Vierge, passaient sous cette châsse. On pourrait même compter grand nombre de chevaliers sauvés des plus grands dangers, pour avoir seulement porté sur eux une figure de cette chemise de Notre-Dame, par forme de préservatif; mais on en parlera au chapitre des miracles. Les personnes qui doutent que nous ayons eu, à Chartres, la chemise de la sainte Vierge, pourront consulter Suger, abbé de Saint-Denis, dans sa vie de Louis-le-Gros, sous lequel il vivait; Philippe de Bergame, en sa chronique de 810. Guillaume-le-Breton s'exprime ainsi à ce sujet :

> Tout le monde à genoux révère dans ces lieux
> La chemise qu'elle eut sur son corps précieux,
> Quand elle produisit d'une couche féconde
> L'Agneau qui vint ôter tous les péchés du monde.

L'église de Chartres perdit ce trésor pendant les troubles de la Révolution; mais le Seigneur permit qu'il tombât entre les mains de personnes pieuses, qui depuis l'ont rendu à la cathédrale.

M$^{gr}$ Jean-Baptiste-Joseph de Lubersac, ancien évêque de notre ville, reconnut l'authenticité de cette précieuse relique, comme il est constaté par son procès-verbal du 8 mars 1820. Elle consiste aujourd'hui en deux morceaux d'étoffe de soie blanche écrue, dont l'un est long de deux mètres douze centimètres sur quarante centimètres de largeur, et l'autre long de vingt-cinq centimètres sur vingt-quatre de large. La dernière translation a été faite le 1$^{er}$ août 1849 par les soins de M$^{gr}$ Claude-Hippolyte Clausel de Montals, évêque de Chartres. Ce n'est pas à proprement parler une chemise de la Vierge, mais un voile ou tunique dont l'antiquité donne raison à la pieuse tradition qui le fait appartenir à la très-sainte Mère de Dieu. Ces vénérables restes sont enveloppés dans une étoffe plus légère et plus claire, qu'on a long-temps désignée sous le nom de *voile de la Vierge*, mais que tout le monde s'accorde aujourd'hui à appeler *voile de sainte Irène*, de l'impératrice Irène qui en fit présent à l'empereur Charlemagne. C'est une étoffe byzantine d'une grande richesse de dessin : elle a été reproduite par la chromo-lithographie d'après les dessins de M. P. Durand qui avait assisté à la translation du 1er août 1849 [1].

## CHAPITRE XVII.

### Description de la sainte Châsse.

Après avoir dit en quel temps et comment la sainte chemise a été apportée dans l'église de Chartres, il reste à faire la description de la châsse qui la renfermait, de toutes les richesses et pierreries qui l'ornaient au dehors. Elle était en bois de cèdre couvert d'or, d'argent et d'azur, comme l'arche de Moïse et le tabernacle de Salomon.

Il y avait deux châsses, dont l'une servait comme d'étui à l'autre. La première était en or et la seconde en bois de cèdre, couverte de lames d'or; elle était façonnée en mosaïque et enrichie de diamants, rubis, grenats, émeraudes, saphirs, turquoises, opales, améthystes, hyacinthes, jaspe, agates, nacre et de perles très-précieuses. Sur l'un des côtés étaient représentés plusieurs oiseaux. Il y avait un mémoire, dans le trésor de Chartres, qui portait que, l'an 998, Rotelinde, mère

---

[1] Voir pour de plus amples détails sur la Chemise de la Vierge, l'ouvrage intitulé : *Histoire des relations des Hurons et des Abnaquis du Canada avec Notre-Dame de Chartres*, par M. Lucien Merlet; Chartres, Garnier, 1858.

d'Odon, alors évêque de Chartres, donna, pour attacher à cette châsse, quatre aigles d'or faits, comme on le croit, de la main de saint Eloi même. Les quatre Saisons de l'année étaient figurées de ce même côté, avec l'effigie d'un homme qui tient un cerf par son bois; puis on voyait Dieu et deux anges auprès de lui, avec un dragon et un lion sous ses pieds; ensuite on avait représenté Samson à genoux sur le dos du lion auquel il ouvrait la gueule pour en retirer une gaufre emmiellée, selon l'Ecriture; auprès, on avait gravé ces mots: *Ce sont ici les reliques de saint Edouard.*

D'autre part on apercevait une agate ovale, sur laquelle Dieu était gravé, tenant des foudres de la main droite et une espèce de lance de la gauche, avec un oiseau à ses pieds; le tour de cet ovale était garni d'or et de grosses perles : sur l'or étaient gravés ces mots : *Jesus, Maria, Adam, Eva.* Au-dessous de cette agate on lisait l'inscription suivante : *Charles, roi de France, fils du roi Jean, donna ce joyau en 1367, l'an quatrième de son règne.* Et plus bas étaient les armes de France, des fleurs-de-lis d'or sans nombre, en champ d'azur; plus bas du même côté, étaient les armes de France, de trois fleurs-de-lis, en champ d'azur, avec un bord de gueules; l'entourage de ce bord était semé de besans d'argent, et au bas de l'écusson était une L d'or tenue par deux mains entrelacées. Du même côté, était une agate taillée où était la figure d'un géant tenant une massue, un écusson écartelé ou mi-parti d'un soleil et de deux ondes d'argent en champ d'azur et hermines de Bretagne, et au-dessus était écrit : *Ave Maria.*

Du même côté l'on voyait la figure d'un lévrier noir, qui dans l'un de ses côtés avait des reliques encloses; autour de son cou était écrit : *Ardenna.* L'on découvrait auprès un petit tableau d'or ovale, où était d'un côté l'image de sainte Marie-Majeure, aux armes de Louis, comte de Vendôme, et de l'autre côté l'inscription suivante gravée sur une plaque d'or : *Nous, Louis de Bourbon, comte de Vendôme, avons donné ce tableau d'or à l'Eglise Notre-Dame de Chartres, et y donnons par chacun an, à toujours, une once d'or à prendre sur notre dit comté de Vendôme. Fait au mois d'août l'an 1404.* Ces armes de Vendôme étaient écartelées de France, barrées d'une barre de gueules, sur laquelle étaient des lions d'argent, et deux autres quartiers à deux lions d'azur en champ d'argent ou d'un bord de gueules.

Auprès de ce tableau il y en avait un autre en or, qui s'ouvrait et se fermait; étant fermé, l'on y voyait un roi revêtu de ses habits royaux, portant sa couronne et son sceptre, et auprès de lui un homme armé d'une épée nue à la main, le bouclier croisé de gueules sur son estomac; étant ouvert, il faisait voir Dieu le Père tenant un crucifix avec une colombe volant à l'entour, et une image de l'Annonciation de Notre-Dame, auprès de laquelle on lisait : *Ave, Maria, gratiâ plena.*

D'un autre côté il y avait une grande fleur-de-lis d'or émaillé, parsemée d'autres fleurs-de-lis sans nombre, les images du crucifix, de la sainte Vierge et de saint Jean; au-dessous était un homme peint avec un manteau blanc et un chaperon de même couleur, avec une tonsure sur la tête; il était en posture de suppliant, à genoux et les mains jointes, et au-dessous de sa tête étaient écrits ces mots : *Ayez pitié de moi, Seigneur, selon votre grande miséricorde.*

Il y avait auprès une image de Notre-Dame, d'or émaillé, qui était assise tenant son Fils entre ses bras. Près d'elle était un homme priant, vêtu d'une aube avec une couronne; au-dessous de l'image était le nom du donateur, *Jacques de Templeuve*, avec cette prière : *Mère de Dieu, souvenez-vous de moi*. Du même côté il y avait des armes d'or échiquetées d'azur. En une grande rose d'or auprès de cette image, on voyait les reliques suivantes : les os de saint Paul, de saint Remi, de saint Germain, de saint Côme, de saint Damien et de l'une des trois Maries, du fût de la vraie Croix, du saint Sépulcre de Notre-Seigneur. De l'autre côté, un étui percé à jour renfermait des cheveux de sainte Marie-Madeleine.

Au bas de cette sainte châsse était la précieuse ceinture d'or, garnie de toutes sortes de pierreries, donnée par Anne, duchesse de Bretagne, femme en dernières noces du roi Louis XII, veuve auparavant de Charles VIII. Et sous cette sainte châsse était une lame d'argent, où se voyait une image de Notre-Dame et la figure d'un chanoine à genoux, près duquel étaient écrits ces mots : *Martin, Evêque de Tours*.

Il serait trop long d'énumérer tous les présents faits à cette sainte châsse et qu'on y voyait attachés. Nous mentionnerons cependant encore : un saint François, d'or émaillé, enrichi de six diamants semés sur sa robe, don de M. Mallier, seigneur du Houssay. — Une croix de chevalier de Saint-Michel, don des héritiers de M. de Fontenay, chanoine de Chartres, en 1669. — Une agate garnie d'or, gravée des deux côtés, envoyée en 1680 par la mère Jeanne-Thérèse de Mouchy, religieuse carmélite. — Une croix plate, d'or émaillé, prix de musique de Saint-Julien du Mans, remporté en 1634 par M. Joliet, maître de musique de Chartres, et par lui offert à la sainte Vierge. — Une boîte d'or suspendue de trois chaînettes de même, présent fait en 1645 par les habitants d'Amiens à M. Sarrazin, théologal de Chartres, en souvenir du succès avec lequel il avait prêché le Carême dans cette ville. — Une croix faite de dix diamants enchâssés en or, donnée par M$^{me}$ la duchesse de Sénecé, gouvernante de Louis XIV. — Une bague d'or, ayant un diamant en chaton, présent de M$^{me}$ la duchesse de Berwick en 1697. — Un crucifix de vermeil, donné en 1680 par M$^{me}$ de Cochefilet de Vaucelas, abbesse de Caen. — Une agate ovale représentant une Diane chasseresse et un rubis balais dans une bordure d'or émaillé offrant l'image de saint Jérôme, offerts par M. l'abbé Olivier, chanoine de Chartres, en 1681. — Une croix d'or dans laquelle il y avait des ossements de saint Savinien et de saint Potentien, présent de M$^{me}$ de Fougeu d'Escures, en 1652. — Une croix de dix diamants, enchâssés en or émaillé, don de M$^{lle}$ Léonor le Maire en 1704. — Une grande chemise de Chartres d'or émaillé, enrichie de perles fines et de diamants, et une couronne d'or, aussi enrichie de diamants, données en 1640 par M. de la Poustoire, chantre de l'église. — Etc., etc.

Il reste maintenant à dire que, suivant la tradition, cette sainte châsse fut faite par un nommé Teudon, excellent orfèvre et habile architecte de son temps.

En 1562, le Roi, ayant ordonné la vente de tous les joyaux des églises pour subvenir aux besoins du royaume, les chanoines, échevins et habitants de la ville de Chartres obtinrent que la sainte châsse ne serait point transportée hors de l'église. On en fit seulement l'estimation qui se monta à 8,980 livres, sans compter les diamants, perles et pierres précieuses. En 1793, les Chartrains furent moins heureux, et tous ces joyaux inestimables, non-seulement à cause de leur valeur intrinsèque, mais surtout comme objets d'art, furent envoyés à Paris, où les uns furent vendus et les autres fondus à la Monnaie.

Aujourd'hui la précieuse relique est renfermée dans un coffret en bronze doré, enrichi de filigranes, d'émaux et de cabochons, donné par Mlle de Byss. Ce coffret est lui-même inclus dans un édicule, également en bronze doré, fait en 1822. « Cet édicule, dit le procès-verbal
» rédigé à cette époque, forme un monument gothique,
» soutenu par huit pilastres, surmontés d'ogive en bronze
» doré et enrichis de médaillons peints sur émail, re-
» présentant les douze Apôtres : au-dessus des ogives
» règne une galerie formant un pourtour garni de pierres
» bleues et rouges, au milieu duquel s'élève une tour
» carrée à jour, surmontée d'une flèche ou clocher
» terminé par une croix : ledit clocher est décoré sur
» ses côtés de quatre grosses topazes et garni dans son
» pourtour de pierreries semblables à celles de la sus-
» dite galerie. Deux inscriptions en latin sont gravées
» sur les deux faces latérales inférieures de ladite tour,
» dans l'intérieur de laquelle est placée une image de la
» très-sainte Vierge en argent doré. Ladite châsse, longue
» à sa base de 19 pouces sur environ 12 de largeur,
» porte 3 pieds de hauteur, depuis son socle ou sa base
» jusqu'à la croix placée sur le clocher : dans l'intérieur,
» à la hauteur des ogives, elle est revêtue de verres
» bleus. »

Hélas! qu'il y a loin de cette modeste châsse en bronze doré au superbe reliquaire que le Xe siècle avait ciselé avec les métaux et les bois les plus précieux à la gloire de la très-sainte Vierge!

## CHAPITRE XVIII.

**Des autres saints Reliquaires qui étaient dans l'Eglise de Chartres, et d'autres richesses qui étaient dans le Trésor.**

De toutes les églises de la chrétienté, il ne s'en trouve pas qui puisse se vanter d'avoir eu autant de reliques que l'Eglise de Chartres; car outre la sainte chemise de la Vierge, elle possédait les châsses de saint Piat, martyr, de saint Lubin, de saint Calais, de saint Béthaire et de saint Solein, évêque de Chartres; le corps de saint Tugdual, martyr, de sainte Thècle, vierge; le chef de saint Théodore; les os de la main avec laquelle saint Thomas toucha le côté de Notre-Seigneur, enchâssés dans une main d'argent doré, et tous les autres conservés dans des vaisseaux d'argent doré.

Entre les chefs des Saints et des Saintes précieusement enchâssés, était celui de sainte Anne, mère de la sainte Vierge. C'est sur ce chef que juraient les chanoines pour parvenir à leur réception; il était sous le pupitre, mais il fut mis dans le nouveau trésor qu'Anne d'Autriche, reine de France, fit faire moyennant quatre mille francs.

Cette sainte relique était dans un buste de vermeil dont le visage était peint jusqu'aux lèvres de couleur de chair: le reste en bas était couvert d'une mentonnière de vermeil qui se perdait sous une grosse draperie en tortillon formant la coiffure. Ce chef avait été envoyé de Constantinople au chapitre en 1204 par Louis, comte de Blois et de Chartres, avec une grande pièce de drap d'or dont il était enveloppé. On y avait joint *un housement de Madame Sainte Anne*, pris à une église du faubourg Saint-Jacques de Paris lors des barricades de l'année 1588, et donné à l'église de Chartres par un capitaine suisse nommé Michel Allego.

L'Eglise de Chartres avait aussi le chef de saint Mathieu, apporté en 1205 de Constantinople par Gervais, seigneur de Châteauneuf, du fût de la vraie croix et du véritable baume de Judée.

Nous allons énumérer brièvement les autres richesses qui se trouvaient dans le Trésor :

Une image de Notre-Dame, d'or massif, émaillée de bleu, et pour cela appelée *Notre-Dame-Bleue*, et enrichie de perles, donnée par Jean, duc de Berry, en 1404. Cette image représentait la sainte Vierge assise, et son Fils debout auprès d'elle : l'habit de Notre-Seigneur était un manteau d'émail blanc, semé de petites roses d'or ; sa Mère était richement couronnée de perles et de rubis ; elle avait sur son sein une pièce formée de pierreries, et un bouquet de même matière à la main. A ses pieds, était un petit reliquaire, enrichi de pierreries, sur lequel on lisait cette inscription : *Des cheveux de la Vierge Marie*, donnés en 1384 au duc de Berry par le pape Clément VII.

Un ovale d'or, au milieu duquel on voyait, au travers d'un verre, une croix de marbre grisâtre ou de jaspe, de deux pouces, faite d'une des colonnes où Notre-Seigneur fut attaché et flagellé, enrichie de plusieurs petits ouvrages pendants et transparents au travers de ce verre. Autour de cet ovale il y avait huit petites boîtes ouvertes, en forme de croix, et couvertes d'un verre. Autour de la première on voyait cette inscription : *Du sépulcre de Notre-Seigneur Jésus-Christ* ; de la seconde, *De la table rougie de son sang* ; de la troisième, *Du saint suaire de Jésus-Christ* ; de la quatrième, *Des cheveux de Notre-Seigneur* ; de la cinquième, *Des vêtements de Jésus-Christ* ;

de la sixième, *De la sainte Tunique* ; de la septième, *De la pierre du mont du Calvaire* ; de la huitième, *Des langes de l'enfance du Sauveur.*

Le tout sur de l'or émaillé, écrit et non buriné. Cet ovale était porté sur une colonne d'argent doré, parsemée de fleurs-de-lis gravées, au bas de laquelle il y avait une petite ourse ciselée, et deux Anges à genoux ; et à cette colonne était attaché un petit tableau de la hauteur d'un demi-pied ou environ, tout en or ; sur l'un de ses côtés était une croix faite d'un morceau de celle sur laquelle Jésus-Christ fut attaché. Le bois a été appliqué sur ce tableau par le moyen de petits tourniquets ; et aux deux côtés de ce bois on lisait une inscription grecque, qui contenait ces termes en français :

*De la sainte couronne d'épines.*
*De la sainte pierre.*
*Des limures du saint clou.*
*Du saint linceul.*
*De la robe de pourpre donnée à Notre-Seigneur.*
*De la sacrée serviette de laquelle il se ceignit quand il lava les pieds à ses Apôtres.*
*De la ceinture de la vénérable Mère de Dieu.*
*Des langes sacrés.*

Cette inscription était burinée sur de l'or, et le soubassement de cette colonne était d'argent doré, portant huit ourses de même matière. Au-devant il y avait des paysages et fleurs-de-lis dorés et émaillés. Ce beau reliquaire était encore un présent de Jean, duc de Berry, en l'année 1406. Cependant on croit que le petit tableau en or attaché sur la colonne avait été donné précédemment par un certain Henri, fils d'Arnoul.

Une image de Notre-Dame, tout en argent, et pour cela appelée *Notre-Dame-Blanche*, enrichie de perles :

aux pieds de laquelle était une petite fiole de cristal enchassée, où était renfermé le lait miraculeux de la sainte Vierge, avec lequel elle humecta la langue de saint Fulbert, qui était toute consumée par le feu, et qui fut soudainement guérie : deux ou trois gouttes de ce lait précieux restées sur son visage furent recueillies avec soin et mises dans le Trésor. On en parlera plus amplement dans le chapitre des miracles de la sainte Vierge. Cette précieuse statue était un présent des Anglais, pendant qu'ils furent maîtres de la ville de Chartres au XVe siècle. En 1559, le Chapitre fit faire à ses frais un piédestal de vermeil, orné de beaucoup de pierreries, sur lequel on la déposa.

Un reliquaire d'argent dans lequel était un morceau de la ceinture de la sainte Vierge; puis une grande image d'argent doré, qui représentait saint Laurent, où était enchâssée une de ses dents; et une châsse fort petite, mais fort riche, de saint Serge et de saint Bacche, donnée par le roi Henri IV, le jour de son sacre, le 27 février 1594.

Un bâton du Brésil, virolé d'argent, fait en forme de bourdon, duquel le roi Jean se servait dans ses pélerinages et qu'il offrit depuis à la sainte Vierge de Chartres. Il servait autrefois de bâton cantoral aux petits solennels.

Une excellente pièce d'orfévrerie destinée à porter le corps de Notre-Seigneur, et qui était toute d'or massif, enrichie de beaucoup de pierreries; elle fut donnée par les Anglais en même temps que la statue de Notre-Dame-Blanche.

Une Vierge de vermeil, portant son divin fils sur le bras gauche et tenant de la main droite un petit reliquaire de la roche du mont Calvaire. Elle était sur un pied à huit pans, aussi de vermeil, sur lequel était un reliquaire contenant les reliques suivantes : *Du sépulcre de la Vierge Marie ; — De la coulonne où Nostre-Seignèur fut lié ; — De la crèche Nostre Seigneur ; — Du bois du cercueil Nostre-Seigneur ; — De la verge de Moyse.* Autour du pied on lisait cette inscription : *Anno ab incarnatione Domini MCCL° sexto, Alaydis, abbatissa de Monasteriolo, me fecit fieri. Quicumque habuerit et viderit oret pro eâ et pour celuy qui la fist.*

Deux grands calices de vermeil avec leurs patènes, servant autrefois aux jours solennels; l'un fut donné en 1582 par le roi Henri III, et l'autre par l'amiral de Graville, sous Charles VIII, en 1487 ; l'un et l'autre d'un pied de haut.

Le buste à mi-corps, aussi de vermeil, de sainte Amplonie, de la hauteur de seize pouces, posé sur un grand pied aussi de vermeil, porté par quatre lions : le tour du col bordé de rubis et d'émeraudes, dont celle du milieu, qui servait comme d'agrafe, était d'un prix considérable pour sa grandeur et sa beauté; donné en 1503 par le cardinal Perrault, à qui MM. de Cologne en avaient fait présent.

Une médaille d'or ayant d'un côté saint Louis et de l'autre deux mains de justice; sur le revers une couronne de lauriers avec ces mots : *A l'immortalité!* et autour : *Prix d'éloquence 1673* ; donnée en 1681, par l'abbé Mathieu de Melun de Maupertuis, chanoine de Chartres, qui l'avait reçue pour le prix par lui obtenu de l'Académie française; pesant quatre onces deux deniers et valant deux cents livres.

Un soleil de vermeil ou porte-Dieu (hauteur seize pouces, longueur douze, largeur six) porté par deux anges ; au-dessus un dais de vermeil porté par quatre personnages : le tout orné de pierreries.

Une grande croix de vermeil enrichie de pierreries, qui servait aux processions solennelles (hauteur trente-quatre pouces).

Une autre croix en vermeil, qui se mettait sur l'autel aux jours solennels (hauteur vingt-trois pouces, pesant trois marcs trois onces), donnée par MM. de la ville d'Issoudun, le 15 mars 1630, à la suite d'un miracle que nous raconterons dans la suite.

Un bâton cantoral haut de cinq pieds six pouces, pesant quinze marcs cinq onces; donné le 13 mai 1559, par M. Thiersaut, chanoine, et servant aux grands solennels.

Un textuaire d'évangiles, de vermeil; sa couverture pesait onze marcs deux onces.

Un textuaire d'épîtres aussi couvert de vermeil.

Une châsse de bois doré (longueur trois pieds cinq pouces, largeur treize pouces, hauteur vingt-un pouces) contenant deux sacs, l'un de velours cramoisi renfermant plusieurs petites boîtes et paquets où étaient des reliques de sainte Anne, des vêtements de la Madeleine, de la tunique et du cilice de saint Yves et de saint Romain, un doigt de saint Potentien, le couteau de saint Thomas, des reliques de saint Etienne, de saint Eustache, de saint Jacques, de sainte Mesme, de sainte Colombe et autres. — Le second, de satin bleu, contenant trois petits sacs de reliques, en outre plusieurs ossements de saints et un chef qu'on croit être celui de saint Gervais, dont le reliquaire, en argent doré, pesant trois marcs, fut vendu en 1562.

Une châsse d'argent doré (longueur vingt-trois pouces, largeur quatorze pouces, hauteur trente pouces), qui renfermait le corps de saint Turien, évêque de Dol en Bretagne, mort vers 841.

Un buste d'argent doré, représentant un évêque (hauteur vingt-six pouces), lequel renfermait le chef de saint Lubin, évêque de Chartres, mort en 551.

Un petit tableau d'argent doré, fermant à volets, dans lequel il y avait du bois de la vraie Croix apporté de la Terre-Sainte par Hervé, chanoine de Chartres (hauteur cinq à six pouces, largeur quatre à cinq pouces).

Un calice en vermeil avec sa patène, de six pouces de hauteur; c'était celui de saint Yves.

Une main de vermeil renfermant des reliques de saint Etienne, pape, premier de ce nom. Elle portait les armes de Jacques Fourré, de Mainvilliers, évêque de Châlons (longueur sept pouces, largeur cinq pouces, hauteur cinq pouces).

Un grand calice d'argent avec sa patène, pesant douze marcs et demi, donné par le maréchal d'Ornano, le jour de la Chandeleur 1602.

Le chef de saint Théodore, donné en 1120 par Geoffroy de Lèves, évêque de Chartres, enfermé dans une châsse à six faces (hauteur dix-sept pouces, largeur neuf pouces). Il y avait dans cette châsse deux écrits sur parchemin; l'un était des commis de l'œuvre, et certifiait que ce chef de saint Théodore était autrefois dans une châsse d'argent doré, qui fut prise sous Charles IX, et qu'il fut remis en celle-ci sous Henri III, laquelle fut bénie par M. de Thou, évêque; l'autre était un certificat de M. Mahon, orfèvre, qui attestait avoir refait cette châsse en 1576; que le chef qui était dedans avait été dépouillé de sa première châsse, qui pesait dix-neuf marcs d'argent doré, du temps de Charles IX; qu'il fut pris en même temps, en ladite église, cent vingt marcs d'or et six à sept cents marcs d'argent de toutes sortes d'ouvrages de reliquaires de l'église, par ordre du Roi, à cause des nécessités du royaume, pour écarter les hérétiques; qu'il fut enlevé de la sainte châsse quarante pièces d'or représentant plusieurs histoires; qu'il y avait de beaux rubis balais, des émeraudes et des perles, qui furent vendus en 1562 et par lui estimés à dix mille livres [1].

Un reliquaire composé de deux cylindres de cristal en croix, ayant des reliques de saint Luc, évangéliste, et de saint Vincent, martyr. Il était porté par un Chérubin. Sur le haut du second cylindre on lisait sur un vélin : *De S. Marci evangelistæ corpore.*

Un reliquaire appelé *des Maries*, fait d'un cylindre de cristal; sur deux morceaux de vélin on lisait : *Hic sunt istæ reliquiæ : De lacte beatæ Virginis. — De ligno crucis B. Petri apostoli. — De ossibus beatorum Evangelistarum Lucæ et Marci; Ceciliæ, Vincentii, Germani Parisiensis, Eligii Noviomensis et Evurtii Aurelianensis episcoporum. — De vestibus Bernardi abbatis. — De sancta Margareta.* Ces reliques étaient dans un taffetas rouge, avec lequel il y en avait un autre où étaient des ossements des Maries avec de la terre de leur tombeau, d'où ce reliquaire avait pris son nom. Il fut présenté en 1449, sous ce titre, par Jean Bernard, archevêque de Tours.

Une Vierge en argent, tenant son Fils (hauteur treize

---

[1] Toutes les reliques de l'église furent portées, par l'ordre des commissaires du roi, dans l'hôtellerie de la Fleur-de-lis, faubourg de la porte Guillaume, où ils étaient logés; on en apprécia l'argenterie et toutes les pierreries, qui furent transférées ensuite à Paris et vendues; on en racheta une partie : il n'y eut que la sainte châsse qui ne sortit point de l'église, les habitants ne l'ayant jamais voulu permettre et ayant donné des otages pour la représenter.

pouces); près d'elle était une femme à genoux, représentant Marie de Luxembourg, veuve de Philippe-Emmanuel de Lorraine, duc de Mercœur, qui avait donné cette figure en reconnaissance de la guérison qu'elle obtint en 1618, par l'intercession de la sainte Vierge, pour la duchesse de Vendôme, sa fille, abandonnée des médecins.

Une châsse de bois doré (longueur vingt-deux pouces, largeur huit pouces, hauteur dix-sept pouces), qui renfermait les reliques de sainte Thècle. Il s'y trouvait des reliques de saint Côme et des morceaux d'une grande boîte d'ivoire, sur lesquels était représenté le martyre de sainte Thècle. Ces reliques étaient autrefois dans une châsse d'argent pesant dix-sept marcs, qui fut vendue en 1562.

Une châsse couverte d'argent doré (longueur vingt-quatre pouces, largeur douze pouces, hauteur vingt-trois pouces), renfermant le corps de saint Tugdual, évêque de Tréguier, qui vivait en 514.

Une châsse d'un bois tout uni, de la longueur d'un corps entier (longueur six pieds, largeur dix-neuf pouces, hauteur vingt-trois pouces), renfermant le corps de saint Piat, martyr.

Une châsse (longueur vingt-sept pouces, largeur treize pouces, hauteur vingt-quatre pouces) contenant des reliques de saint Calétric, évêque de Chartres, mort en 571.

Une châsse (longueur trente-cinq pouces, largeur quinze pouces, hauteur vingt-trois pouces) couverte de lames de cuivre, renfermant le corps de saint Taurin, évêque d'Evreux, invoqué dans le pays chartrain contre les grandes sécheresses.

Une châsse (longueur vingt-huit pouces, largeur

treize pouces, hauteur vingt-trois pouces) contenant une partie du corps et le chef de saint Bohaire, ou Béthaire, évêque de Chartres, qui fut élevé à l'épiscopat en 594.

Une châsse (longueur vingt-trois pouces, largeur douze pouces, hauteur vingt-un pouces) contenant différents ossements de plusieurs saints et notamment de saint Solein, évêque de Chartres, catéchiste de Clovis, mort le 24 septembre 507.

Deux grands tableaux en broderie : l'un, de treize pieds de longueur sur huit de hauteur, représentant l'Assomption de la sainte Vierge; au bas, d'un côté, était le roi Jean avec ses deux fils, Charles V et Louis d'Anjou; de l'autre côté, la reine Bonne de Luxembourg, sa femme, accompagnée de deux de ses filles. L'ouvrage était une broderie extrêmement relevée; les vêtements étaient d'or *nué*, enrichis de pierreries et de perles. Les carnations étaient d'un point refondu plus fin que le satin. Le duc de Berry en fit présent en 1406, pour servir de rétable au grand autel. Il avait coûté dix mille écus.

L'autre, ayant aussi treize pieds de long sur sept à huit de haut, représentait l'histoire de la Passion et de la Résurrection de Jésus-Christ. Cet ouvrage était admirable et d'un goût beaucoup plus moderne que celui du roi Jean. Il était d'or, nué en broderie mêlée de différents points; les contours et le bord des draperies étaient enrichis de perles fines dont trois, extraordinairement grosses, formaient la tête des clous avec lesquels le Sauveur était attaché sur la croix. Le cadre, d'architecture faite de point traîné, était aussi rempli de perles. Il fut donné, le 12 avril 1556, par François Bohier, évêque de Saint-Malo, chanoine et prévôt de Normandie en l'église de Chartres : il était estimé cinquante mille écus. Ils étaient dans le chœur et en furent ôtés en 1714 et 1716 pour être placés dans la sacristie : ils furent vendus depuis, et l'un d'eux fut seulement porté à cinq cents livres environ et adjugé à un brocanteur.

Plusieurs rois, reines, princes et princesses ont enrichi cette église à différentes époques. Au nombre de ces dons était un tableau d'or massif, sur lequel était posée une image de Notre-Dame, d'ambre gris, relevée en bosse, donnée par le roi Henri III, avec une croix d'or ornée de pierres précieuses, ensemble un vaisseau au haut duquel on voyait une horloge d'un travail admirable. Tous ces présents furent faits par lui à l'offerte de la Chandeleur, l'an 1582; et le 27 juin suivant, il offrit une grande lampe d'argent qui était suspendue au milieu du chœur.

En la même année 1582, Louise de Lorraine, reine de France, entre les autres présents qu'elle fit à l'église de Chartres, donna un corporal avec le volet brodé de sa propre main; et Louise de Bourbon, abbesse de Fontevrault, donna le canon de la messe fait en broderie de sa propre main. Marie de Médicis, reine de France, épouse d'Henri IV, fit présent d'une lampe d'or (elle fut volée le 1er mai 1690), qui était suspendue devant l'ancien trésor et qui était estimée dix mille livres. Nicole, duchesse de Lorraine, offrit, en 1634, un saint Georges à cheval, d'argent doré et enrichi de pierreries, dans lequel Léonor d'Etampes, évêque de Chartres, fit déposer en 1635 des reliques de ce saint, qui lui avaient été envoyées de l'abbaye Saint-Germain-des-Prés. Louis XIII, roi de France, donna en 1637 deux grands chandeliers d'argent, de hauteur d'homme. M. Maquet, d'Abbeville, théologal, fit don en 1642 d'un ange d'argent qui tenait une main de saint Thomas, enchâssée dans de l'or pur. M. Robert, sous-doyen, offrit une chemisette d'or émaillée, où était l'image de la sainte Vierge, et un missel dont les couvertures étaient d'émail, enchâssées dans l'ébène. Etienne Robert, son frère, chanoine, donna, en 1644, un missel ayant les couvertures en or.

Par une lettre du roi de Sicile, en date du 26 janvier 1410, écrite à Jean, fils du roi de France, et au duc de Berry, son neveu, l'on apprend qu'il y avait dans le Trésor de Chartres la figure d'un ange en argent tenant un reliquaire de cristal garni d'or, de pierreries et d'une grosse perle qui était au-dessus; dans ce cristal était renfermé le pouce de la main droite de saint Louis de Marseille, évêque de Toulouse; plus une fiole contenant du lait de la sainte Vierge et un morceau d'une côte de de saint Louis, roi de France : au bas de cet ange étaient des reliques de saint Fiacre. Ce prince donna ce reliquaire à Chartres peu de temps après l'avoir reçu du roi de Sicile, son oncle[1].

[1] Avant la Révolution de 1793, la cathédrale de Chartres était sans contredit la plus riche de France en reliques authentiques, et son Trésor n'avait presque point de pareil dans la chrétienté. On pourra lire le détail de toutes ces richesses dans un volume actuellement sous presse et intitulé *Catalogue des reliques et joyaux de l'église de Chartres.*

## CHAPITRE XIX.

### Des miracles qui se sont faits par l'intercession de Notre-Dame de Chartres.

Si les Druides avaient été soigneux d'écrire les miracles qui se firent à l'autel qu'ils dédièrent à une vierge qui devait enfanter, il est certain qu'ils nous en auraient laissé un grand nombre; car les archives de l'église portent que peu de temps après que cet autel fut élevé, on y accourut de toutes parts avec tant de dévotion qu'il n'y avait aucun temple au monde plus fréquenté que cette grotte, tant à cause de la pureté des mœurs de ses prêtres qu'à cause des miracles qui s'y faisaient tous les jours. Ce que la piété peut facilement persuader, parce que le Verbe éternel, invoqué dans ces lieux, existait avant son incarnation, et que la sainte Vierge, sa mère future, avait été créée avant les siècles; et Dieu a bien voulu faire ces grâces singulières aux Druides et à tout le peuple chartrain, au milieu des épaisses ténèbres du paganisme, pour les récompenser de la justice qu'ils gardaient si exactement et couronner en eux le travail qu'ils prenaient à élever leurs enfants à la vertu.

Parmi les miracles infinis qui se firent alors, les chroniques ne nous parlent que de celui qui s'opéra en la personne du fils du roi de ce temps-là. Ce fils étant tombé dans un puits, dont on le retira mort, Geoffroy, son père, roi de Montlhéry, fort triste et éploré, sur la connaissance qu'il avait des miracles que faisait cette Vierge qui devait enfanter, alla dans sa grotte la prier instamment qu'il lui plût rappeler son fils à la vie. La sainte Vierge lui accorda sa prière et ressuscita son fils.

Le père, pour remercier la sainte Vierge d'une telle faveur, lui fit des présents magnifiques. Ce grand miracle augmenta infiniment la dévotion dans tous les cœurs. Tout le monde accourut en foule dans cette sainte grotte, et on ne vit de tous côtés que des gens venir rendre leurs hommages à une si auguste bienfaitrice. L'histoire de cette merveille est figurée dans la vitre de la grande église, entre l'orient et le septentrion. L'inscription porte encore le nom de Geoffroy, roi de Montlhéry, qui s'y lit aisément.

Le bruit de ce miracle causa dans l'âme de Priscus, roi de Chartres, une si grande dévotion qu'il voulut faire un acte de piété par lequel il pût surpasser le roi Geoffroy, son vassal. Voyant qu'il n'avait pas d'enfants et croyant qu'il ne pouvait mieux faire que de laisser sa seigneurie et sa principauté à celle qui le surpassait en puissance et en vertus et de laquelle le monarque des monarques devait naître, il résolut de lui en faire donation et de l'instituer son héritière. C'est ce qu'il déclara en pleine assemblée des Druides, parce que rien n'était valable sans leur approbation.

Depuis cette donation la très-sainte Vierge a toujours été appelée Dame de Chartres, et elle a eu ce nom si agréable qu'elle-même s'est qualifiée telle en plusieurs révélations qu'elles a faites à ses serviteurs, ainsi qu'il est dit ci-après.

On pourrait douter de l'authenticité de tous les miracles que la sainte Vierge a opérés depuis ce temps-là jusqu'à présent en faveur de ceux qui ont réclamé son assistance dans leurs besoins, si le temps de la construction et de la réparation de l'église, n'en fournissait assez pour satisfaire la curiosité des bonnes âmes; car il semble que la sainte Vierge ait tenu quelques jours sa puissance en suspens, pour la déployer en faveur de ceux qui travaillaient à la réparation de son église. Jean le Marchand a rapporté toutes les merveilles qu'elle a faites au temps où il vivait, et dont il a été témoin oculaire d'une grande partie, ainsi qu'on le voit dans son poème des Miracles de la sainte Vierge, traduit par lui à la prière de Matthieu, évêque de Chartres, en l'an 1260.

Cet auteur raconte que, certain samedi après complies, toutes les personnes qui étaient dans l'église la virent remplie d'une grande et étrange lumière, de sorte que les cierges, allumés en grand nombre, furent obscurcis : les assistants, éperdus de ce merveilleux spectacle et de tant d'éclairs qui brillaient à leurs yeux, entendirent un bruit aussi effroyable que celui des foudres et du tonnerre, et ensuite toute cette flamme disparut peu à peu, remplissant l'église d'une odeur incomparable. Cet auteur rapporte qu'il y était présent avec plusieurs personnes de qualité, et dit qu'on crut que c'était la sainte Vierge qui venait visiter son église.

Saint Fulbert, évêque et réparateur de cette église, étant visité de Dieu par un feu incurable qui lui brûlait et lui consumait la langue, et atteint d'une douleur insupportable qui lui ôtait le repos de la nuit, vit comme une dame illustre qui l'avertissait d'ouvrir sa bouche; à quoi ayant obéi, elle fit à l'instant jaillir de ses mamelles sacrées une ondée de lait céleste et savoureux, qui éteignit subitement ce feu et rendit sa langue plus saine qu'auparavant. Il en avait reçu quelques gouttes sur les joues, qui furent recueillies, ainsi que nous l'avons dit; on les mit ensuite dans une fiole que l'on garda dans le Trésor.

Une dame de très-noble famille, qu'on appelait Gondrée, mariée à Théodore, et qui demeurait auprès de Soissons, était affligée d'une maladie appelée mentagre, mal de Saint-Main, ou autre semblable. Ce mal était un feu volant, qui lui avait commencé par le menton, avait gagné ses lèvres, son nez et ses joues et lui avait rongé toute la peau, en sorte qu'on lui apercevait les os et les gencives toutes pourries : elle était en horreur à elle-même; cent fois elle se souhaitait la mort. Voyant que son mari et ses domestiques la fuyaient, elle épuisa tous ses biens pour appliquer à ce mal tous les remèdes possibles, mais ils lui avaient été inutiles. Dans cette extrémité elle eut recours à la sainte Vierge de Chartres, qui, après avoir assez éprouvé sa constance et sa patience dans ses douleurs, ne tarda guère à l'exaucer. En effet, cette malheureuse s'étant mise au lit certain soir, après avoir récité ses prières accoutumées, s'éveilla en sursaut après quelques instants de sommeil et commença à regarder si les cataplasmes dont elle couvrait sa mentagre étaient restés dessus; mais elle les trouva transportés ailleurs et ne les put remettre en leur place, quelqu'effort qu'elle fît. Elle cria à haute voix et éveilla ses gens, qui ne lui répondirent point, étant trop endormis. Alors extrêmement attristée, elle porta sa main sur son visage, où elle trouva ce qu'elle n'espérait pas, c'est-à-dire une entière guérison de son mal : « O sainte » Dame, dit-elle à la sainte Vierge, dites-moi, je vous » en conjure, d'où vous m'avez envoyé ce secours, afin » que je le publie à tout le monde et que vous en soyez » glorifiée à jamais. »

Vers ce même temps, il y eut, dans un village près Chartres, un nommé Benoît, serviteur d'un laboureur, qui le fit travailler le jour de Sainte-Agathe, fête alors chômable. Ce jeune homme, après avoir travaillé jusqu'à midi, jeta son rateau et se coucha pour se reposer : il commençait à s'endormir, lorsque, s'éveillant tout-à-coup, il vit son rateau en feu; il se leva aussitôt, courut pour éteindre le feu, mais les flammes embrasèrent sa main en si peu de temps, que ses cris ne purent lui faire apporter de secours assez tôt. Les personnes qui vinrent trouvèrent Benoît tourmenté de violentes douleurs et le firent porter à l'église du lieu. La nuit suivante il eut une vision; il aperçut venir à lui deux grandes princesses; l'une lui représentait la Dame de Chartres, et l'autre lui fit entendre qu'elle était sainte Agathe, qui lui semblait prier pour lui et demander que cette faute ne lui fût point imputée, à quoi la Dame de Chartres consentit volontiers. Le lendemain il raconta la vision à ses voisins; on le conduisit dans l'église de Chartres, et là, devant l'image de la sainte Vierge, il reçut, à la vue de plusieurs personnes, la guérison de sa main, de même que si elle n'eût jamais été brûlée.

Dans un village du Perche, un jeune homme, nommé Guillot, demeurait chez un gentilhomme qui lui coupa la langue pour quelque léger méfait qu'il avait commis. Réduit en cet état, il alla à Chartres et se rendit dans l'église, devant le maître-autel, le jour de Pâques. Alors la sainte Vierge, ayant pitié de lui, tant à cause de son enfance qu'à cause de son affliction, lui rendit la parole. Sitôt qu'il l'eut recouvrée, il rendit grâces à Dieu et exalta les bienfaits de la sainte Vierge. Mais il n'avait pas encore recouvré sa langue, et il demeura dans cet état jusqu'au jour de la Pentecôte, où la sainte Vierge, voulant achever son ouvrage, lui guérit la langue.

A Prunay, village près Chartres, il y avait une pauvre femme paralytique de tous ses membres, à qui la sainte Vierge apparut au milieu de la nuit, et lui dit: « Si tu » désires être délivrée du mal qui te remplit de douleurs

» et d'ennuis, fais-toi promptement porter à Chartres
» dans mon Eglise, »

<blockquote>
Car si tu as ferme croyance,<br>
Illec recevras la santé,<br>
Dont ton cœur est entalenté.
</blockquote>

Aussitôt après l'arrivée du jour, elle se fit conduire à Chartres, où, étant arrivée, on la porta devant le maître-autel. Elle n'avait pas achevé sa prière, qu'elle sentit ses membres se raffermir : elle se leva debout, remplie d'une joie extraordinaire, en présence d'un grand nombre d'hommes et de femmes.

Ces miracles et plusieurs autres qui furent faits en ce temps-là, accrurent tellement la dévotion des peuples, qu'on accourait de toutes parts dans cette Eglise. Chacun y apportait des présents selon ses facultés, en sorte qu'il semblait que l'argent vînt aux ouvriers plutôt de Dieu que des hommes.

Une femme de Chamblay, village près Chartres, sortit de sa maison et y laissa une fille auprès d'un enfant qu'elle avait au berceau. A peine venait-elle de sortir que cet enfant se mit à crier; la fille le flatta et le berça quelque temps pour tâcher de l'apaiser; mais le tout en vain, car il ne cessait de crier. Comme elle vit qu'elle ne pouvait l'apaiser, elle chercha quelque chose pour le faire jouer; elle aperçut par hasard, dans la chambre, un morceau de verre qu'elle lui mit entre les mains : l'enfant le porta à sa bouche, et aussitôt ce verre entra dans sa gorge et le suffoque tellement que la mère, de retour chez elle, le trouve déjà mort; alors elle implore l'assistance de Notre-Dame de Chartres, et lui demande la vie pour son fils. Elle le porta à Chartres, et le présenta devant le maître-autel, où, aussitôt qu'elle eut fait sa prière, l'enfant jeta par la bouche un gros caillot de sang; et à l'instant on le vit respirer et se mouvoir.

A Saint-Prest, village auprès de Chartres, la fille d'un pauvre tisserand, jouant sur le bord d'un fossé plein d'eau, y tomba et s'y noya; la mère ayant appris cette nouvelle, s'écria aussitôt :

> Dame de Chartres, entendez
> Mes cris, mon enfant me rendez.

On retire de l'eau cet enfant déjà tout livide et sans mouvement, et qui ne donnait plus aucun signe de vie : la mère qui voit qu'il n'y a plus rien à espérer du côté des hommes, a recours à Dieu et à la sainte Vierge. Aussitôt sa prière fut exaucée; sa fille jeta un torrent d'eau par la bouche, et elle donna des signes de vie.

Au village de Bleine, un petit enfant jouant au bord d'une rivière, et tâchant d'avoir avec un bâton un petit drapeau qu'il y voyait, y tomba et s'y noya. Sa mère éplorée invoqua le secours de la sainte Vierge; elle n'eut pas plus tôt achevé sa prière, que son fils recouvra la vie; alors elle vint à Chartres remercier la sainte Vierge, et y amena son fils avec elle.

A Berchères, village distant de deux lieues de Chartres, une femme avait deux filles; l'une était au berceau, et l'autre, un peu plus grande, fut chargée de la garde de sa sœur. A peine la mère fut-elle sortie qu'il entra dans sa maison un grand homme noir, d'un hideux et affreux regard; il avait une touffe de cheveux longs et hérissés, qui lui rendaient le visage encore plus horrible, et il avait l'air d'un homme en colère et plein de menaces. La fille tremblante sortit du logis et rencontra sa mère qui revenait, à qui elle raconta cet étrange prodige. Alors se doutant que ce fût quelqu'esprit malin, cette femme s'écria à

l'instant : « Sainte Dame de Chartres, préservez ma fille! »
Elle entra ensuite dans sa maison où elle vit une épaisse
fumée, et le berceau et les langes de sa fille à demi-
consumés ; mais ayant trouvé celle-ci saine et entière,
elle vint à Chartres en rendre grâces à la sainte Vierge,
et laissa dans l'Eglise le berceau à demi-brûlé.

Plusieurs particuliers de Château-Landon en Gâtinais,
amenant des charrettes chargées de froment pour nourrir
les ouvriers qui travaillaient à réparer l'Eglise de Chartres, arrivèrent à Chantereine, où la plupart d'entr'eux
n'avaient ni pain ni argent. Ceux de ce bourg n'avaient
pas plus de pain qu'il ne leur en fallait ; néanmoins ils
eurent compassion de ces pauvres pèlerins, et leur en
vendirent à un prix modique. Ce n'était cependant pas
suffisant, et encore ces pieux voyageurs n'avaient pas
assez d'argent pour payer ce peu de pain qu'on leur
avait vendu : mais la sainte Vierge multiplia, en leur
faveur, le pain des habitants de Chantereine, ainsi que
leur argent, en sorte qu'ils eurent autant d'argent qu'ils
en avaient apporté, et les autres autant de pain qu'ils
en avaient auparavant.

Les habitants de Pithiviers en Gâtinais, amenant ainsi
qu'eux des charretées de froment pour les mêmes
ouvriers, arrivèrent au Puiset, où les habitants de ce
bourg les prièrent de se reposer et de vouloir souffrir
qu'ils leur aidassent à pousser la roue, afin qu'ils
eussent quelque part à leur mérite. Ayant été par eux
remerciés de leur offre, ils les invitèrent à boire afin de
se rafraîchir un peu. Les pèlerins ne les refusèrent pas,
mais ils burent avec eux splendidement. Les habitants
voulant remporter le muid, le croyant vide, furent
étonnés de le voir encore tout plein ; ils appelèrent ces
pèlerins qui s'en allaient et qui rebroussèrent chemin

vers eux. Ils burent tous de ce vin, le trouvèrent bien meilleur que le premier, d'une odeur beaucoup plus agréable.

Les habitants de Bonneval, ayant chargé plusieurs charrettes de chaux pour être employée à la construction de l'église de Chartres, furent surpris en route d'une grande pluie qui leur fit dételer leurs chevaux au milieu du chemin; ils amenaient avec eux, sur une de leurs charrettes, une pauvre femme paralytique qui allait faire ses vœux et ses prières à Chartres. La pluie étant passée et l'air devenu serein, les pélerins revinrent à leurs charrettes, s'imaginant que leur chaux avait été toute consumée par la pluie et la pauvre paralytique qui était dessus toute brûlée, mais ils furent bien étonnés quand ils aperçurent que les sacs n'avaient pas seulement été mouillés de la pluie et qu'ils étaient encore tout secs : cette pauvre paralytique n'avait nullement été incommodée de cette pluie.

Dans la forteresse de Palaiseau, à quatre lieues de Paris, un nommé Guillaume descendit vers le milieu d'un puits afin de le visiter et de remédier à un endroit qui menaçait ruine; et pensant remuer quelque pierre, il fut incontinent surpris par la chute de plusieurs autres pierres qui firent un grand bruit, auquel tous les domestiques accourus se doutèrent du malheur qui lui était arrivé. Aussitôt on fit venir cinq ou six des plus forts villageois pour lever ces pierres qui étaient tombées. Ces gens y ayant travaillé trois jours de suite découvrirent le quatrième qu'il y avait une grosse pierre qui bouchait l'ouverture du puits : alors ils appelèrent Guillaume, qui leur répondit, et ils le retirèrent, étonnés qu'il eût pu demeurer vivant si long-temps sous cette ruine. Ils lui demandèrent comment il n'était point mort accablé sous tant de pierres; il leur répondit qu'en tombant il s'était recommandé à la Dame de Chartres, qu'elle l'avait sauvé et qu'elle l'avait nourri pendant le temps qu'il avait été dans ce puits.

Ce même Guillaume était boiteux et allait tout courbé; il ressentait ces infirmités depuis sa naissance; mais la confiance qu'il avait dans les faveurs de la sainte Vierge lui obtinrent une prompte guérison; il recouvra l'usage de ses jambes aussitôt qu'il eut réclamé son secours dans l'église de Chartres.

Les habitants de Courville, ayant chargé leurs charrettes de bois pour servir à la charpente de l'église de Chartres, il arriva qu'un d'entr'eux laissa tomber une hache sur l'un de ses pieds, dont trois doigts furent coupés. Il fit ses prières à la Dame de Chartres et en ressentit la nuit l'assistance, car ses doigts furent rétablis dans le même état qu'ils étaient auparavant, si bien qu'il n'y paraissait aucune marque de sa blessure.

A Batilli, en Gâtinais, la veille de l'Assomption de Notre-Dame, une servante, tirant de l'eau d'un puits, tomba dedans; ce puits de sept toises de profondeur ne lui laissait aucun espoir d'en sortir; elle fut aidée néanmoins par la sainte Vierge, fut enlevée et rendue saine et sauve à l'un des bords; elle en vint rendre grâces à Notre-Dame de Chartres.

Les habitants de Saint-Malo s'étant mis en chemin pour charroyer des pierres et les conduire à Chartres pour les travaux de l'église, il survint un brouillard si épais que, ne se voyant plus les uns les autres, ils s'égarèrent et ne purent jamais se rassembler quoiqu'ils s'entr'appelassent à haute voix; mais la sainte Vierge, qu'ils réclamèrent dans ce besoin, leur servit d'étoile et de guide.

Une certaine dame de Sully avait un petit filleul, fils de l'un de ses valets, qui tomba dans la Loire, d'où il fut tiré mort par le batelier. Cette femme, le voyant tout raide et tout livide, s'écria : « Sainte Dame de Chartres, » ayez, s'il vous plaît, pitié de cet enfant et rendez-lui » la vie ; » elle le fit suspendre ensuite par les pieds, et aussitôt l'eau qu'il avait avalée, sortit par sa bouche, et on le vit remuer et respirer. La dame vint à Chartres remercier la sainte Vierge d'une si grande faveur.

Guillaume de Sondei ou Sourdi a rapporté à plusieurs personnes qu'en son village il y avait un homme muet qui, étant allé faire ses dévotions à Chartres, fut guéri en un instant et depuis ce temps-là eut la voix et la parole libres.

Un certain chevalier, venu à Chartres en dévotion, acheta des chemises faites sur la forme et figure de celle de la sainte Vierge et les fit toucher à la sainte châsse. Il arriva que certain jour il fut rencontré au coin d'un bois par sept à huit de ses ennemis qui lui donnèrent plusieurs coups de dagues qui s'émoussèrent au lieu de le percer. Eux, étonnés de cela, ne savaient que penser, et le chevalier, les voyant surpris, leur dit : « Vous avez » beau frapper, vous ne pourrez traverser de vos coups » aucun endroit de mon corps, puisque je suis armé » contre vous de la chemise de Notre-Dame de Char- » tres. » A ces mots, ces gens, saisis d'une grande frayeur, se mirent à genoux devant lui et lui demandèrent pardon, ce qu'il leur accorda, et ils vécurent ensuite en bonne intelligence.

Entre Lavardin et Montoire, il y eut un jour un tournois où se rendaient de toutes parts les princes et les seigneurs de la cour. Ce tournois cessé, chacun s'en retourna chez soi : un jeune gentilhomme, surpris par ses ennemis, s'enfuit au grand galop; ses ennemis le poursuivirent à travers les landes et bruyères, si bien que ce jeune homme, se voyant arrêté par une rivière, réclama le secours de la Dame de Chartres, et à l'instant ses ennemis et leurs chevaux demeurèrent immobiles; ce qui lui donna le temps de se sauver.

Un écolier d'Angleterre, étant en France et voyant que tout le monde faisait des offrandes pour rebâtir l'église de Chartres, donna un collier d'or qu'il avait destiné pour sa maîtresse. Comme il s'en retournait dans son pays, il arriva une nuit auprès de Calais; étant couché dans une grange, il eut en vision les trois Maries entre lesquelles la principale, qui était la sainte Vierge, le remercia de son présent et lui en promit récompense.

Vers ce même temps, pendant les guerres de Richard, roi d'Angleterre, contre la France, un riche marchand d'Aquitaine, apportant un baril plein d'huile sur son cheval pour entretenir les lampes de l'église de Chartres, fut pris en chemin par des soldats anglais et mis en prison avec beaucoup d'autres; au bout de quelque temps, tous ces prisonniers ayant traité de leur rançon, il se vit réduit à garder la prison, parce qu'il n'avait point d'argent. Dans cette détresse il s'adressa à la sainte Vierge de Chartres et la pria de le délivrer. La sainte Vierge exauça sa prière et lui apparut en songe; elle l'avertit de se présenter avec tous les prisonniers qui devaient sortir, ce qu'ayant fait il sortit heureusement, la sainte Vierge permettant que les yeux du geôlier fussent trompés. Joyeux de sa délivrance, il se prosterna pour remercier la Vierge de son assistance, et celle-ci, pour le récompenser de sa piété, lui fit retrouver son cheval et son baril d'huile qui lui avaient été pris par les soldats anglais.

Une femme d'auprès de Bonneval, ayant la main percluse, vint à Notre-Dame de Chartres, où, après s'être munie des sacrements de l'Eglise, elle eut sa main malade aussi libre que l'autre et fut entièrement guérie.

L'an 1206, dernier de juillet, fête de Saint-Germain-l'Auxerrois, jour auquel on solennisait la fête de ce saint, patron du village de Sours, un villageois, nommé Guillaume, ne laissa pas de faucher son avoine, malgré toutes les remontrances qu'on lui put faire; mais, le soir étant venu, comme il voulait recueillir la dernière brassée, il sentit une telle douleur à la main, un feu si ardent et une si grande contraction de nerfs que sa faucille lui demeura jointe à la main droite et la brassée d'avoine à la gauche. Il fut voué à Notre-Dame de Chartres, et aussitôt sa faucille et son avoine, qu'on n'avait jamais pu lui arracher, lui tombèrent des mains qui devinrent blanches et souples et furent entièrement guéries.

Une femme de Villantras en Berry, ayant destiné un morceau de toile pour faire une nappe à Notre-Dame de Chartres, la serra dans un coffre avec d'autres hardes. Peu de jours après, le feu s'étant mis à ce coffre, tout ce qui était dedans fut brûlé et réduit en cendres, hors cette nappe qui était demeurée saine et entière : cette femme, joyeuse d'un si grand miracle, s'en vint la présenter à la Dame de Chartres et s'acquitter de son vœu.

Un chancelier de l'église de Notre-Dame de Chartres, fort dévôt à la sainte Vierge, mais de qui les richesses avaient un peu refroidi la dévotion, fut tué par ses ennemis et enterré négligemment au coin d'un cimetière, sans pompes ni cérémonies, parce que les chanoines craignaient qu'il ne fût mort en péché mortel; mais la sainte Vierge étant apparue quelques jours après à saint

Fulbert, pour lors évêque de Chartres, et lui ayant commandé de lui faire rendre les honneurs funèbres, le lendemain saint Fulbert rapporta sa vision au Chapitre, où il fut résolu de l'exhumer et de lui faire des obsèques convenables. On le déterra et l'on fut étonné que son corps ne rendît aucune mauvaise odeur, quoiqu'il y eût vingt jours qu'il fût mort.

Robert de Jouy avait une fistule à la jambe, qui était incurable et qui le remplissait d'ulcères, il pria si dévotement la sainte Vierge de Chartres qu'il fut entièrement guéri, et le lendemain il vint lui en rendre ses actions de grâces.

Un chapelain de Chartres était si ignorant qu'en ses prières il ne savait dire que ces trois mots : *Salve, sancta Parens;* l'évêque, en étant averti, le chassa hors de l'église, le privant de son emploi comme un ignorant qu'il était. La sainte Vierge apparut en songe à l'évêque et le reprit d'avoir ainsi chassé son chapelain. L'évêque s'excusa sur le dû de sa charge; mais le jour suivant il fut trouver le chapelain et le pria de revenir à l'église et de continuer toujours ses prières à la sainte Vierge.

En l'an 1007, environ treize ans avant que l'église de Chartres fût brûlée, un mal que l'on appelait *des ardents* qui en peu de temps réduisait en cendres les personnes qui en étaient attaquées et contre lequel on ne pouvait trouver de remède, fit de grands ravages tant à Arras qu'à Chartres et autres lieux : une femme très-pieuse, de Jouy-le-Châtel, eut une vision dans laquelle la sainte Vierge lui apparut. Elle lui fit connaître qu'elle était la Dame de Chartres et l'avertit d'annoncer de sa part qu'on eût à employer la cire des chandelles ardentes contre le mal *des ardents*. L'avis en courut partout, et autant de fois qu'on se servait de ce remède, autant de fois on éteignait le feu de ceux qui en étaient atteints, principalement dans les saintes grottes qui se sont rendues insignes par ce miracle.

Ces miracles de la sainte Vierge sont rapportés dans un poème latin commencé vers l'épiscopat de saint Fulbert, en l'an 1020, et qui se termine au temps de Philippe-Auguste; c'est de là qu'on peut juger que tous ces miracles ont été faits pendant qu'on réédifiait l'église de Chartres, sous les règnes de Robert, Henri Ier, Philippe Ier, Louis-le-Gros, Louis-le-Jeune et Philippe-Auguste, son fils. Le traducteur vivait du temps de saint Louis, et comme nous l'avons déjà dit, il acheva son ouvrage l'an 1262.

Vers l'an 1665, un homme muet, des environs d'Etampes, vint à Chartres faire ses dévotions et fit dire une messe à Notre-Dame, où, humblement prosterné au pied de l'autel et priant avec grande ferveur la sainte Vierge, il recouvra la parole en présence de plusieurs personnes et s'en retourna glorifiant la Dame de Chartres.

Dans la ville d'Evreux, un habitant fit vœu de venir à Chartres prier la sainte Vierge; mais il tomba malade un peu de temps après et ne put exécuter ce voyage : voyant que sa maladie empirait et qu'elle était mortelle, il pria un de ses amis d'acquitter son vœu, en faisant dire une messe pour lui dans l'église de Notre-Dame. Cet ami le lui promit, reçut l'argent que le malade destinait pour l'accomplissement de son vœu et s'en vint à Chartres. Il ne fut pas plus tôt parti que le malade mourut. Cet ami du défunt arrive à Chartres et, au lieu d'aller à l'église faire dire une messe, il alla dans un cabaret où il dépensa l'argent qu'on lui avait donné à cette intention. Dès la même nuit, on entendit un grand bruit dans la maison du défunt, sans pouvoir en deviner la cause. Ce bruit se renouvelant toutes les nuits, principalement dans la chambre où cet homme était mort, les habitants de la maison, effrayés de ce vacarme, furent trouver un prêtre, lui disant ce qui les amenait et le priant de leur faire la grâce de se transporter dans cette maison dès la nuit même, ce qu'il leur promit. En effet, ce prêtre s'y rendit, et, le même bruit s'étant renouvelé en sa présence, il pensa que le défunt pouvait avoir chargé quelque personne d'acquitter un vœu pour le repos de son âme, ce qui fut confirmé par une personne qui avait eu connaissance de la promesse faite au défunt par un de ses amis de lui faire dire une messe à Notre-Dame de Chartres. Ce vœu n'ayant pas été accompli, le pieux ecclésiastique vint à Chartres, célébra la messe pour le repos de l'âme du défunt, et la tranquillité des habitants de cette maison ne fut pas troublée de nouveau.

Un nommé Fourré, du village de Mainvilliers, près Chartres, avait un enfant qui tomba malade, et qu'il recommanda à la sainte Vierge ; après avoir fait dire une messe à son intention, cet enfant fut guéri.

Madame Corbin, du Grand-Dauphin, du faubourg de la porte des Epars, avait une fille malade, et dont le corps enflé et cacochyme était extrêmement contrefait; elle ne l'eut pas sitôt recommandée à la sainte Vierge, et fait prier Dieu pour elle, qu'elle fut guérie et eut le corps bien conformé et bien sain.

Une femme étant sur la Loire, dans un bateau, avec plusieurs personnes, avait un enfant à la mamelle ; le bateau venant à faire naufrage, elle se voua à Notre-Dame de Chartres, et échappa seule avec son enfant, tous ceux qui étaient dans le bateau ayant péri dans les ondes.

Six personnes furent rencontrées par des voleurs, qui

les dépouillèrent, moins une d'elles qui s'était vouée à la Vierge de Chartres.

Un fameux voleur ayant fait un vol considérable, et ceux sur qui ce vol avait été fait n'en pouvant découvrir l'auteur, ils firent dire une messe, dans l'église souterraine, en l'honneur de Notre-Dame ; et dès le même jour on découvrit celui qui avait fait ce vol, et le lieu où étaient cachées les choses volées.

Les habitants d'Issoudun, étant affligés de la peste et ayant en vain essayé toutes sortes de remèdes contre ce mal, eurent recours à l'assistance céleste. Plusieurs d'entre eux vinrent à Chartres, prièrent la sainte Vierge et firent dire une messe pour leurs concitoyens. Quand ils furent de retour chez eux, ils virent que leur ville était délivrée de ce mal contagieux; et s'étant enquis du moment où il avait cessé, ils apprirent que c'était justement dans le même instant que la messe, qu'ils avaient fait dire à cette intention dans l'église de Chartres, était finie et qu'on eut dit le dernier évangile. Peu de jours après, ils vinrent remercier la sainte Vierge et lui firent plusieurs présents.

M. Didier, avocat au Parlement, demeurant à Paris, rue de Bièvre, paroisse de Saint-Etienne-du-Mont, étant sur la rivière avec plusieurs personnes, le bateau où ils étaient vint à se briser contre un pont et à faire eau de toutes parts. M. Didier, dans ce pressant danger, se voua à Notre-Dame de Chartres et arriva heureusement à bord, en sorte que de toute sa compagnie il n'y eut que lui de sauvé. Pour ne pas demeurer ingrat envers la sainte Vierge, il vint à Chartres la remercier et lui fit présent d'une croix et de deux chandeliers d'argent.

Mais le miracle le plus important opéré par la sainte Vierge, depuis que la ville de Chartres est sous sa protection, est celui qui eut lieu au mois de février 1568.

Durant les premières guerres civiles de France, l'armée des Huguenots, sous la conduite du prince de Condé, vint mettre le siége devant la ville de Chartres et dressa son camp du côté de la porte Drouaise, ainsi nommée à cause des Druides qui entraient par là quand ils venaient faire leurs sacrifices et tenir leurs états dans le bocage sacré de Chartres : elle porte encore ce nom, sans doute parce qu'elle est dans la direction de la route de Dreux. Ce fut aussi de ce côté que Rollon, duc de Normandie, sous le règne de Charles-le-Simple, assiégea la ville. Sur cette porte, comme sur toutes les autres portes de la ville, il y avait une image de la sainte Vierge tenant son Fils entre ses bras, avec cette inscription au-dessous : *Carnutum Tutela.* Les Huguenots tirèrent plusieurs coups de canon sur cette image sans pouvoir l'endommager, quoique les murailles en fussent toutes foudroyées, ainsi qu'on en voyait les vestiges; ils s'enfuirent après une grande perte de leurs gens, rebroussèrent chemin et donnèrent encore pour la seconde fois le nom aux *Prés des Reculés.* En mémoire de cette victoire miraculeusement obtenue, tous les ans, le 15 mars, on allait en procession dans une chapelle élevée en l'honneur de la sainte Vierge par les soins de Simon Berthelot, chanoine de Saint-André, et qu'on appelait *Notre-Dame-de-la-Brèche,* parce qu'en ce lieu les ennemis avaient fait une brèche, par laquelle étant prêts d'entrer, ils furent repoussés. Cette chapelle, détruite en 1791, fut reconstruite en 1843 par les soins de M. Baret, chanoine honoraire de la cathédrale. La première pierre fut posée le 7 avril 1843; dès le 1er juin on y reporta en grande pompe l'ancienne statue de Notre-Dame-de-la-Brèche conservée pendant les jours de la Révolution; et enfin la bénédiction solennelle du nouvel oratoire se fit le 21 novembre 1843 par Pierre-Alexandre Lecomte, curé archiprêtre de la cathédrale, délégué à cet effet par M<sup>gr</sup> Clausel de Montals. Le 15 mars 1844, par suite d'une délibération de M<sup>gr</sup> l'évêque et du Chapitre, la procession générale du clergé de la cathédrale et de toutes les paroisses et la station à la chapelle de la Brèche furent rétablies comme par le passé, et, depuis ce moment, le 15 mars voit chaque année les nombreux fidèles de la ville de Chartres aller remercier Notre-Dame de sa miraculeuse protection.

En 1832, à l'époque où le choléra exerçait ses ravages dans plusieurs départements, celui d'Eure-et-Loir eut beaucoup de communes qui en furent atteintes. La ville de Chartres entre autres ne fut pas épargnée et compta en peu de jours un grand nombre de victimes de cette cruelle maladie. Des prières publiques et particulières eurent lieu dans toute l'étendue du diocèse, et au moment où la maladie était parvenue à son plus haut degré d'intensité, les habitants de Chartres s'adressèrent à Celle qui tant de fois leur avait donné des marques de sa prédilection. M<sup>gr</sup> l'évêque ordonna qu'une procession générale, à laquelle assisteraient le Chapitre de la cathédrale et le clergé des trois paroisses de la ville, aurait lieu le dimanche 26 août, à l'issue des vêpres. En effet, cette procession se fit avec la plus grande solennité. La châsse contenant le voile de la sainte Vierge y fut portée en grande vénération; M<sup>gr</sup> l'évêque, à la tête de son clergé, assista à cette pieuse cérémonie. Le cortége, suivi d'une grande population de la ville et des environs, parcourut, dans le plus grand ordre et avec un profond recueillement, plusieurs quartiers de la ville, se rendit à l'église de Saint-Pierre, puis à celle de Saint-Aignan et rentra dans le même ordre à la cathédrale; cette pieuse cérémonie fut terminée par le Salut du Saint-Sacrement. L'espoir de ceux qui avaient mis leur confiance en la protection de la sainte Vierge ne fut pas trompé; dès le lendemain la maladie perdit de sa malignité, et, huit jours après, ce fléau avait disparu.

En reconnaissance d'un aussi grand bienfait et pour en perpétuer le souvenir, une médaille en or, d'une grande dimension, a été frappée.

Le fond de cette médaille représente une entrée dans la cathédrale. Au bas, un cholérique, portant une croix sur sa poitrine, est étendu, levant les bras vers la sainte Vierge. A gauche, celle-ci à genoux implore pour sa chère ville de Chartres le Père éternel qui paraît dans le haut, enveloppé d'une draperie, au milieu de nuages dans lesquels on remarque la tête d'un Chérubin. Les yeux du Père éternel sont tournés vers Marie, qui est prosternée à ses pieds; et de sa main gauche il arrête le bras de l'ange exterminateur, qui se hâte de remettre son glaive dans le fourreau.

Autour de la médaille on lit ces mots: *In periculis, in angustiis, Mariam cogita, Mariam invoca.*

Au bas: *Voté à Notre-Dame de Chartres par les habitants de la ville de Chartres, en reconnaissance de la cessation du choléra-morbus, qui eut lieu à la suite de la procession solennelle célébrée pour obtenir sa puissante protection, le dimanche* XXVI *août* M. DCCC. XXXII.

En mémoire de cette délivrance miraculeuse, une procession solennelle a lieu dans l'intérieur de l'église, à l'issue des vêpres, le dimanche dans l'octave de l'Assomption.

## CHAPITRE XX.

### Des Reliques, Châsses et Ornements existant aujourd'hui à la Cathédrale.

En 1801, époque à laquelle la cathédrale fut érigée en paroisse pour une partie de la population de la ville, il n'existait dans la sacristie que fort peu d'ornements; quelque modestes qu'ils fussent, il fallut s'en contenter. Peu à peu les dons de plusieurs personnes pieuses l'enrichirent de quelques-uns; et avec les achats qui ont été faits depuis le rétablissement du siége épiscopal et du Chapitre, elle possède aujourd'hui le nécessaire en ornements simples et plusieurs même fort riches pour les grandes solennités.

Si la profanation des saintes reliques, qui étaient exposées autrefois à la vénération des fidèles dans cette église, a sensiblement affligé les âmes pieuses, quelles consolations n'ont-elles pas dû éprouver de leur conservation miraculeuse? Toutes les anciennes châsses ayant disparu, de nouvelles ont été faites pour contenir ces précieuses reliques; on en va donner la description.

*Châsse de la sainte Vierge.* Cette châsse, de forme gothique, est en bronze doré, carrée et à jour. Sur chaque face sont trois médaillons de forme ovale, représentant chacun un des douze apôtres; le pourtour de la châsse est orné, dans sa partie supérieure, d'une galerie à jour ornée de grenats et autres pierreries; elle se termine par une pyramide à jour, de forme carrée, contenant la statue de la sainte Vierge tenant l'Enfant-Jésus dans ses bras. Chacune des quatre faces de la couverture de cette pyramide est ornée d'une topaze. Sur le devant de la châsse est l'inscription suivante :

AD MAJOREM DEI GLORIAM

*Sacræ hic inclusæ reliquiæ
e velo Beatæ Mariæ Virginis
Ecclesiæ Carnotensi
a Carolo Calvo imp. dono datæ,
ab anno 876
ad annum infaustæ memoriæ 1793,
regum populorumque concursu
veneratæ sunt.*

ET IN HONOREM BEATÆ MARIÆ
VIRGINIS DEIPARÆ.

Au milieu de cette châsse est un coffret en vermeil, donné par M de Lubersac, ancien évêque de Chartres; il contient du bois de la vraie Croix, le voile de la sainte Vierge et les reliques de plusieurs saints, savoir :

Saint Barthélemy, apôtre;
Saint Barnabé, apôtre;
Saint Thomas, apôtre;
Saint Etienne, premier martyr;
Saint Altin, disciple de Notre-Seigneur;
Saint Corneille, pape et martyr;
Saint Loup, archevêque;
Saint Julien, évêque du Mans;
Saint Nicolas, évêque;
Saint Athanase, évêque;
Saint Germain, évêque de Paris;
Saint Vincent, diacre et martyr;
Saint Christophe, martyr;

Sainte Apolline, vierge et martyre;
Sainte Barbe, vierge et martyre;
Sainte Opportune, vierge;
Sainte Paule, veuve.

Le coffret porte l'inscription suivante :

> *Curâ et impensis* D. D. DE LUBERSAC
> *olim Carnotensis Episcopi*
> *restitutæ,*
> *a* D. D. DE LATIL, *ipsius successore,*
> *in hanc ampliorem capsam*
> *inclusæ,*
> *Pietati votisque fidelium*
> *feliciter offeruntur.*
> 1822.

Dans l'intérieur de la châsse et sur le coffret, sont les sacrés cœurs de Jésus et de Marie : celui de Jésus, surmonté d'une croix, est couronné d'épines; celui de Marie, percé d'un glaive, est surmonté d'un lis et couronné de roses. Ce présent a été fait par les princesses de la famille royale, en 1816 ou 1817.

*Châsse de saint Piat.* Cette châsse, en bois d'ébène, longue de six pieds environ, renferme le corps entier de saint Piat, martyr[1]; sa forme est un carré long. Sur chaque face de côté sont deux glaces à travers lesquelles on voit le corps du saint martyr : elle est décorée sur les côtés de plusieurs ornements en argent. La couverture, artistement sculptée, est ornée de petites écailles en argent. Sur le milieu de la couverture est une croix en argent, enrichie de grenats.

---

[1] Voir, pour la découverte du corps de saint Piat et des autres reliques, en 1816, la *Notice historique sur saint Piat*, par M. Hérisson. Chartres, Hervé, 1816.

*Châsse des saintes reliques.* Cette châsse, en bois de noyer, noire et vernie, est de la forme de la précédente; elle contient toutes les reliques qui avaient été enfouies et jetées pêle-mêle dans la terre, entr'autres celles de saint Taurin, évêque. Sur chaque face sont des palmes entrelacées en argent.

*Châsse de la sainte Couronne d'épines.* Cette châsse est en bois doré et de petite dimension; elle renferme des fragments de la Couronne d'épines de Notre-Seigneur et du bois de la vraie Croix. On l'expose dans la chapelle du Calvaire, le 3 mai, fête de l'Invention de la sainte Croix, le 11 août, fête de la Susception de la sainte Couronne d'épines, et le 14 septembre, fête de l'Exaltation de la sainte Croix.

*Châsse de saint Castin.* Cette châsse, en bois doré, garnie de glaces, contient des reliques de saint Castin.

Parmi les autres richesses que possède la cathédrale, nous citerons :

Une croix en vermeil contenant du bois de la vraie Croix. Elle sert à l'adoration de la croix, le Vendredi-Saint.

Une croix en argent, servant aux processions.

Deux chandeliers d'acolytes, en argent.

Deux encensoirs en argent avec l'inscription suivante : *voto* J. DE SAINT-AFFRIQUE, *sanitati redito.*

Un ostensoir en argent massif, d'une grande dimension, avec une couronne en brillants.

Deux paix en argent.

Un bénitier et son goupillon en argent.

Plusieurs calices et vases sacrés, tant en vermeil qu'en argent, dont l'un paraît avoir été donné par Henri IV.

Une navette à encens, en nacre, d'un seul coquillage, montée sur un pied en vermeil, d'environ 8 pouces de haut, d'une forme gothique et artistement ciselée. Le fût qui soutient la navette est accompagné de quatre dauphins ayant la tête appuyée sur la base, dont la forme est légèrement bombée. Le couvercle est surmonté de petites pyramides du genre gothique. Sur le devant de la base, s'élève une petite plate-forme, sur laquelle sont deux personnages debout, vêtus à l'antique, de la hauteur de 18 lignes environ, et supportant un écusson où sont les armes de Miles d'Illiers. Sur cette petite plate-forme on lit l'inscription suivante :

DES BIENS DE MONSEIGNEVR MILE D'ILLIERS, EVESQUE DE LVÇON, DOYEN DE CHARTRES, ET NEPVEV DE MESSIEVRS MILE ET RENÉ D'ILLIERS EVESQVES DE CHARTRES.

Un autel portatif de marbre, environné de vermeil, donné par les Anglais à la cathédrale pendant qu'ils étaient maîtres de la ville vers l'année 1420.

Un grand canon de la messe, haut de deux pieds sur près de trois de large, fait de broderie et de petit point et donné à l'église par Louise de Bourbon, abbesse de Fontevrault, fille naturelle de Henri IV.

Des tuniques, chapes, chasubles et leurs accessoires, du XVII<sup>e</sup> siècle, brodés en or et en laine, et une nappe en guipure dont la broderie semble appartenir à la fin du XVI<sup>e</sup> siècle.

Une croix pectorale en or, donnée par M<sup>gr</sup> de Lubersac, ancien Evêque. Cette croix, d'une belle dimension, est ornée de l'image de Notre-Seigneur. Ce morceau est d'une ciselure qui ne laisse rien à désirer.

M<sup>gr</sup> de Lubersac a en outre donné son anneau pastoral, formé d'une améthiste entourée de diamants.

Deux riches bannières, dont l'une, dédiée à la sainte Vierge, représente d'un côté, sur un fonds de moire bleu-ciel, l'Assomption de la sainte Vierge brodée en soie de différentes couleurs, avec une riche broderie en or à l'entour. De l'autre côté, sur un fonds de moire blanche, les sacrés cœurs de Jésus et de Marie, entourés de rayons; le tout magnifiquement brodé en or, avec une pareille broderie en or à l'entour.

L'autre, dédiée au Saint-Sacrement, représente d'un côté, sur un fonds de velours rouge, l'adoration du Saint-Sacrement par deux anges à genoux au milieu de nuages, le tout très-richement brodé, le Saint-Sacrement en or, et les anges en soie de différentes couleurs nuées d'or et d'argent. A l'entour sont brodés en or des ceps de vigne avec des grappes et des feuilles de dimension naturelle; de l'autre côté, sur un fonds de moire d'argent, est un chiffre brodé en or, avec une bordure d'épis brodés en or, mélangés de fleurs bleues.

## CHAPITRE XXI.

### Liste des Evêques qui ont occupé le siége épiscopal de Chartres, depuis sa fondation jusqu'à nos jours.

L'authenticité des premiers Evêques de Chartres n'est pas bien constatée, cependant l'histoire désigne saint Aventin, comme le premier évêque, vers l'an 36 de notre ère. Il y fut établi par saint Potentien. Ce fut sous son épiscopat que saint Cheron, s'en retournant de Chartres à Paris, auprès de saint Denis, son collègue, fut rencontré par des voleurs qui lui coupèrent la tête en un endroit qui est à trois-quarts de lieues du Gué-de-

Longroi, et qui depuis, à cause du martyre de ce saint, fut appelé Saint-Cheron-du-Chemin.

2. Optatus.

3. Valentinus.

4. Saint Martin-le-Blanc. Il mourut vers l'année 245, et fut enterré à Saint-Martin-au-Val, qui était alors un des cimetières de la ville de Chartres. L'église, qui depuis fut bâtie en ce lieu, fut d'abord consacrée en son honneur.

5. Saint Aignan. Il avait trois sœurs qui donnèrent leur fortune à la sainte Vierge. Il fonda une église en l'honneur de saint Pierre et de saint Paul, qui ensuite s'appela de son nom, parce qu'il y fut enterré. Depuis, son corps fut mis en châsse et fut trouvé sain et entier, en l'an 1143, dans l'incendie qui consuma toute la ville et la châsse où il était enfermé, de même que dans celui qui survint en l'an 1271, par lequel l'église de saint Aignan fut entièrement brûlée avec la châsse de saint Piat, sans que son corps fût endommagé.

6. Sévère.

7. Castor.

8. Africain.

9. Possessor.

10. Polychronius.

11. Villicus en 439, qui, suivant la tradition, donna le voile à sainte Geneviève.

12. Palladius.

13. Arbogastus.

14. Flavius I<sup>er</sup>.

15. Saint Solein, catéchisa Clovis, et contribua beaucoup, avec saint Remi, à sa conversion. Il lui prédit, lorsqu'il passa par Chartres, pour combattre Alaric, roi des Visigoths, qu'il remporterait la victoire. — Vers le même

temps, mourut saint Arnoult, dont le corps demeura miraculeusement immobile au milieu d'un chemin, lorsqu'on le transportait de Reims à Tours, si bien qu'on fut contraint de le laisser dans ce lieu, qui devint un gros bourg appelé de son nom, et où on lui fit bâtir une église. Cet endroit est à huit lieues de Chartres.

16. Aventin 1er, vivait vers 511. Il avait d'abord été nommé évêque de Chartres, sur le refus de saint Solein d'accepter cette charge : passé à Châteaudun lorsque Solein était revenu, il fut rappelé à Chartres à la mort de celui-ci.

17. Saint Ethère, en 533, bâtit et dédia une église en l'honneur de saint Prest et de ses compagnons, dans un village auprès de Chartres, qui porte encore ce nom.

18. Saint Lubin, en 549, limita l'étendue du diocèse de Chartres et fixa le nombre des chanoines de son Eglise à soixante-douze. Il fit plusieurs miracles. Par ses ferventes prières, il apaisa plusieurs incendies, et guérit, par le signe de la croix, plusieurs malades.

19. Saint Calétric, en 557. Comme nous l'avons dit, son tombeau a été retrouvé au XVIIe siècle dans la chapelle de Saint-Nicolas et est aujourd'hui déposé dans une des chapelles de la crypte.

20. Saint Papoul, en 573, transféra le corps de saint Cheron du lieu où on l'avait mis après sa mort, dans une église qu'il avait fait bâtir pour ce dessein près de la ville de Chartres, qu'on appela l'abbaye de Saint-Cheron, où il mit des religieux de l'ordre de Saint-Augustin. Il assista au deuxième concile de Mâcon.

21. Saint Béthaire, en 594. Il fut pris par les soldats du roi de Bourgogne, lorsqu'ils forcèrent la ville de Chartres : avec lui furent pris un grand nombre d'habitants que ce saint prélat racheta de son propre bien; et il se

sauva miraculeusement d'entre les mains de ses ennemis, sans leur rien payer pour lui. Il rendit l'ouïe à un nommé Portagius, bourgeois de Chartres, qui l'avait perdue deux ans auparavant, et fit plusieurs autres miracles.

22. Berthégésile, en 625.

23. Saint Malard, en 644. Il assista au concile de Châlon-sur-Saône et marcha, à la tête de ses diocésains armés, à la poursuite de quelques soldats qui emportaient le corps de saint Laumer et le reprit sur eux.

24. Gausbert ou Gaudebert, en 658.

25. Lantegésile ou Lansegésile.

26. Saint Dieudonné. Il était d'une piété sans égale. Son corps fut inhumé dans l'église de Saint-Martin-au-Val.

27. Pronius ou Dronius.

28. Berthegrand, en 680.

29. Agirardus ou Ayrardus, en 689. Il accorda de beaux priviléges au monastère de Bourg-Moyen, près Blois, l'an 696.

30. Agathius.

31. Leobertus.

32. Haynius.

33. Magobert.

34. Sigoaldus.

35. Maynulfus.

36. Thibault.

37. Hado ou Eudes, vers 762, passe pour avoir sécularisé son Chapitre.

38. Flavius II.

39. Godesauld.

40. Jérôme.

41. Bernuinus, en 829.

42. Hélie, en 840. Il ne paraît pas avoir été grand conservateur des biens des églises ; il fut accusé au concile de Paris, en 846, d'avoir pillé les biens de l'abbaye de Saint-Père.

43. Bouchard.

44. Saint Frotbold, en 855. Il fut tué avec beaucoup de Chartrains par Hasting et ses soldats, qui mirent toute la ville à feu et à sang. Il rétablit les religieux de Saint-Père dans leur abbaye et les remit en possession de plusieurs biens.

45. Gislebert ou Gislevert, en 859.

46. Aimon.

47. Girard. C'est de son temps, vers l'an 880, que les reliques de saint Piat furent apportées à Chartres de Séclin près Tournay.

48. Aymeri I$^{er}$.

49. Gausselin ou Gousseaume, en 898. C'est sous son épiscopat qu'eut lieu le siége mémorable de Chartres par les Normands.

50. Aganon, en 931. Il établit dans l'abbaye de Saint-Père des prêtres qui prirent le titre de chanoines et vivaient en commun.

51. Ragenfroy, en 954, un des principaux bienfaiteurs de l'abbaye de Saint-Père.

52. Hardouin.

53. Vulphard, en 962.

54. Eudes, en 966. C'est de son temps qu'eut lieu le premier partage des biens entre l'évêque et son chapitre.

55. Raoul, en 1003.

56. Fulbert, en 1007. Il répara l'église de Chartres que le feu du ciel avait consumée en l'an 1020. Sa grande dévotion à la sainte Vierge lui obtint la guérison d'un feu incurable qui lui brûlait la langue (voir au chapitre

des Miracles, p. 90). Le premier, il fit célébrer en France la fête de la Nativité de Notre-Dame, et ce fut lui qui composa plusieurs beaux cantiques faits en son honneur, entr'autres les répons : *Stirps Jesse, Solem justitiæ, Ad nutum Domini, Chorus novæ Jerusalem*. On a plusieurs fois publié les lettres de Fulbert qui renferment des détails précieux pour l'histoire du XI° siècle. Cet évêque a été béatifié.

57. Thierry, en 1029.

58. Agobert, en 1052. C'est sous son épiscopat que fut construit le portail méridional de l'ancienne église de Chartres par les soins de Jean le Sourd, natif de Chartres, médecin du roi Henri Ier.

59. Hildier, en 1063.

60. Robert Ier, en 1065. Ce prélat fut cardinal et légat.

61. Adrald ou Arrald, en 1070.

62. Robert II, en 1075.

63. Geoffroi Ier, en 1077. Ce prélat fut excommunié en 1081 pour crime de simonie, puis absous par le pape Grégoire VII, et enfin forcé de donner sa démission.

64. Saint Yves, en 1090. Ce prélat, l'un des plus célèbres de l'Eglise de France par ses vertus et ses talents, fit construire le jubé qui était à l'entrée du chœur et qui fut détruit par l'incendie de 1194, fonda le doyenné de Saint-André, ancienne église collégiale et paroissiale de Chartres, établit des moines dans l'abbaye de Saint-Jean-en-Vallée et fit bâtir le palais épiscopal qui tombait en ruines. Les lettres de saint Yves ont été plusieurs fois imprimées. On a également de lui un volume de compilations des saints Pères et une collection de canons sous le titre *Panormia*. Lors du sacre de Henri IV, on fit réimprimer son ouvrage sur le *sacre des rois de France*, dont on invoqua alors la puissante autorité.

65. Geoffroi II, dit de Lèves, en 1116. C'est à ce prélat qu'on est redevable de la construction de l'abbaye de Josaphat. Il eut l'honneur d'être l'ami de saint Bernard et de recevoir à Chartres, en 1130, le pape Innocent II, qui s'était réfugié en France à cause du schisme d'Anaclet.

66. Gosselin de Lèves, en 1148.

67. Robert III, en 1155. C'est lui qui introduisit le chant en musique dans l'Eglise de Chartres.

68. Guillaume de Champagne ou aux Blanches-Mains, prince du sang et oncle de Philippe-Auguste, en 1164, tint le siége pendant treize ans. Ce prélat fut cardinal du titre de Sainte-Sabine et régent du royaume de France.

69. Jean de Salisbury, anglais, en 1177, tint le siége pendant trois ans. Il avait été secrétaire du fameux Thomas Becket, archevêque de Cantorbéry. Il avait donné à l'abbaye de Saint-Père une chasuble et une tunique de ce saint prélat, que l'on conserva dans ce monastère jusqu'à la Révolution de 1789. Jean de Salisbury était un prélat très-instruit et plein d'érudition : outre ses lettres, on a de lui un traité sur les Amusements des gens de cour.

70. Pierre de Celles, en 1180, tint le siége pendant deux ans. Cet évêque fit faire les murailles de Chartres depuis la porte des Epars jusqu'à Sainte-Foi, et fit paver une partie de la ville. Il a laissé plusieurs traités imprimés en 1671.

71. Regnault de Mouçon, prince du sang, en 1182, tint le siége pendant trente-cinq ans. C'est sous son épiscopat qu'eut lieu l'incendie de la cathédrale en 1194. Il prit part à la croisade de Philippe-Auguste en 1191 et à celle contre les Albigeois en 1213. Il fit reconstruire et augmenter le palais épiscopal brûlé dans l'incendie de

1194 et fit également restaurer le château de Pontgouin.

72. Gaultier, en 1218, tint le siége pendant seize ans. Ce prélat fut du conseil de saint Louis. Il fonda le couvent des Jacobins.

73. Hugues de la Ferté, en 1234, tint le siége pendant deux ans.

74. Aubry le Cornu, en 1236, tint le siége pendant huit ans. Cet évêque était conseiller du roi et avait été lecteur en droit-canon en l'université de Paris.

75. Henri de Grez, en 1244, tint le siége pendant trois ans.

76. Mathieu des Champs, en 1247, tint le siége pendant treize ans. Sous son épiscopat, le chapitre fut forcé de se retirer à Mantes, puis à Etampes, pendant quelques années, à la suite du meurtre du chantre Renaud de l'Epine.

77. Pierre de Mincy, en 1260, tint le siége pendant quinze ans. L'église de Chartres fut dédiée par lui, en présence de saint Louis le 17 octobre 1260.

78. Simon de Perruche, en 1279, tint le siége pendant dix-sept ans.

79. Jean de Garlande, en 1297, tint le siége pendant dix-sept ans.

80. Robert de Joigny, en 1315, tint le siége pendant douze ans. Il est surtout célèbre par ses démêlés avec son chapitre.

81. Pierre de Chappes, en 1326, siégea pendant deux ans. Ce prélat avait été docteur-régent en droit en l'Université d'Orléans, puis conseiller du roi, chancelier de France en 1318, et enfin fut créé cardinal en 1327.

82. Jean du Plessis-Pasté, en 1328, siégea pendant trois ans. Il était conseiller du roi Philippe-le-Bel, qui l'envoya plusieurs fois en mission en Angleterre.

83. Aimery de Chastelux, en 1331, siégea pendant dix ans. Il était un des principaux conseillers du pape Jean XXII, qui l'avait chargé successivement des gouvernements de Ferrare et de la Romagne. Il était archevêque de Ravenne lorsqu'il fut nommé à l'évêché de Chartres. Au mois de septembre 1342, il fut promu par Clément VI, son parent, à la dignité de cardinal du titre de Saint-Silvestre et de Saint-Martin-des-Monts.

84. Guillaume Amy, en 1341, siégea pendant huit ans. Il était évêque d'Apt lorsque le pape Clément VI le chargea de l'évêché de Chartres. En 1344, il fut créé cardinal, et en 1348 fut appelé par le pape au patriarchat de Jérusalem et à l'administration de l'évêché de Fréjus.

85. Louis de Vaucemain, en 1349, siégea pendant huit ans.

86. Simon le Maye, en 1357, siégea pendant trois ans.

87. Jean d'Angerant, en 1360, siégea pendant huit ans. Il fut un des députés choisis par le roi de France pour traiter de la paix de Brétigny.

88. Guillaume de Chenac, en 1368, siégea pendant deux ans. Ce prélat fut dans la suite créé cardinal.

89. Guérin d'Arcy, en 1370, siégea pendant six ans.

90. Ebles du Puy, en 1376, siégea pendant trois ans. Il fit bâtir, presque à neuf, le château de Pontgouin.

91. Jean Lefèvre, en 1379, siégea pendant onze ans. Ce prélat écrivit plusieurs traités en faveur du pape Clément VII.

92. Jean de Montagu, en 1390, siégea pendant quinze ans. Il était frère d'un autre Jean de Montagu, grand-maître de France, et devint lui-même conseiller au Parlement de Paris, puis l'un des quatre présidents de ce Parlement Il fut tué en 1415 à la bataille d'Azincourt où il combattait vaillamment.

93. Martin Gouges de Charpaignes, en 1406, siégea pendant dix ans. Ce prélat fut arrêté en même temps que le grand-maître, Jean de Montagu, dont il était le conseiller, mais il fut relâché après la mort de celui-ci. Dans la suite, il devint chancelier du duc de Guyenne, puis chancelier de France en 1424.

94. Philippe de Bois-Giloud, en 1415, siégea pendant trois ans. Sous son épiscopat, l'église de Saint-Saturnin fut enfermée dans la ville.

95. Jean de Frétigny, en 1418, siégea pendant quatorze ans. Il fut dévoué au parti des Anglais et fut tué sur les marches de la cathédrale le jour de la prise de la ville par les Français.

96. Robert Dauphin, en 1432, siégea pendant deux ans.

97. Thibault le Moine, en 1434, siégea pendant sept ans.

98. Pierre Bèchebien, en 1441, siégea pendant dix-huit ans.

99. Miles d'Illiers, en 1459, siégea pendant trente-quatre ans. C'est un des évêques les plus célèbres de Chartres. Il fut pendant seize ans conseiller au Parlement et maître des requêtes de l'hôtel du Roi. Pendant ce temps, il fut employé avec distinction dans plusieurs affaires importantes, tant au dedans qu'au dehors du royaume. Il soutint énergiquement contre le Chapitre les prérogatives de sa charge, ce qui lui valut de nombreux procès.

100. René d'Illiers, en 1493, siégea pendant quatorze ans.

101. Erard de la Marck, en 1507, siégea pendant seize ans. Ce prélat, fort estimé de Louis XII, ne résida pas dans son diocèse de Chartres et fut remplacé par frère

Jacques Ricoul, abbé de Saint-Cheron et évêque de Termes. En 1521, Charles-Quint lui donna l'archevêché de Valence en Espagne et le 9 août il fut créé cardinal du titre de Saint-Chrysogon. Le roi François Ier, irrité qu'il eût accepté ces faveurs de son rival, ouvrit la régale dans l'évêché de Chartres, et Erard de la Marck, pour échapper à ces persécutions, permuta avec Louis Guillard, évêque de Tournay.

102. Louis Guillard, en 1527, siégea pendant vingt-six ans. Il est surtout célèbre par ses poursuites contre les luthériens, et en particulier contre le poète Clément Marot, qu'il fit emprisonner à Chartres.

103. Charles Guillard, en 1553, siégea pendant dix-neuf ans. Ce prélat, neveu du précédent, fut au contraire partisan de l'hérésie. En 1563, il fut condamné à Rome comme hérétique; en 1572, il fit faire un prêche dans la cathédrale par un moine des Vaux de Cernay qui émit quelques propositions suspectes. Le peuple, à la sortie de la messe, poursuivit l'évêque de ses huées; à la suite de ce scandale, Charles Guillard ne reparut plus à Chartres et résigna en faveur de Nicolas de Thou.

104. Nicolas de Thou, en 1573, siégea pendant vingt-six ans. Il était frère de l'historien, Christophe de Thou, premier président au Parlement de Paris. Il fut lui-même un prélat fort distingué, qui eut l'honneur de sacrer Henri IV dans la cathédrale, le 27 février 1594. Il a laissé une relation des cérémonies du sacre, imprimée en 1594.

105. Philippe Hurault de Cheverny, en 1599, siégea pendant vingt-un ans. Il était fils de Philippe Hurault de Cheverny, chancelier de France; en 1620, il fut nommé grand-aumônier de la reine-mère.

106. Léonor d'Etampes de Valençay, en 1620, siégea

pendant vingt-un ans. C'est sous son épiscopat que l'évêché de Chartres passa de l'archevêché de Sens sous la juridiction de l'archevêché de Paris, créé le 20 octobre 1622.

107. Jacques Lescot, en 1741, siégea pendant quinze ans. Ce prélat fut confesseur du cardinal Mazarin : il fut célèbre par sa bienfaisance et vendit tous ses meubles et sa vaisselle d'argent pour fonder le bureau des pauvres.

108. Ferdinand de Neufville de Villeroy, en 1657, siégea pendant trente-quatre ans.

109. Paul Godet des Marais, en 1690, siégea pendant dix-neuf ans. C'est un des plus illustres prélats de notre ville. La grande austérité de sa vertu lui mérita la confiance de M<sup>me</sup> de Maintenon qui le chargea de la direction de la maison de Saint-Cyr. Il publia plusieurs ordonnances remarquables contre le Quiétisme et contre la théologie du P. Juénin, de l'oratoire. Il fit aussi pour la maison de Saint-Cyr des constitutions et règlements qui sont regardés comme un des meilleurs plans d'éducation. Ce fut sous son épiscopat que les archidiaconés de Blois et de Vendôme furent démembrés du diocèse de Chartres pour former le nouveau diocèse de Blois, en 1697.

110. Charles-François des Monstiers de Mérinville, en 1709, siégea pendant trente-sept ans, et, pendant ce long épiscopat, ne cessa de prodiguer aux fidèles de son diocèse tous les trésors de la plus inépuisable charité.

111. Pierre-Augustin-Bernardin de Rosset de Fleury, en 1746, grand-aumônier de la Reine, siégea pendant trente-quatre ans. C'est à ce vénérable évêque que l'on doit les derniers embellissements du palais épiscopal et la construction de sa chapelle, qui est de la plus grande beauté. A l'exemple de ses prédécesseurs, qui ont contribué de leur patrimoine à l'accroissement et à la cons-

truction de ce vaste palais, il a dépensé des sommes considérables pour le terminer tel qu'on le voit aujourd'hui.

112. Jean-Baptiste-Joseph de Lubersac, en 1780, fit partie, en 1789, de l'assemblée des Etats-Généraux. En 1791, Mgr de Lubersac, à l'exemple de la presque totalité des évêques de France, ayant refusé de prêter serment à la constitution civile du clergé[1], fut forcé d'abandonner le siége de Chartres. Cette église fut privée de son chef, et beaucoup de pasteurs furent contraints, par la même raison, de quitter leur troupeau pour éviter la persécution et peut-être la mort[2]. C'est alors que l'ancien

[1] Il n'y eut que deux évêques qui prêtèrent ce serment, MM. de Jarente, évêque d'Orléans, et de Talleyrand, évêque d'Autun.

[2] A cette époque le clergé, qui s'était séparé de l'Eglise romaine, désigna aux électeurs Nicolas Bonnet, curé de Saint-Michel, pour remplacer le légitime évêque. Bonnet fut en effet nommé *évêque du département d'Eure-et-Loir*, en prit le titre, et reçut la consécration des mains de M. Gobet, ancien évêque de Lidda *in partibus*, qui, n'étant pas sujet au serment, puisqu'il n'exerçait aucune juridiction ecclésiastique, s'empressa de s'y soumettre afin de parvenir à se faire nommer *évêque métropolitain de Paris*. Il fut arrêté alors que toutes les paroisses de la ville et des faubourgs seraient supprimées et réunies en une seule, à la cathédrale, qui fut désignée comme paroisse pour les remplacer toutes. On avait choisi pour annexes de cette nouvelle paroisse les églises de saint Maurice et de saint Martin-au-Val, mais elles n'ont jamais été ouvertes pour cet usage. Les anciennes paroisses étaient au nombre de onze, savoir : Saint-André, Saint-Aignan, Saint-Barthélemy, Saint-Brice, Saint-Cheron, Sainte-Foi, Saint-Hilaire, Saint-Martin-le-Viandier, Saint-Maurice, Saint-Michel et Saint-Saturnin, qui furent toutes vendues et démolies par la suite, à l'exception de celle de Saint-Aignan, qui ne dut sa conservation qu'à la piété et au désintéressement de quelques-uns de ses paroissiens et autres personnes recommandables

Chapitre de Chartres, privé de son évêque, fut contraint de se séparer et d'abandonner son église, et que cette ancienne et illustre compagnie fut dissoute.

Un article particulier sur sa composition et le nombre de ses chanoines et dignitaires, fera connaître ceux qui par leur mérite sont parvenus ensuite à l'épiscopat et autres fonctions éminentes du sacerdoce.

Jusqu'en 1801 l'église de Chartres resta sans chef et sans organisation; ce ne fut qu'à cette époque qu'un concordat fut signé entre le Gouvernement français et la Cour de Rome. D'après ce concordat, Mgr de Lubersac ayant donné sa démission de son siége de Chartres, fut nommé chanoine de Saint-Denis [1], et le diocèse de Chartres fut réuni à celui de Versailles, alors administré par Mgr Louis Charrier de la Roche.

La ville de Chartres fut alors divisée en deux paroisses; la cathédrale, sous l'invocation de Notre-Dame, et l'ancienne église de l'abbaye de Saint-Père, sous celle

de la ville. Ce qui reste de Saint-André, sert de magasin aux fourrages.

Le 12 juin 1791, jour de la Pentecôte, toutes ces anciennes paroisses furent fermées; la cathédrale de Chartres seule s'ouvrit comme paroisse. M. Bonnet, évêque constitutionnel, s'y installa avec douze prêtres qu'il choisit parmi les curés et vicaires de la ville, qui avaient comme lui prêté le serment, et autres. Ces douze ecclésiastiques administrèrent la nouvelle paroisse tant que cet ordre de choses dura. Cet immense édifice, qui eût à peine pu contenir la moitié des habitants de la ville, se trouvait trop vaste en raison du peu de personnes qui assistaient aux offices. M. Bonnet mourut à la fin de l'année 1793, quelques jours avant la fermeture et la dévastation des églises.

[1] Il mourut à Paris au mois d'août 1823, et fut inhumé à Chartres dans un caveau de l'église de l'hospice des vieillards.

de Saint-Pierre. On a depuis ouvert Saint-Aignan, comme succursale de cette dernière.

En 1819, un nouveau concordat fut arrêté entre le Roi et le souverain Pontife ; plusieurs siéges épiscopaux, au nombre desquels était celui de Chartres, furent réédifiés : ce concordat ne reçut son exécution qu'en 1821.

113. Jean-Baptiste-Marie-Anne-Antoine de Latil, premier aumônier de MONSIEUR, prit possession du siége épiscopal de Chartres, le 8 novembre 1821 ; il installa solennellement, le samedi suivant, aux premières vêpres, le nouveau Chapitre, qui se compose de deux grands-vicaires, de dix chanoines titulaires et d'un nombre illimité de chanoines honoraires. M$^{gr}$ de Latil fut nommé archevêque de Reims en 1824, puis cardinal.

114. Claude-Hippolyte Clausel de Montals, aumônier de M$^{me}$ la Dauphine, succéda à M$^{gr}$ de Latil l'année même où celui-ci fut promu à l'archevêché de Reims. Ce prélat, par sa piété et ses lumières, fut une des gloires, non seulement du siége de Chartres, mais encore de l'épiscopat français. Il refusa des archevêchés qui lui furent offerts, préférant se vouer à un diocèse où il avait déjà fait tant de bien. Son grand âge et ses infirmités lui firent choisir pour coadjuteur M$^{gr}$ Regnault. Ce fut à ce prélat, digne par sa piété du choix d'un aussi saint évêque, qu'il résigna ses fonctions au mois de novembre 1852. Il mourut le 4 janvier 1857 [1].

115. M$^{gr}$ Louis-Eugène Regnault, sacré à Reims le 26 mai 1852, a pris possession du siége épiscopal le 6 jan-

---

[1] On peut consulter sur la vie et les ouvrages de ce saint prélat l'*Eloge funèbre de M$^{gr}$ Clausel de Montals*, par M$^{gr}$ l'évêque de Poitiers, *suivie d'une notice biographique sur le même prélat*, par M. l'abbé Brière ; Chartres, Garnier, 1857.

vier 1853. Il continue les traditions de piété et de vertu de ses prédécesseurs, et met, comme eux, sa première gloire à embellir le temple sacré dont il est le principal gardien. Nous avons raconté dans le cours de ce petit ouvrage toutes les améliorations dont on lui est redevable.

## CHAPITRE XXII.

### Des anciens Chanoines et des Dignitaires de l'église de Chartres.

Après avoir parlé des évêques, il est à propos de faire connaître la composition de l'ancien Chapitre. Il comptait soixante-dix-sept chanoines et dix-sept dignitaires, savoir : le doyen, le sous-doyen, le chantre, le sous-chantre, le grand archidiacre ou archidiacre de Chartres, l'archidiacre du Dunois ou de Beauce-en-Dunois, l'archidiacre de Dreux, l'archidiacre du Pincerais, l'archidiacre de Blois, l'archidiacre de Vendôme, le chambrier, le chancelier, le prévôt de Normandie, le prévôt de Mézangey, le prévôt d'Ingré, le prévôt d'Auvers et le chefcier.

Peu de chapitres dans la chrétienté ont réuni plus de personnes de mérite que celui de Chartres; il fut comme une pépinière d'évêques, non-seulement pour Chartres, mais pour d'autres siéges. C'est de cette illustre compagnie qu'ont été tirés, pour être évêques de cette ville, Vulfard, Hugues de la Ferté, Mathieu des Champs, Simon de Perruche, Jean de Garlande, Jean du Plessis-Pasté, Jean d'Angerant, Ebles du Puy, Philippe de

Bois-Giloud, Jean de Frétigny, Pierre Bèchebien, Miles d'Illiers, René d'Illiers et Charles-François des Monstiers de Mérinville. Plusieurs de ces évêques occupèrent même d'autres siéges; ainsi, Jean du Plessis-Pasté avait d'abord été évêque d'Arras (1326 à 1328), Jean d'Angerant quitta Chartres pour Beauvais (1368 à 1375). Parmi les autres évêques de Chartres qui furent en possession d'autres siéges ou qui parvinrent au cardinalat, nous citerons d'abord le célèbre Guillaume-aux-Blanches-Mains, qui jouit de l'archevêché de Sens en même temps que de l'évêché de Chartres (1168 à 1176), puis qui passa au siége archiépiscopal de Reims (1176 à 1202) et qui fut décoré de la pourpre romaine; Jourdain des Ursins, également cardinal, compétiteur de Jean de Frétigny (1418); Erard de la Marck, évêque de Liége en même temps que de Chartres (1506 à 1538) et cardinal; Louis Guillard, évêque de Tournay (1513 à 1524) avant de succéder à Erard de la Marck; Léonor d'Etampes de Valençay qui quitta notre ville pour passer à l'archevêché de Reims (1643 à 1651), où il fut créé cardinal; Jean-Baptiste-Joseph de Lubersac, d'abord évêque de Tréguier (1775 à 1779); enfin, de nos jours, Jean-Baptiste-Marie-Anne-Antoine de Latil, créé archevêque de Reims (1824 à 1839), puis cardinal, après avoir siégé trois ans dans notre ville.

Le Chapitre de Chartres a encore fourni plusieurs autres cardinaux : Pierre de Belleperche, évêque d'Auxerre (1306 à 1308), fut élevé au cardinalat par le pape Benoît XI, sous le règne de Philippe-le-Bel, qui l'avait envoyé en ambassade auprès de ce prélat pour le féliciter de son heureux avénement au Saint-Siége apostolique. Le pape Boniface VIII (Benoît Caietan) avait été archidiacre du Pinserais avant de parvenir au souverain pontificat, et le pape Martin V (Othon Colonna) avait été chanoine de Chartres. Le célèbre Jean Balue, le conseiller de Louis XI, évêque d'Evreux (1465 à 1467), cardinal du titre de Sainte-Suzanne en 1467, puis évêque d'Angers (1468 à 1469 et 1484 à 1491), appartenait également au Chapitre de notre ville. Il en était de même de Charles d'Angennes de Rambouillet, cardinal, évêque du Mans (1559 à 1587).

La liste des prélats sortis du sein du Chapitre de Chartres serait longue, et il est difficile de la faire complète, surtout pour les temps reculés; nous ne pouvons cependant résister au désir de faire au moins connaître les principaux.

*Archevêques d'Arles.* — Pierre de Ferrières (1304 à 1308), d'abord évêque de Noyon (1301 à 1303). — Jean-Joseph de Saint-Jean de Jumilhac (1746 à 1775), auparavant évêque de Vannes (1742 à 1746) et abbé de Saint-Père-en-Vallée dans notre ville.

*Archevêques de Bourges.* — Hugues de Chartres (959 à 987). — Guillaume du Donjon (1200 à 1209), depuis canonisé. — Michel Poncet (1674 à 1677), d'abord évêque de Sisteron. — Jean-Marie Cliquet de Fontenay (1820 à 1824).

*Archevêque de Dol.* — Vulgrand, qui refusa ce siége par humilité.

*Archevêques de Sens.* — Gilles Cornut (1244 à 1254). — Henri Cornut (1255 à 1257), d'abord évêque de Nevers (1252 à 1254).

*Archevêque de Toulouse.* — François de Fontanges (1788 à 1790), évêque de Nancy (1783 à 1790) et archevêque de Bourges (1787).

*Archevêques de Tours.* — Hugues de Châteaudun (1005 à 1023). — Geoffroy de la Lande (1207 à 1208). — Simon de Maillé de Brézé (1554 à 1597). — Michel Amelot de Gournay (1673 à 1687), d'abord évêque de Lavaur (1671 à 1673). — Henri-Marie-Bernardin de Rosset de Ceilhes de Fleury (1751 à 1774), depuis archevêque de Cambray (1774 à 1781).

*Archevêque d'Auch.* — Jacques des Marets (1713 à 1725).

*Archevêques de Lyon.* — Charles Miron (1627 à 1628), d'abord évêque d'Angers (1588 à 1616 et 1621 à 1627). — Louis-Jacques-Maurice de Bonald, d'abord évêque du Puy (1823 à 1840) et passé au siége archiépiscopal de Lyon en 1840.

*Evêques de Paris.* — Guillaume de Montfort (1095 à 1102). — Le célèbre Pierre Lombard, l'auteur des *Sentences* (1159 à 1160).

*Evêques de Soissons.* — Jacques de Bazoches (1219 à 1241). — Foulques de Bonneval (1514 à 1528), depuis évêque de Bazas (1528 à 1532). — Jules-François de Simony (1825 à 1848).

*Evêques d'Orléans.* — Henri de Dreux (1186 à 1198). — Louis-Gaston Fleuriau d'Armenonville (1707 à 1733), de l'illustre famille du garde-des-sceaux, seigneur de Gallardon et d'Eclimont, d'abord évêque d'Aire (1698 à 1706). — Nicolas-Joseph de Pâris (1733 à 1753).

*Evêque de Laon.* — Louis-Hector-Honoré-Maxime de Sabran (1777 à 1790), nommé d'abord à l'évêché de Nancy, lors de l'érection de ce dernier siége.

*Evêques de Châlons-sur-Marne.* — Rotrou du Perche (1190 à 1201). — Félix Vialard de Herse (1642 à 1680).

*Evêques de Beauvais.* — Le trop fameux Pierre Cauchon, le juge et le bourreau de Jeanne Darc (1420 à 1431), nommé depuis à l'évêché de Lisieux (1432 à 1442). — Nicolas Fumée (1575 à 1592). — Réné Potier de Blancmesnil (1595 à 1616), de cette noble famille Potier qui s'illustra par son intégrité dans le Parlement de Paris.

*Evêques de Senlis.* — Nicolas Sanguin (1623 à 1658). — Denis Sanguin (1662 à 1702).

*Evêques d'Evreux.* — Gilles du Perche (1170 à 1179). — Vincent des Essarts (1334 à 1335). — Claude de Sainctes (1575 à 1591), principal du collége de Boissy, à Paris, l'un des députés du roi au colloque de Poissy et au concile de Trente, un des controversistes les plus habiles du XVIe siècle. — Gaston-Armand Sublet d'Haudicourt (1709 à 1710).

*Evêque d'Avranches.* — François d'Aligre, de la famille du garde-des-sceaux, nommé en 1668 au siége d'Avranches qu'il refusa.

*Evêques de Séez.* — Serlon d'Orgères (1092 à 1124). — Jacques Camus (1614 à 1650).

*Evêque de Troyes.* — François Mallier du Houssay (1641 à 1678).

*Evêque de Grasse.* — Antoine Godeau, le célèbre poète (1636 à 1653), en même temps évêque de Vence (1638 à 1672).

*Evêque de Glandèves.* — Jacques du Terrail (1532 à 1535), de la famille du chevalier Bayard et de notre abbé de Josaphat, si connu par ses aumônes.

*Evêque de Dijon.* — Réné des Monstiers de Mérinville (1787 à 1790).

*Evêque de Saint-Pons-de-Tomières.* — Jean-Baptiste-Paul-Alexandre de Guénet (1728 à 1769).

*Evêque de Carcassonne.* — Joseph-Julien de Saint-Rome-Gualy, nommé en 1825.

*Evêque de Mâcon.* — Michel Colbert de Saint-Pouange (1666 à 1676), parent de l'illustre ministre de Louis XIV.

*Evêque de Poitiers.* — Louis-François-Désiré-Edouard Pie, un des plus éloquents de nos prélats français, le fidèle disciple de la Vierge de Chartres, sacré le 25 novembre 1849.

*Evêque de la Rochelle.* — Augustin-Roch de Menou de Charnizay (1730 à 1768), de la famille des seigneurs de Prunay-le-Gillon.

*Evêque de Luçon.* — Miles d'Illiers (1526 à 1542), le neveu de Miles et de Réné d'Illiers, évêques de Chartres, le descendant de Florent d'Illiers, le célèbre capitaine de Charles VII, donateur de la navette de nacre que possède encore notre cathédrale.

*Evêque de Clermont-Ferrand.* — Antoine de Senneterre (1570 à 1584), de l'illustre famille de ce nom, depuis propriétaire du marquisat de la Loupe.

*Evêque de Limoges.* — Benjamin de l'Isle-Dugast (1730 à 1739).

*Evêques de Lectoure.* — Louis d'Illiers-d'Entragues (1717 à 1720), encore un des descendants de la noble famille d'Illiers. — Pierre Chapelle de Jumilhac de Cubjac (1761 à 1772).

*Evêque de Comminges.* — Jean-François de Brizay de Denonville (1693 à 1710).

*Evêque de Tarbes.* — Marc Mallier du Houssay (1668 à 1675), de la famille du Houssay qui tirait son nom de cette seigneurie érigée depuis en comté sous le nom de Montboissier.

*Evêque d'Oléron.* — Antoine-Simon de Magny (1705).

*Evêques de Bayonne.* — Claude de Rueil (1622 à 1626), depuis évêque d'Angers (1628 à 1649). — Pierre-Guillaume de la Vieuville (1728 à 1734).

*Evêque de Cavaillon.* — François Hallier (1657 à 1659), si connu par ses travaux de théologie et par ses études sur les anciens Pères de l'Eglise.

*Evêque de Lombez.* — Jean-Jacques Séguier de la Verrière (1662 à 1671).

*Evêque de Lavaur.* — Jean-Antoine de Castellane (1771 à 1790).

*Evêques de Quimper.* — Bernard (1322 à 1324). — Emmanuel-Louis de Grossolles de Flamarens (1772 à 1773), depuis évêque de Périgueux (1773 à 1790).

*Evêque de Mende.* — Guillaume Durand, dit *le Spéculateur*, un des plus forts canonistes du XIIIe siècle, a laissé trois ouvrages souvent imprimés : *Speculum judiciale*, *Rationale divinorum officiorum* et *Repertorium juris civilis*.

## CHAPITRE XXIII.

### De la nouvelle organisation du diocèse de Chartres et des paroisses qui le composent.

L'église cathédrale de Chartres a pour principale patronne la sainte Vierge et pour second patron saint Jean-Baptiste.

Son Chapitre est composé de deux grands-vicaires agréés par l'Empereur, et de dix chanoines titulaires. Quatre chanoines ont le titre d'archidiacres et sont nommés par M<sup>gr</sup> l'Evêque, qui présente aux canonicats vacants.

Le nombre des chanoines honoraires est illimité; il est aujourd'hui de quarante-cinq.

Le Concordat de 1801 ayant donné une nouvelle organisation aux diocèses, celui de Chartres fut réuni à celui de Versailles jusqu'en 1821, époque à laquelle l'évêché de Chartres, ayant été rétabli, eut sous sa juridiction spirituelle le département d'Eure-et-Loir. Il se compose de quatre archidiaconés divisés en vingt-quatre cantons. Les archidiaconés sont Chartres, Châteaudun, Dreux et Nogent-le-Rotrou. Chaque canton a une cure; les curés des autres communes ont le titre de desservant. Un grand nombre de paroisses, trop peu considérables par leur population, ont été réunies à d'autres. Dans plusieurs de ces paroisses, l'église n'existe plus; cependant on a cru devoir laisser figurer dans le tableau suivant les noms des patrons que l'on invoquait dans ces localités. Les paroisses réunies à d'autres sont désignées par ce signe †

## ARCHIDIACONÉ DE CHARTRES.

### Canton de Chartres-Nord.

| | |
|---|---|
| Chartres, | Notre-Dame, *Cure*. |
| Amilly, | Saint Pierre et saint Paul. |
| † Cintray, | Saint Ouen. |
| Bailleau-l'Evêque, | Saint Etienne. |
| † Fresnay-le-Gilmert, | Saint Just. |
| Berchères-la-Maingot, | Saint Pierre et saint Rémy. |
| † Poisvilliers, | Saint Etienne. |
| † Saint-Germain-la-Gâtine, | Saint Germain. |
| Challet, | Saint Gilles. |
| Champhol, | Saint Denis. |
| Clévilliers-le-Moutiers, | Saint Martin. |
| † Briconville, | Saint Sulpice. |
| Coltainville, | Saint Lubin. |
| Gasville, | Saint Grégoire. |
| Jouy, | Saint Cyr et sainte Julitte. |
| Lèves, | Saint Lazare. |
| Lucé, | Saint Pantaléon. |
| Mainvilliers, | Saint Hilaire. |
| Saint-Aubin-des-Bois, | Saint Aubin. |
| Saint-Prest, | Saint Prest. |

### Canton de Chartres-Sud.

| | |
|---|---|
| Chartres, | Saint Pierre, *Cure*. |
| Chartres, | Saint Aignan, *Succursale*. |
| Berchères-l'Evêque, | Notre-Dame. |
| Le Coudray, | Saint Julien de Brioude. |
| Dammarie, | Notre-Dame. |
| † Corancez, | Saint Laurent. |
| Fontenay-sur-Eure, | Saint Séverin. |
| Fresnay-le-Comte, | Saint Martin. |

† Boncé ¹,                  Saint Sulpice.
Gellainville,               Saint Jean-Baptiste.
Luisant,                    Saint Laumer.
† Barjouville,              Saint Jacques.
Mignières,                  Saint Gervais et saint Protais.
Morancez,                   Saint Germain.
Nogent-le-Phaye,            Saint Pierre et saint Paul.
Prunay-le-Gillon,           Saint Denis.
Sours,                      Saint Germain.
Thivars,                    Saint Hilaire.
Ver-lès-Chartres,           Saint Victor.

### Canton d'Auneau.

Auneau, *Cure*,             Saint Rémy.
Aunay-sous-Auneau,          Saint Eloi.
Béville-le-Comte,           Saint Martin.
Champseru,                  Saint Martin.
La Chapelle-d'Aunainville,  Saint Lubin.
Châtenay,                   Saint Sulpice.
† Ardelu,                   Saint Pierre.
† Léthuin,                  Saint Gervais et saint Protais.
† Orlu,                     Saint Médard.
Denonville,                 Saint Léger.
† Morainville,              Saint Eutrope.
Francourville,              Saint Etienne.
Garancières-en-Beauce,      Saint Etienne.
Houville,                   Saint Léger.
Levainville,                Saint Gilles.
† Le Gué-de-Longroi,        Saint Cheron.
Maisons,                    Sainte Anne.
Oinville-sous-Auneau,       Saint Rémy.
Oysonville,                 Saint Pierre et saint Paul.

¹ Au temporel, Boncé fait partie du canton de Voves.

† Vierville, Saint Hilaire.
† Gaudreville [1], La Sainte-Trinité.
Roinville, Saint Georges.
Saint-Léger-des-Aubées, Saint Léger.
Sainville, Saint Pierre.
Santeuil, Saint Georges.
Umpeau, Saint Lubin.
Voise, Saint Vincent.
† Moinville-la-Jeulin, Saint Maur.

*Canton de Courville.*

Courville, *Cure,* Saint Pierre.
Billancelles, Saint Martin.
Chuisnes, Saint Martin.
Le Favril, Saint Pierre.
Fontaine-la-Guyon, Saint Martin.
Fruncé, Saint Martin.
Landelles, Saint Médard.
Mittainvilliers, Sainte Madeleine.
Orrouer, Saint Martin.
Pontgouin, Saint Lubin.
Saint-Arnoult-des-Bois, Saint Arnoult.
Saint-Georges-sur-Eure, Saint Georges.
Saint-Germain-le-Gaillard, Saint Germain.
Saint-Luperce, Saint Luperce.
Vérigny, Saint Rémy.
† Dangers, Saint Rémy.

*Canton d'Illiers.*

Illiers, *Cure,* Saint Jacques.
Bailleau-le-Pin, Saint Cheron.

---

[1] Au temporel, Gaudreville est réuni à la commune de Grandville, qui fait partie du canton de Janville.

| | |
|---|---|
| Blandainville, | Saint Aignan. |
| † Epeautrolles, | Saint Etienne. |
| Charonville, | Saint Gilles. |
| Les Châtelliers-Notre-Dame, | Notre-Dame. |
| † Saint-Eman, | Saint Eman. |
| Ermenonville-la-Grande, | Saint Martin. |
| Ermenonville-la-Petite, | Saint Barthélemy. |
| Luplanté, | Saint Georges. |
| Magny, | Saint Didier. |
| Marcheville, | Saint Cheron. |
| † Cernay, | Saints Crépin et Crépinien. |
| Méréglise, | Notre-Dame. |
| Meslay-le-Grenet, | Saint Orien. |
| Nogent-sur-Eure, | Saint Sylvain. |
| † Chauffours, | Saint Pierre et saint Paul. |
| Ollé, | Saint Martin. |
| Saint-Loup, | Saint Loup. |
| † Boisvillette, | Saint Pierre et saint Paul. |
| Sandarville, | Saint Martin. |

### *Canton de Janville.*

| | |
|---|---|
| Janville, *cure*, | Saint Etienne et saint Jouvin. |
| Allaines, | Saint Martin. |
| † Mervilliers, | Saint Georges. |
| Baudreville, | Saint Fiacre. |
| Dommerville, | Saint Germain. |
| Fresnay-l'Evêque, | Saint Jean-Baptiste. |
| Gommerville, | Saint Martin. |
| Gouillons, | Saint Mamert. |
| † Mondonville-Saint-Jean [1], | Saint Martin. |
| Grandville, | Saint Germain. |
| Guilleville, | Sainte Anne. |
| Intreville, | Saint Laurent. |

[1] Cette commune, pour le temporel, dépend du canton d'Auneau.

| | |
|---|---|
| Levéville-la-Chenard, | Saint Martin. |
| Mérouville, | Saint Benoit. |
| Neuvy-en-Beauce, | Saint Julien. |
| Oinville-Saint-Liphard, | Saint Liphard. |
| Poinville, | Saint Liphard. |
| Le Puiset, | Sainte Madeleine. |
| Rouvray-Saint-Denis, | Saint Denis. |
| † Barmainville, | Saint Etienne. |
| Santilly, | Saint Pantaléon. |
| Toury, | Saint Denis. |
| Trancrainville, | Saint Pierre. |

*Canton de Maintenon.*

| | |
|---|---|
| Maintenon, *Cure*, | Saint Pierre. |
| Bailleau-sous-Gallardon, | Saint Martin. |
| † Armenonv.-les-Gâtineaux, | Saint Pierre et saint Paul. |
| Bleury, | Saint Martin. |
| Bouglainval, | Saint Martin. |
| Chartainvilliers, | Saint Jean-Baptiste. |
| Droue, | Saint Pierre. |
| Ecrosnes, | Saint Martin. |
| Epernon, | Saint Pierre. |
| Gallardon, | Saint Pierre. |
| Gas, | Notre-Dame. |
| Hanches, | Saint Germain. |
| Montlouet, | Saint Eloi. |
| Pierres, | Saint Gervais et saint Protais. |
| Saint-Piat, | Saint Piat. |
| † Mévoisins, | Saint Hilaire. |
| Saint-Symphorien, | Saint Symphorien. |
| Soulaires, | Saints Jacques et Philippe. |
| Yermenonville, | Saint Martin. |
| † Houx, | Saint Léger. |
| Ymeray, | Saint Georges. |

### Canton de Voves.

| | |
|---|---|
| Voves, *Cure*, | Saint Lubin et saint Ignace. |
| Allonnes, | Saint Jacques. |
| Baignolet, | Saint Sébastien. |
| † Fontenay-sur-Conie [1], | Saint Cyr et sainte Julitte. |
| Beauvilliers, | Saint Martin. |
| Boisville-la-Saint-Père, | Saint Laurent. |
| Fains-la-Folie, | Saint Julien. |
| Germignonville, | Saint Pierre. |
| Louville-la-Chenard, | Saint Cheron. |
| Montainville, | Saint Hilaire. |
| † Villeneuve-Saint-Nicolas, | Saint Laurent. |
| Moutiers, | Saint Jean-Baptiste. |
| Ouarville, | Saint Martin. |
| Prasville, | Saint Lubin. |
| Réclainville, | Saint Pierre. |
| Rouvray-Saint-Florentin, | Saint Pierre et saint Paul. |
| Theuville, | Saint Barthélemy. |
| † Pézy, | Saint Taurin. |
| Viabon, | Saint Martin. |
| Villars, | Notre-Dame. |
| Villeau, | Saint Jean-Baptiste. |
| Ymonville, | Saint Saturnin. |

## ARCHIDIACONÉ DE CHATEAUDUN.

### Canton de Châteaudun.

| | |
|---|---|
| Châteaudun, *Cure*, | Sainte Madeleine. |
| Châteaudun, *Succursale*, | Saint Valérien. |
| Châteaudun, *Succursale*, | Saint Jean-de-la-Chaîne. |
| La Chapelle-du-Noyer, | Notre-Dame. |
| Civry, | Saint Martin. |

[1] Pour le temporel, cette commune dépend du canton d'Orgères.

| | |
|---|---|
| Conie, | Notre-Dame. |
| † Molitard, | Saint Thomas. |
| Donnemain-Saint-Mamert, | Saint Mamert. |
| † Jallans, | Sainte Madeleine. |
| Lanneray, | Saint Pierre. |
| Logron, | Saint Martin. |
| † Saint-Lubin-d'Isigny, | Saint Lubin. |
| Lutz, | Saint Pierre. |
| Marboué, | Saint Pierre et saint Martin. |
| Moléans, | Saint Pierre. |
| Ozoir-le-Breuil, | Saint Martin. |
| Saint-Christophe, | Saint Christophe. |
| Saint-Cloud, | Saint Cloud. |
| Saint-Denis-les-Ponts, | Saint Avit. |
| Thiville, | Notre-Dame. |
| Villampuy, | Notre-Dame. |

*Canton de Bonneval.*

| | |
|---|---|
| Bonneval, *Cure*, | Notre-Dame. |
| Alluyes, | Notre-Dame. |
| † Saint-Germain-les-Alluyes, | Saint Germain. |
| Bouville, | Saint Cheron. |
| Bullainville, | Saint Georges. |
| Dancy, | Saint André. |
| Flacey, | Saint Lubin. |
| Le Gault-en-Beauce, | Saint Etienne. |
| † Saint-Denis-de-Cernelles, | Saint Denis. |
| Montboissier, | Saint Claude. |
| Meslay-le-Vidame, | Saint Etienne. |
| † Andeville, | Sainte Madeleine. |
| Moriers, | Notre-Dame. |
| Neuvy-en-Dunois, | Saint Martin. |
| Pré-Saint-Evroult, | Saint Evroult. |
| Pré-Saint-Martin, | Saint Martin. |

Saint-Maur,						Saint Maur.
† Lolon,						Saint Martin.
Sancheville,					Saint Léger.
Saumeray,						Saint Jean-Baptiste.
† Montemain,					Saint Pierre.
Trizay-lès-Bonneval,			Saint Martin.
† Montharville,				Notre-Dame.
Villiers-Saint-Orien,			Sainte Christine.
Vitray-en-Beauce,				Saint Denis.

## Canton de Brou.

Brou, *Cure*,					Saint Lubin.
Bullou,						Saint Pierre et saint Paul.
† Mézières-au-Perche,			Notre-Dame.
Charonville,					Saint Gilles.
Dampierre-sous-Brou,			Saint Pierre.
Dangeau,						Saint Pierre.
Gohory,						Saint Michel.
Mottereau,					Saint Antoine.
Saint-Avit,					Saint Avit.
Vieuvicq,						Saint Martin.
Unverre,						Saint Martin.
Yèvres,						Notre-Dame.

## Canton de Cloyes.

Cloyes, *Cure*,				Saint Georges.
Arrou,						Saint Lubin.
Autheuil,						Notre-Dame.
Boisgasson,					Notre-Dame.
Charray,						Saint Marcel.
Châtillon,					Saint Hilaire.
Courtalain,					Saint Jean-Evangéliste.
Douy,							La Sainte-Trinité.
La Ferté-Villeneuil,			Saint Pierre.

| | |
|---|---|
| Langey, | Saint Pierre. |
| Le Mée, | Sainte Madeleine. |
| Montigny-le-Gannelon, | Saint Sauveur et saint Gilles. |
| Romilly-sur-Aigre, | Saint Pierre. |
| Saint-Hilaire-sur-Yerre, | Saint Hilaire. |
| Saint-Pellerin, | Saint Pellerin. |

### Canton d'Orgères.

| | |
|---|---|
| Terminiers, *Cure*, | Saint Liphard. |
| Baigneaux, | La Sainte-Croix. |
| Bazoches-en-Dunois, | Saint Martin. |
| Bazoches-les-Hautes, | Saint Martin. |
| Cormainville, | Saint Pierre. |
| † Courbehaye, | Saint Sulpice. |
| Guillonville, | Saint Pierre. |
| † Bourneville, | Saint Martin. |
| Loigny-en-Beauce, | Saint Martin. |
| Lumeau, | Saint Loup. |
| Nottonville, | Saint Pierre. |
| Orgères, | Saint Pierre. |
| Péronville, | Saint Pierre. |
| Poupry, | Notre-Dame. |
| † Dambron, | Saint Sulpice. |
| Tillay-le-Peneux, | Saint Aignan. |
| Varize, | Saint Pierre et saint Paul. |

## ARCHIDIACONÉ DE DREUX.

### Canton de Dreux.

| | |
|---|---|
| Dreux, *Cure*, | Saint Pierre. |
| Aunay-sous-Crécy, | Saint Martin. |
| Boissy-en-Drouais, | Notre-Dame. |
| † Louvilliers-en-Drouais, | Saint Léger. |
| Chérizy, | Saint Pierre. |

| | |
|---|---|
| Crécy-Couvé, | Saint Martin. |
| Ecluzelles, | Saint Jean. |
| Garancières-en-Drouais, | Saint Martin. |
| † Allainville, | Saint Samson. |
| Garnay, | Saint Martin. |
| Germainville, | Saint Martin. |
| † La Chapelle-Forainvilliers, | Saint Martin. |
| Luray, | Saint Rémy. |
| Marville-Moutiers-Brûlé, | Saint Pierre. |
| Mézières-en-Drouais, | Saint Martin. |
| Montreuil, | Saint Pierre. |
| Ouerre, | Saint Cyr et sainte Julitte. |
| † Charpont, | Saint Hilaire. |
| Saint-Denis-de-Moronval, | Saint Symphorien. |
| Saulnières, | Saint Pierre. |
| Tréon, | Saint Blaise. |
| Vernouillet, | Saint Sulpice. |
| Vert-en-Drouais, | Saint Pierre. |

*Canton d'Anet.*

| | |
|---|---|
| Anet, *Cure*, | Saint Cyr et sainte Julitte. |
| Abondant, | Saint Pierre. |
| Berchères-sur-Vesgre, | Saint Rémy. |
| † La Ville-l'Evêque, | Notre-Dame. |
| Boncourt, | Saint Martin. |
| Broué, | Saint Martin. |
| Bû, | Notre-Dame. |
| La Chaussée-d'Ivry, | Saint Pierre. |
| Gilles, | Saint Aignan. |
| Goussainville, | Saint Aignan. |
| † Champagne, | Sainte Croix. |
| Guainville, | Saint Pierre. |
| Marchezais, | Sainte Madeleine. |
| † Havelu, | Saint Blaise. |

† Serville, Saint Pierre.
Le Mesnil-Simon, Saint Nicolas.
Oulins, Saint Pierre.
Rouvres, Saint Martin.
Saint-Lubin-de-la-Haye, Saint Lubin.
Saint-Ouen-Marchefroy, Saint Ouen.
Saussay, Saint Pierre.
Sorel, Saint Nicolas.
† Le Moussel, Saint Roch.

### Canton de Brezolles.

Brezolles, *Cure*, Saint Nicolas.
† Saint-Lubin-de-Cravant, Saint Lubin.
Beauche, Saint Martin.
Bérou, Saint Sulpice.
† La Mulotière, Notre-Dame.
Châtaincourt, Saint Martin.
Crucey, Saint Aignan.
Dampierre-sur-Avre, Saint Pierre.
Fessanvilliers, Saint Sulpice.
† Mattanvilliers, Notre-Dame.
† Revercourt, Saint Rémy.
Laons, Saint Martin.
† Escorpain, Saint Germain.
La Mancelière, Saint Pierre.
† Les Châtelets, Saint Pierre.
Montigny-sur-Avre, Saint Martin.
Prudemanche, Saint Lubin.
Rueil, Saint Denis.
† La Gadelière, Saint Martin.
Saint-Lubin-des-Joncherets, Saint Lubin.
Saint-Rémy-sur-Avre, Saint Rémy.
Vitray-sous-Brezolles, Saint Sulpice.
† Mainterne, Saint Laurent.

## Canton de Châteauneuf.

| | |
|---|---|
| Châteauneuf, *Cure*, | Notre-Dame. |
| Blévy, | Saint Pierre. |
| † Saint-Germain-de-Lézeau, | Saint Germain. |
| Boullay-deux-Eglises, | Saint Aignan. |
| Chêne-Chenu, | Saint Paul. |
| † Villette-les-Bois, | Saint Germain. |
| Ecublé, | Saint Sulpice. |
| Favières, | Saint Martin. |
| Fontaine-les-Ribouts, | Saint Aignan. |
| Gâtelles, | Saint Blaise. |
| Gironville, | Saint Martin. |
| † Puiseux, | Sainte Madeleine. |
| Maillebois, | Saint François. |
| † Saint-Martin-de-Lézeau, | Saint Martin. |
| Marville-les-Bois, | Notre-Dame. |
| Saint-Ange-et-Torçay, | Saint Michel. |
| Saint-Jean-de-Rebervilliers, | Saint Jean. |
| Saint-Maixme, | Saint Maixme. |
| † Hauterive, | Saint Nicolas. |
| Saint-Sauveur-Levàville, | Saint Martin. |
| Serazereux, | Saint Denis. |
| † Fadainville, | Saint Rémy. |
| † Saint-Cheron-des-Champs, | Saint Cheron. |
| Theuvy, | Notre-Dame et saint Quitaire. |
| † Achères, | Saint Brice. |
| Thimert, | Saint Pierre. |
| Le Tremblay-le-Vicomte, | Saint Martin. |
| † Landouville, | Saint Nicolas. |

## Canton de la Ferté-Vidame.

| | |
|---|---|
| La Ferté-Vidame, *Cure*, | Saint Nicolas. |
| † Lamblore, | Saint Martin. |

— 155 —

| | |
|---|---|
| † Réveillon, | Saint Pierre. |
| Boissy-le-Sec, | Saint Pierre. |
| La Chapelle-Fortin, | Saint Pierre. |
| Morvilliers, | Saint Denis. |
| Les Ressuintes, | Notre-Dame. |
| Rohaire, | Saint Martin. |

*Canton de Nogent-le-Roi.*

| | |
|---|---|
| Nogent-le-Roi, *Cure*, | Saint Sulpice. |
| † Lormaye, | Saint Jean-Baptiste. |
| † Vacheresses-les-Basses, | Notre-Dame. |
| Le Boullay-Thierry, | Saint Lubin. |
| † Le Boullay-Mivoye, | Saint Rémy. |
| Boutigny, | Saint Pierre. |
| † Saint-Projet, | Saint Projet. |
| Bréchamps, | Saint Lô. |
| Chaudon, | Saint Médard. |
| Coulombs, | Saint Cheron. |
| Croisilles, | Saint Pierre. |
| Faverolles, | Saint Rémy. |
| † Les Pinthières, | Saint Martin. |
| Néron, | Saint Léger. |
| † Ormoy, | Saint Pierre. |
| Prouais, | Saint Rémy. |
| Saint-Laurent-la-Gâtine, | Saint Laurent. |
| Saint-Lucien, | Saint Lucien. |
| Saint-Martin-de-Nigelles, | Saint Martin. |
| Senantes, | Saint Pierre. |
| Villemeux, | Saint Maurice. |
| Villiers-le-Morhier, | Saint Etienne. |

*Canton de Senonches.*

| | |
|---|---|
| Senonches, *Cure*, | Notre-Dame. |
| † Tardais, | Saint Maurice. |

† La Ville-aux-Nonains,  Saint Pierre.
Dampierre-sur-Blévy,    Saint Pierre.
† Feuilleuse,           Saint Rémy.
Digny,                  Saint Germain.
† Ardelles,             Notre-Dame.
La Framboisière,        Sainte Madeleine.
Jaudrais,               Saint Jean.
Louvilliers-lès-Perche, Notre-Dame.
Le Mesnil-Thomas,       Saint Barthélemy.
La Puisaye,             Saint Jean-Baptiste.
La Saucelle,            Sainte Anne.

## ARCHIDIACONÉ DE NOGENT-LE-ROTROU.

### Canton de Nogent-le-Rotrou.

Nogent-le-Rotrou, *Cure*,       Notre-Dame.
Nogent-le-Rotrou, *Succursale*, Saint Hilaire.
Nogent-le-Rotrou, *Succursale*, Saint Laurent.
Argenvilliers,                  Saint Pierre.
Brunelles,                      Saint Martin.
† Champrond-en-Perchet,         Saint Aubin.
La Gaudaine,                    Notre-Dame.
Margon,                         Notre-Dame.
Saint-Jean-Pierre-Fixte,        Saint Jean-Baptiste.
Souancé,                        Saint Georges.
Trizay-au-Perche,               Saint Martin.
† Coutretot,                    Saint Brice.
† Saint-Serge,                  Saint Serge.
Vichères,                       Notre-Dame.

### Canton d'Authon.

Authon, *Cure*,                 Saint André.
† Saint-Lubin-des-Cinq-Fonds,   Saint Lubin.
Les Autels-Saint-Eloi,          Saint Eloi.

| | |
|---|---|
| † Villevillon, | Notre-Dame. |
| La Bazoche-Gouet, | Saint Jean-Baptiste. |
| Beaumont-le-Chartif, | Notre-Dame. |
| Béthonvilliers, | Saint Martin. |
| † Les Autels-Tubœuf, | Notre-Dame. |
| Chapelle-Guillaume, | Notre-Dame. |
| Chapelle-Royale, | Notre-Dame. |
| Charbonnières, | Saint Jean-Baptiste. |
| Coudray-au-Perche, | Saint Pierre. |
| Les Etilleux, | Notre-Dame. |
| Luigny, | Saint Jean-Baptiste. |
| Moulhard, | Notre-Dame. |
| Miermaigne, | Saint Pierre. |
| Saint-Bomert, | Saint Bomert. |
| Soizé, | Saint Thomas. |

## Canton de la Loupe.

| | |
|---|---|
| La Loupe, *Cure*, | Saint Thibault. |
| Belhomert, | Saint Jean. |
| † Guéhouville, | Saint Eloi. |
| Champrond-en-Gâtine, | Saint Sauveur. |
| Les Corvées, | Saint Georges. |
| † Les Yys, | Saint Pierre. |
| Fontaine-Simon, | Notre-Dame. |
| † La Ferrière, | Saint Symphorien. |
| Friaize, | Saint Maurice. |
| Manou, | Saint Pierre. |
| Meaucé, | Saint Léonard. |
| Monthireau, | Saint Barthélemy. |
| Montlandon, | Saint Jacques. |
| Saint-Denis-des-Puits, | Saint Denis. |
| † Villebon, | Sainte Anne. |
| Saint-Eliph, | Saint Eliph. |
| Saint-Maurice-de-Galou, | Saint Maurice. |

† Saint-Germain-de-l'Epinay, Saint Germain.
Saint-Victor-de-Buthon, Saint Victor.
Le Thieulin, Saint Eustache et saint Fiacre.
Vaupillon, Notre-Dame.

*Canton de Thiron.*

Thiron, *Cure*, La Sainte-Trinité.
Chassant, Saint Lubin.
Combres, Notre-Dame.
Coudreceau, Saint Aubin.
La Croix-du-Perche, Saint Martin.
Frazé, Notre-Dame.
Frétigny, Saint André.
Happonvilliers, Saint Pierre.
† Grandhoux, Saint Vincent.
Marolles, Saint Vincent.
Montigny-le-Chartif, Saint Pierre et saint Paul.
Nonvilliers, Saint Anastase.
Saint-Denis-d'Authou, Saint Denis.
† Saint-Hilaire-des-Noyers, Saint Hilaire.

## CHAPITRE XXIV.

### Incendie de la Cathédrale, le 4 juin 1836.

Nous avons indiqué rapidement les divers incendies qui détruisirent tout ou partie de la cathédrale en 1020 sous l'évêque Fulbert, en 1194 et en 1506; il nous reste à parler du plus terrible de ces désastres, arrivé à une époque toute moderne et dont les traces ne sont pas encore entièrement effacées. Nous emprunterons le récit de cette épouvantable catastrophe à la narration qu'en fit en 1839, dans l'*Annuaire du département*, M. Lejeune, notre si estimable et si regretté confrère, qui fut témoin oculaire de cet horrible drame et qui dans ses notes en avait recueilli tous les détails.

Dans la matinée du 4 juin 1836, des plombiers, occupés à réparer les avaries causées par la violence du vent à la toiture de la cathédrale, avaient fait quelques soudures à la noue N.-O. du transept ou bras de la croisée joignant l'abside au grand comble de la nef. Cette opération avait nécessité la présence d'un cagnard rempli de charbon, allumé et déposé sur les dalles en pierres de la galerie supérieure (large d'un mètre) au pied de cette noue.

A deux heures, ces ouvriers qui n'avaient remarqué ni même soupçonné rien d'extraordinaire dans le voisinage de leur cagnard, et qui d'ailleurs, d'après la disposition des lieux, se trouvaient dans l'impossibilité de reconnaître l'existence d'une parcelle de feu, entraînée à leur insu sous le ravalement, et déposée sur une couche de poussier extrêmement combustible, espèce d'amadou formé par le temps au pied de cette charpente desséchée, flétrie par les intempéries et altérée par les siècles : ces deux ouvriers, disons-nous, étaient descendus avec sécurité pour prendre leur repas.

De retour sur leur galerie, vers les trois heures et demie, ils y font les préparatifs pour continuer leur travail, rallument leur charbon, chauffent leurs soudoirs. Vers quatre heures et demie, l'un des plombiers, suspendu à sa corde nouée à 35 ou 40 pieds d'élévation, jette à son manœuvre le cordeau destiné à monter le fer chaud ; il s'aperçoit que sa corde manquait de longueur pour atteindre jusqu'à la galerie ; alors il donne à ce dernier l'ordre d'aller, dans l'intérieur de la charpente, détacher un autre cordeau accroché à l'une des aiguilles qui soutenaient le faîtage. Ce fut en revenant du point où il s'était porté que le manœuvre, traversant cette multitude de pièces de la charpente et passant sous la noue, se trouva tout-à-coup arrêté par un point lumineux fixé dans une cavité du dallage des murs du grand comble et qui existait au pied même de cette noue : il s'approche, il examine attentivement et reconnaît que le feu attaque sur ce point la base de la pièce inclinée.

Alors le manœuvre, saisi de la plus vive émotion, arrive à la galerie en s'écriant : *Le feu!..... le feu!.....* Le plombier ne le comprend pas d'abord, s'imagine qu'il est question d'un incendie dans la campagne et plonge autour de lui ses regards dans le lointain qui ne lui offre rien de remarquable ; à cette méprise, le manœuvre tout tremblant redouble ses cris en ajoutant : *C'est dans la charpente.* Aussitôt le plombier descend rapidement, pénètre dans le comble pour juger le mal par lui-même, court saisir le vase destiné à contenir l'eau nécessaire à leurs besoins ; il le trouve vide et vole chez le sonneur André, au pied de l'édifice.

Dans ces entrefaites, l'enfant, resté seul sur la galerie, tombe sans connaissance, et tandis qu'André se porte au comble avec célérité, le plombier appelle à son aide un maçon qui se trouvait au rez-de-chaussée ; puis, armés chacun de deux seaux d'eau, ils gravissent l'escalier ; mais, par une fatalité bien funeste, la porte à laquelle ils se présentent s'étant refermée sur le sonneur qui les avait précédés, ils furent contraints de recourir à une autre pratiquée sur un point éloigné, et ce n'est qu'après de longs détours, péniblement parcourus, qu'ils abordent enfin le pied de noue, déjà enflammée d'une manière désespérante. Le feu, activé par un vent continuel et

Pl. IV.

Intérieur du Vieux-Clocher
Avant l'incendie des 4 & 5 juin 1836.

violent qui soufflait de bas en haut par de nombreuses ouvertures, s'élevait à plus de vingt pieds au-dessus de leurs têtes. Il était alors plus de cinq heures et demie. Que l'on juge de l'anxiété de ce petit nombre de travailleurs! Leurs secours sont impuissants, leurs forces s'épuisent. En vain luttent-ils contre le fléau qui les domine! sous leurs yeux les progrès de l'incendie marchent à pas de géant, et le temps s'écoule en efforts inutiles. C'est dans cette cruelle extrémité qu'un sonneur se porte enfin au beffroi, où il arrive à six heures vingt minutes.

A peine ce cri déchirant : *Le feu est à la cathédrale!* est-il lancé par le porte-voix, que M. Gabriel Delessert, préfet d'Eure-et-Loir, apparaît le premier sur la galerie haute au point que l'incendie venait d'attaquer. A ses côtés on voit le plombier Favret et le sapeur-pompier Brazon. En quelques minutes, se groupent autour de ce digne magistrat un certain nombre de généreux citoyens qui s'empressent de le seconder de leurs lumières, du secours de leurs bras et de prendre ses ordres. Déjà M. Duchesne-Mirey, capitaine des sapeurs-pompiers, est au pied de l'édifice, à la tête de sa compagnie. Des chaînes sont organisées et les pompes sont en état de fonctionner.

L'ordre est donné de tenter de faire la part du feu en coupant la toiture. Il s'agit, à l'aide de la corde à nœuds, de se porter sur le faîte, à quelque distance du point où surgit la fumée. Ce poste dangereux ne peut être abordé que par un coup d'audace et du plus hardi dévouement. Favret et Brazon se présentent avec un sang-froid vraiment admirable.

Favret, armé seulement de sa corde à nœuds qu'il porte en écharpe, gravit adroitement, avec le seul secours de ses mains, le long du cordon de l'arrêtier en pierres du grand pignon de l'église, du côté du clocher neuf.

En peu de minutes il a franchi, en élévation, une ligne de 45 pieds et atteint le faîte sur lequel il apparaît debout, s'avançant vers le point où l'incendie dévorait déjà la charpente d'une manière effroyable. A cette scène inattendue les spectateurs sont glacés d'épouvante, en le voyant marcher avec une rapidité indicible et une sorte de sécurité sur la crête perfide du volcan qui s'improvise sous ses pieds, dans les flancs de la couverture, et dont l'éruption spontanée peut l'engloutir sans qu'il soit possible de le sauver.

Déjà la chaleur excessive que ressentait sous ses pieds ce généreux ouvrier l'avait forcé de changer de position, lorsque M. le préfet, saisi d'un juste effroi, lui cria de la galerie : *Hâtez-vous de descendre, ne perdez pas une minute.* Le plomb, de toute part, se mettait visiblement en dissolution. Favret, contraint de battre en retraite, saisit avec prestesse sa corde nouée qu'il a le bonheur de retrouver encore intacte, puis on le voit, dans l'espace de quelques secondes, se glisser comme un trait et tomber sur la galerie entre les bras de Brazon, qui le reçoit avec l'émotion de l'anxiété la plus poignante, à la vue du plomb fondu qui commence à ruisseler sur ses mains et à ses côtés. Une minute plus tard son sort eût été affreux.

Ce mouvement rapide était à peine exécuté que l'ordre est donné de pratiquer dans le flanc de la toiture des ouvertures destinées à fournir les moyens de pénétrer dans l'intérieur de la charpente pour tenter d'y porter de prompts secours.

En ce moment on montait, par l'escalier du clocher neuf, la petite pompe volante, dans le but de l'utiliser sur la galerie; il fut impossible d'y parvenir. On se trouva donc réduit au service de la grande pompe placée au pied de l'édifice, en hissant les boyaux dont elle était armée jusqu'à la galerie supérieure.

Cependant le lieutenant Petey et Brazon, munis chacun d'une hache, ont frayé le passage ordonné. Le premier, armé de la lance de la pompe placée sur la galerie intermédiaire, suivi de Brazon et de l'architecte Damars, pénètre dans cette forêt, au milieu d'une épaisse fumée qui les entoure. Leurs efforts sont inutiles; la marche toujours croissante du feu rend leur manœuvre impuissante. L'architecte Damars, jugeant l'imminence du danger qui les enveloppait, s'écrie : *Retirons-nous ou nous sommes perdus.*

Au même moment, l'incendie qui se développe avec le bruit d'une tempête subite, surgissant sur toute l'étendue de l'édifice, produit un mugissement qui n'a de comparable que le bruissement d'un ouragan furieux qui l'assiége de toutes parts. On venait d'ouvrir les trois portiques pour faciliter la sortie de l'église de son mobilier transportable. Cette disposition subite imprime un mouvement si violent au vent qui s'engouffre dans l'intérieur du vaisseau, que la colonne d'air qui le remplit s'ébranle tout-à-coup pour se mettre en équilibre avec la colonne supérieure, grandement raréfiée par l'intensité déjà si forte du feu qui remplissait les flancs de la toiture; son passage rapide par les œillards multipliés dont la voûte est percée se prononce avec un sifflement étrange. Dans un clin-d'œil le plomb disparaît en totalité par un effet tout magique sous l'action instantanée de ces nombreux soufflets, et le comble, dépouillé entièrement de son manteau, n'offre plus qu'une carène embrasée dont on voit les parties se détacher successivement, se plier les unes sur les autres et tomber sur la voûte comme les chênes d'une forêt qui cèdent aux efforts d'une trombe impétueuse. Dans l'intérieur de la charpente, au moment où l'air se fraya un passage aussi rapide, la commotion fut si violente que plusieurs morceaux de plomb de la couverture furent lancés à plus de quarante pieds d'élévation.

Les fermes du grand comble de la grande nef, en se pliant les unes sur les autres, s'inclinèrent toutes vers les deux pyramides. Ce mouvement produisit un double effet; d'abord, il encombra du brasier le plus ardent l'espace qui les sépare et détermina la combustion de la charpente qui garnissait intérieurement chacune d'elles en introduisant le feu par les ouvertures qu'elles présentaient à leur base. Ensuite, du même coup, il refoula vers la base de ce grand édifice une masse énorme de fumée épaisse plombée, d'une teinte bleuâtre, verdâtre et lithargineuse qui, enveloppant spontanément le monument, envahit tout le cloître. L'intensité du calorique qu'elle renfermait fut telle que les nombreux travailleurs qui occupaient la place furent contraints de reculer jusqu'aux habitations qui en forment la ceinture et de se cacher la figure pour se dérober à l'action subite d'une chaleur insupportable, en même temps qu'à une suffocation pénible. Chacun d'eux ressentit au même instant une pluie légère de plomb volatilisé qui tombait par petits globules d'une extrême ténuosité. Cette situation pénible fut de courte durée, le vent qui soufflait autour de l'église ayant emporté rapidement ce nuage de plomb fondu vers l'est-sud, en fuyant au-dessus de la basse ville, sur laquelle elle sema une quantité prodigieuse de parcelles de feu qui la mirent en danger. La nuée que formait cette épaisse fumée s'étendit sur un espace de cinq lieues, puisqu'au village du Gué-de-Longroy on éprouva son odeur lithargique.

Cependant l'aiguille à laquelle se rattachaient toutes les fermes de l'apside résiste encore quelques instants. Semblable au grand mât d'un navire de haut bord, on la voit surgir d'une mer de feu. L'ange Gabriel qui couronne son sommet, sentinelle sacrée à la garde séculaire, a touché le terme de sa religieuse surveillance; triste témoin de ce grand désastre, il voit tomber les derniers arcs-boutants de son piédestal dont la construction hardie avait dédaigné le secours d'un point d'appui vertical; il fléchit enfin, perd son centre de gravité, puis s'inclinant majestueusement en face des deux pyramides destinées à lui survivre, et comme pour leur donner un solennel et dernier adieu, il se plonge dans la fournaise où il disparaît pour toujours. Ainsi, vers sept heures et demie, cette forêt merveilleuse se trouve entièrement dévorée et le plan supérieur du monument ne présente plus qu'une immense plage de feu.

On s'occupe cependant de préserver de l'atteinte d'une pluie de feu poussée par un vent violent qui souffle de l'ouest-sud la ville basse et particulièrement les maisons situées au pied et à peu de distance de l'édifice incendié. Dans ce but, une pompe est placée dans le cloître, en face de la maîtrise des enfants de chœur, au bas de l'abside, côté de l'est-sud.

Une seconde, en station rue de la Corroierie, a pour objet de protéger la basse ville, placée sous l'action d'une pluie de feu incessante, dont l'effet alarmant perpétue le danger dans toutes les habitations.

Les toitures des maisons voisines de l'église sont garnies de couvertures mouillées et continuellement arrosées. Des pompiers armés de haches et munis de seaux à incendie sont en observation sur les toits et dans les gouttières, en même temps que les propriétaires eux-mêmes, secondés de travailleurs, ramassent et éteignent, avec la surveillance la plus minutieuse, les charbons qui tombent sans intermittence.

Toutefois, quelque grande que fût cette activité, la violence du vent qui semait l'incendie la mit un peu en défaut : le feu prit dans les bâtiments des Dames de la Providence, mais on parvint aussitôt à l'arrêter.

Enfin, le service de la pompe de Saint-Georges-sur-Eure qui arrive en toute hâte, est organisé dans la cour centrale de l'hospice et doit mettre à l'abri de tout danger ce précieux établissement.

En ce moment arrive le maire de Saint-Prest à la tête des habitants de sa commune. Il aborde l'édifice au pas de course et dans un ordre remarquable. On le charge aussitôt de surveiller et de garantir l'intérieur de l'église, menacé sur un grand nombre de points à la fois. Il venait de prendre position à peu de distance de l'entrée de la porte du midi, vers laquelle une chaîne, subitement organisée, se trouvait sous ses ordres, et il avait à peine éteint quelques morceaux de charpente embrasés et tombés par le grand œillard du transept, lorsqu'un jet de fumée, sorti du sommet de l'orgue, indique un point important sur lequel son service doit être exclusivement dirigé. On se porte en toute hâte à la galerie intérieure de la nef ; une chaîne, formée par les élèves de l'école normale, occupe l'escalier qui mène à l'orgue, et l'activité des travailleurs est telle que quelques moments suffisent pour se rendre maître du feu. Ainsi, la couverture des soufflets de l'orgue se trouva garantie avec une promptitude égale à celle de l'atteinte qu'elle venait de recevoir.

Déjà toute la charpente se trouvait abîmée dans un océan de feu, qui continuait d'en dévorer les débris. On avait craint un moment que la chute des fermes n'ébranlât les voûtes par leur poids, mais leur épaisseur, et surtout la solidité de leur construction, les garantissaient de tout accident. D'ailleurs, il est nécessaire d'observer que les entraits [1] qui servaient de base à chaque ferme [2], établissaient au-dessus de ces voûtes un grillage en forme de plancher, qui, par la force des pièces dont il se composait, offrant une grande résistance aux débris, presque aux trois-quarts rongés par le feu, qui s'y précipitaient, en amortissaient tellement les coups, que les voûtes ne subirent alors qu'une bien faible partie de la grande commotion à laquelle elles se trouvaient exposées dans cette combustion instantanée, dont la rapidité présenta l'image parfaite de la foudre qui frappe et pulvérise dans un clin-d'œil.

Les fermes du grand comble aboutissant et occupant horizontalement, sur quarante à cinquante pieds environ, l'espace compris entre les pans du développement en élévation des deux clochers, n'avaient pas éprouvé dans leur combustion le même mouvement que le surplus des autres fermes de l'édifice. Les pièces qui les composaient tombèrent à droite et à gauche sur ces espèces de murailles, et s'appuyèrent en partie sur les portes en chêne qui fermaient les ouvertures établies au niveau de la galerie supérieure, avec laquelle elles étaient en communication. Le foyer de l'incendie, ainsi concentré dans cet espace fermé de trois côtés, ne tarda pas à détruire ces clôtures et à étendre ses ravages jusque dans l'intérieur des deux tours, en attaquant la charpente qu'elles contenaient.

[1] Leur équarrissage portait de 10 à 12 pouces.
[2] Elles se composaient de bois de 7 à 8, et se trouvaient établies à trois pieds de distance l'une de l'autre.

Ce fut vers huit heures du soir que la fumée, sortant du clocher neuf, donna l'effroyable certitude du sort qu'il devait subir.

La consternation augmente au moment où l'on voit briller la flamme dans la charpente de la sonnerie ; en peu d'instants cette tour pyramidale, percée sur ses quatre faces de seize grandes ouvertures, se transforme en un phare étincelant de la plus vive lumière, qu'il projette au loin à travers les jours d'une ceinture qui se développe avec la légèreté de la plus riche dentelle ; puis, dans un tableau qui tenait de la magie, dessine tout-à-coup l'élégance merveilleuse de ses formes, et présente l'étonnant spectacle d'une belle horreur qui glace d'effroi la ville entière.

L'incendie produit alors des effets pyrotechniques, dont l'étrange variété fixe pendant leur durée la trop pénible attention des spectateurs, par l'ascension incessante des jets d'étincelles pétillantes qui semblent s'échapper des joints de chaque pierre, et forment un réseau admirable de feux de diverses couleurs, enveloppant et éclairant jusqu'à son sommet ce cône si hardi, de manière à faire distinguer à l'œil nu toute la beauté du travail de sculpture dont il est enrichi ; puis, la lanterne de l'escalier en colimaçon qui conduit au beffroi, et dans l'intérieur de laquelle la flamme pénètre, vient ajouter à ce spectacle merveilleux un effet tout pittoresque.

C'est en vain que l'on tente de porter des secours si urgents sur ce point du plus haut intérêt, on est obligé de reculer devant l'impossibilité, résultant soit de la difficulté de l'abordage, soit de la force désespérante du fléau ; on est condamné à voir dévorer cette charpente durant cinq heures consécutives ; l'intérieur de cette magnifique pyramide ne présente plus que l'aspect de la fournaise la plus ardente. Les cloches, restées longtemps rouges et suspendues au milieu des poutres qui les supportent, cédant enfin à l'activité du feu vers neuf heures et demie du soir, perdent leurs points d'appui et se précipitent sur la voûte dans le brasier qui s'y était formé. Le mouvement qu'elles subissent dans leur chute, fait jaillir au dehors, sur le pavé du cloître, le battant de l'une d'elles, en même temps que deux fragments de leurs bases échappés à la fusion ; ils entraînent avec eux quelques morceaux de charpente enflammés. Le métal reste prisonnier sur le plancher de la voûte, clos hermétiquement.

Durant l'anxiété qui pèse sur la ville à l'aspect effrayant de cet obélisque de feu, si tragiquement improvisé, dont le sommet semblait se perdre dans les nues et dont l'écroulement subit devait entraîner une bien dangereuse calamité, le mugissement de cette fournaise aérienne offre l'image poignante d'un râle d'agonie, dont le marteau du beffroi ne discontinue pas de sonner les heures avec une régularité qui présentait quelque chose de solennel.

Bientôt les entrailles de cette noble victime se trouvent dévorées, et l'intensité du feu sensiblement diminuée en ronge encore les débris, lorsque le marteau de l'horloge, frappant minuit, vient consoler quelques instants les cœurs chartrains, et leur annonce que leur belle pyramide, après avoir bravé les orages de trois siècles, a touché le terme de la plus rude épreuve et que son sort est fixé.

Ainsi, la part du feu se trouve circonscrite sur ce point et le beffroi sauvé comme par miracle. Un moment de sécurité répand quelque calme dans les esprits, sans toutefois les affranchir des nouvelles angoisses qui leur sont réservées, et auxquelles ils se préparent en voyant quelques jets de fumée s'échapper du clocher vieux.

Pendant ce temps arrivent les pompes des communes de Morancez, Dammarie, Sours, Thivars, Fontaine, Saint-Piat, Jouy et Illiers; cette dernière offre le secours des deux qu'elle possède. Toutes sont utilisées à mesure qu'elles se présentent, et leur station varie suivant les besoins commandés par la nécessité du moment.

Aux six heures qui venaient de s'écouler dans l'agitation du travail le plus pénible succédait le calme morne et douloureux d'une nuit éclairée par les feux mourants qui couronnaient toujours le sommet de l'édifice et destinée à devenir le triste et douloureux témoin d'une catastrophe dont les éléments se préparaient dans l'intérieur d'un fourneau perfide qu'une masse de pierre dérobait aux regards de tous. Le moment redouté de l'explosion de ce nouveau et dernier volcan qui devait éclater d'un moment à l'autre entretenait toujours les angoisses sous l'empire desquelles la ville n'avait pu encore cesser de gémir.

Le problème de l'existence du clocher neuf venait d'être heureusement résolu; mais les alarmes se portaient avec d'autant plus d'empressement et d'intérêt sur le clocher vieux, que le public, depuis long-temps imbu de l'idée fausse de son manque de solidité, ne pouvait se soustraire à la crainte de voir céder aux effets de la puissance destructive de son énorme charpente. Le feu qui le rongeait sourdement depuis dix heures du soir avait acquis un degré d'intensité qui rendait inutiles et même dangereux les secours que l'intrépidité la plus courageuse pouvait tenter d'y porter.

Le feu, qui s'était introduit dans l'intérieur du clocher vieux, par la porte établie dans l'angle, donnant sur la galerie haute, avait attaqué et miné en contre-bas l'énorme charpente destinée à contenir et suspendre les trois bourdons. Ce foyer ardent, après six heures d'action, en avait tellement torréfié et affaibli la base, que la pesanteur de ces fortes poutres, dont l'assemblage surgissait à plus de soixante pieds, chargée en outre du poids de trois immenses échelles qui conduisaient à la lucarne ouverte au pied de l'échelle de fer, fixée en dehors au-dessous de la pomme, venant à s'affaisser tout-à-coup sur les trois heures et demie du matin (5 juin), produisit une explosion épouvantable dont il devint impossible de décrire les véritables effets.

En un clin-d'œil la base de cet énorme cône n'est plus à son intérieur que le cratère d'un volcan qui, se faisant jour par vingt bouches à la fois, vomit horizontalement vingt colonnes de feu qui s'élancent à trente pieds de distance de la tour; elle s'en trouve enveloppée dans toute sa hauteur et forme tout-à-coup une brillante et énorme pyramide de feu. Au vif éclat de son effrayante lumière, l'obscurité de la nuit disparaît et la ville entière, dépouillée, comme par enchantement, du voile lugubre qui la dérobait, est spontanément éclairée comme en plein jour pendant plus d'un quart-d'heure.

A l'annonce de cette nouvelle calamité, on bat la générale, et, toutes les craintes se réveillant alors, on croit avoir touché le moment fatal où les sinistres prévisions dont on était frappé vont s'accomplir. On pense que cette masse énorme, cédant enfin à toute la puissance de son élément destructeur, va se déchirer, et, par la projection de ses lourds débris, écraser tout ce qui l'entoure; mais, par un bonheur inespéré, ces trous, ces fissures, en se débouchant tout-à-coup, offrirent autant de soupapes de dégagement à l'air dilaté et fortement comprimé, autant de ventouses salutaires qui le mirent promptement en équilibre avec l'atmosphère dont le clocher était enveloppé.

Ainsi le sinistre qui semblait annoncer son heure dernière ne devint qu'une crise heureuse à laquelle il dut le maintien de son existence; et il est permis de croire, après une épreuve aussi extraordinaire, que le problème de la grande solidité de sa construction est maintenant résolu, puisqu'il demeure toujours immobile sur sa base à la suite de l'attaque la plus violente que la Providence lui avait assignée pour notre époque.

Cependant la population, accourue vers le cloître au cri d'alarme lancé au milieu de la nuit, attendait, dans la consternation, les résultats du grave événement qui venait de l'arracher à un repos bien loin d'être exempt de toute anxiété.

On ne tarda pas à reconnaître d'abord de la stagnation dans les effets du sinistre, puis une amélioration graduée qui se fit bientôt remarquer dans ceux de cette explosion.

Les débris de la charpente, rongés en grande partie par les six heures de cet incendie intérieur, une fois précipités au foyer de cette fournaise si ardente, y furent promptement dévorés, et, faute d'aliment, l'intensité diminua tellement qu'une demi-heure à peine écoulée avait fait renaître le calme dans les esprits agités.

Déjà un sentiment de quiétude sur le sort du clocher vieux avait pénétré dans l'âme de chaque spectateur, qui renaissait de plus en plus à l'espérance. Enfin, l'amélioration d'un tel état de choses fit de tels progrès qu'à quatre heures et demie du matin, les abords du clocher, devenus praticables, permirent d'y établir le service d'une pompe pour éteindre les restes de l'incendie. A cinq heures, on se trouvait enfin maître du feu et chacun put respirer avec sécurité.

---

Un dernier devoir restait à remplir au Préfet. Il ne pouvait pas suffire à l'administrateur juste et éclairé d'avoir acquitté sur-le-champ la dette de la reconnaissance publique envers la masse des citoyens qui l'avaient si généreusement et si largement secondé dans une catastrophe d'une si douloureuse mémoire; sa conscience ne le tenait pas quitte envers un petit nombre d'hommes qui s'étaient plus particulièrement distingués sous ses yeux. Le gouvernement, qu'ils avaient si utilement servi dans cette grave circonstance, leur devait à son tour un témoignage particulier, mais éclatant de sa munificence, un titre honorable destiné à perpétuer dans leurs familles le souvenir d'une belle action. Ce fut donc en vue, non-seulement d'acquitter le présent, mais encore de confier à l'avenir des germes d'espérance qu'il se trouve chargé de développer et de faire fructifier dans les grands jours d'infortune qu'il nous réserve, que M. Gabriel Delessert se crut dans l'obligation de signaler à la justice bienveillante du Roi une série de noms tant recommandables par des faits marquants.

Sa Majesté fit un choix et daigna honorer de médailles rémunératives en argent :

MM. 1° DENIS (François), maire de Saint-Prest;

2° PERCEBOIS (Nicolas-Désiré), lieutenant de sapeurs-pompiers de la même commune;

3° Favret (François-Désiré), ouvrier plombier de Chartres;

4° Brazon (Louis),
5° Darde (Claude), } sapeurs-pompiers de Chartres;

6° Dauvilliers (Jean), lieutenant des sapeurs-pompiers de Saint-Piat;

7° André, sonneur de l'église de Notre-Dame;

8° Mittier (Michel), sergent-major de la garde nationale de Chartres;

9° Juteau (Maxime), plâtrier;

10° Et la dame Coeffé (Victoire-Pauline), née Gillot, qui n'a pas quitté un instant le théâtre de l'incendie où elle a rendu de très-grands services.

La distribution de ces médailles d'honneur, aux citoyens de la ville qui les avaient méritées, fut faite par M. le Maire, le 11 novembre 1836, dans une séance solennelle de son Conseil municipal.

Chacune de ces médailles en argent, grand module de 23 lignes de diamètre, était accompagnée d'un brevet spécial pour chacun et comprenant l'autorisation de la porter ostensiblement à sa boutonnière. L'ordre du Roi est du 13 août 1836.

Chaque médaille comprend,

A la face : *l'effigie de Sa Majesté Louis-Philippe, roi des Français;*

Au revers : *la force et l'humanité soutenant une couronne au-dessus d'un ovale,* dans lequel est écrit :

A (N.)
POUR LE COURAGE
ET LE DÉVOUEMENT
DONT IL A FAIT PREUVE
DANS L'INCENDIE
DE LA CATHÉDRALE
DE CHARTRES.
4 ET 5 JUIN
1836.

Le 3 août 1836, le Conseil municipal de la ville de Chartres, voulant acquitter la dette de la reconnaissance publique envers M. Gabriel Delessert, vota en son honneur, et pour perpétuer le souvenir de sa belle et noble conduite pendant le cours de cette grande infortune, une médaille grand bronze, composée d'un mélange du métal des cloches mises en fusion.

Elle porte à la face, pour exergue, cette légende : CATHÉDRALE DE CHARTRES, INCENDIE DES 4-5 JUIN 1836.

Au centre en relief : *l'église Notre-Dame.*

Au-dessous : MÉTAL DES CLOCHES FONDUES PAR L'INCENDIE.

Au revers, pour exergue : DÉLIBÉRATION DU CONSEIL MUNICIPAL, 3 AOUT 1836.

Au centre d'une couronne de chêne on lit ces mots : A M. GABRIEL DELESSERT, PRÉFET, LA VILLE DE CHARTRES RECONNAISSANTE.

Le diamètre de cette médaille porte 31 lignes.

Elle fut présentée à M. le Préfet d'une manière très-solennelle, par M. Adelphe Chasles, Maire et ses deux Adjoints, MM. Durand et Le Tellier, accompagnés de plusieurs membres du Conseil.

Aussitôt que cet horrible sinistre fut connu à Paris, une Commission fut nommée dans la Chambre des Députés pour aviser aux moyens de parer à un si grand désastre ; M. Ad. Chasles, député du département est nommé rapporteur, et le 5 juillet 1836 est rendue une loi qui ouvre au Ministre des Cultes pour les réparations de la cathédrale un premier crédit de 400,000 fr. Le 18 juillet 1837, la Chambre vota un nouveau crédit de 750,000 fr. pour complément de dépenses. C'est avec ces premières sommes de 1,150,000 fr., augmentées successivement de divers crédits supplémentaires, qu'on est parvenu non-seulement à conserver notre cathédrale, mais à la mettre à l'abri de toute destruction pour l'avenir.

Nous allons donner un rapide aperçu des principales dépenses de la restauration.

| | | |
|---|---:|---:|
| 1º Déblais des voûtes après l'incendie. | 20,714 fr. | 81 c. |
| 2º Couverture provisoire des voûtes en béton. | 45,252 | 97 |
| 3º Couverture de la soufflerie des orgues et des bas-côtés. | 4,231 | » |
| 4º Restauration du clocher neuf : travaux de maçonnerie, charpente, plomberie et serrurerie. | 62,769 | 37 |
| 5º Restauration du clocher vieux. | 33,929 | 39 |
| 6º Reconstruction de l'assise de couronnement au pied des grands combles, et maçonnerie des murs sous les chenaux en plomb. | 45,188 | 73 |
| 7º Reconstruction des grands combles en fer et fonte. | 678,504 | 28 |
| A *reporter*. | 890,590 | 55 |

| | | |
|---|---:|---:|
| *Report*. . . . | 890,590 fr. | 55 c. |
| 8º Fourniture de tuyaux en fonte pour la conduite des eaux pluviales. . | 4,431 | 54 |
| 9º Reconstruction en pierre de la balustrade existant autour de la galerie supérieure, située au bas des combles, des nefs, bras de la croix et abside de la cathédrale . . . . . . . . | 22,400 | 38 |
| 10º Peinture des grands combles en fer et fonte . . . . . . . . . . | 7,845 | 63 |
| 11º Restauration de la sculpture d'ornements à faire au clocher neuf . . . | 17,058 | 22 |
| 12º Réparation des plombs placés au pied des consoles des fermes des grands combles . . . . . . . . . . | 1,042 | 72 |
| 13º Couverture en cuivre des grands combles en fer. . . . . . . . . | 193,068 | 75 |
| 14º Exécution d'une figure d'ange sur le chevet de la cathédrale . . . . . | 9,045 | » |
| 15º Cheneaux et descentes en plomb des grands combles . . . . . . . | 12,820 | 59 |
| 16º Passerelle sous les combles . . | 3,044 | 73 |
| 17º Chalières pour éclairer les grands combles . . . . . . . . . . . | 1,921 | 92 |
| 18º Murs à construire sous les cheneaux en plomb conduisant les eaux pluviales aux tuyaux de descente . . | 2,121 | 38 |
| 19º Armature en fer destinée à supporter l'ange . . . . . . . . | 2,005 | 50 |
| 20º Travaux au sommet du vieux clocher pour le paratonnerre . . . . | 3,776 | 61 |
| *A reporter*. . . . | 1,171,173 | 52 |

| | | |
|---|---:|---:|
| Report . . . | 1,171,173 fr. | 52 c. |
| 21º Conducteurs des paratonnerres . | 936 | 44 |
| 22º Réparations des quatre plates-formes des tours placées aux extrémités des bras de la croix . . . . . . . | 1,778 | 60 |
| 23º Travaux au faîtage pour empêcher les eaux de pénétrer dans les combles . . . . . . . . . . . | 1,630 | 79 |
| 24º Frais d'enlèvement des plombs qui couvraient les voûtes de la cathédrale . . . . . . . . . . . | 1,255 | 69 |
| Total . . . | 1,176,775 | 04 |

## CHAPITRE XXV.

**Des événements mémorables qui ont eu lieu dans la Ville et l'Eglise de Chartres et des visites faites à cette église par des Rois, Reines, Princes et Princesses.**

Une foule d'événements célèbres dans l'histoire se sont accomplis dans la ville de Chartres et dans son église : nous rapporterons les principaux. Nous mentionnerons également les principales visites faites par des rois, reines, princes et princesses du sang royal de France.

En 271, Licinius, fils de Constance, frère du grand Constantin, fut fait empereur dans la ville de Chartres.

Au mois de juin 849, dans un plaids général convoqué à Chartres par le roi Charles-le-Chauve, Charles, fils de

Pépin, roi d'Aquitaine, déclara solennellement, du haut du jubé de la cathédrale, renoncer à toute prétention à la couronne.

Au mois d'août 867, Charles-le-Chauve convoqua de nouveau un plaids général à Chartres pour régler les affaires de Bretagne, dont le duc Salomon lui faisait une guerre incessante.

En 911, suivant la tradition, Rollon, chef des Normands, étant infidèle, fut fait chrétien à Chartres, y reçut le baptême, changea son nom en celui de Robert et épousa Gisèle, fille du roi Charles-le-Simple.

Une tradition rapporte qu'en 1069 Philippe I$^{er}$, roi de France, fut sacré dans la cathédrale de Chartres par Arrald, alors évêque.

En 1106, Bohémond de Tarente, prince d'Antioche, voulut célébrer dans l'église de Chartres son mariage avec Constance, fille du roi Philippe I$^{er}$. A la suite de la cérémonie, un grand nombre de seigneurs prirent le signe de la croix.

En 1130, le pape Innocent II, réfugié en France, se retira à Chartres, où il fut visité par le roi d'Angleterre.

En 1146, saint Bernard vint à Chartres et y prêcha, dit-on, la seconde croisade.

En 1188, la reine Elisabeth, femme de Philippe-Auguste, vint en pèlerinage à Chartres et sentit pour la première fois tressaillir dans son sein l'enfant qui fut plus tard Louis VIII.

Au mois d'octobre 1210, le roi Philippe-Auguste vint à Chartres, à la prière du chapitre, pour punir les officiers de la comtesse de Chartres qui avaient pillé la maison du doyen.

En 1255, saint Louis, roi de France, de retour de son premier voyage de la Terre-Sainte, et le roi d'Angleterre s'assemblèrent à Chartres pour y terminer leurs différends. — Saint Louis revint dans cette ville en 1260 et assista, dit-on, à la dédicace de l'église Notre-Dame qui eut lieu le 17 octobre.

En 1305, Philippe-le-Bel, en exécution d'un vœu qu'il avait fait lors de la bataille de Mons-en-Puelle, vint faire ses dévotions dans l'église cathédrale et offrit à la Vierge l'armure complète qu'il portait dans le combat [1].

Au mois d'octobre 1328, Philippe de Valois vint à Chartres, deux mois après la bataille de Cassel, et offrit à Notre-Dame son coursier de bataille et son armure de guerre. — Il revint deux fois en 1329 : au commencement de l'année, il assista dans l'église au mariage de Jean de Montfort et de Marguerite de Flandre; au mois de mars, il fut témoin, avec le duc de Bourgogne et les comtes de Blois et d'Eu, des noces de Jean III, duc de Bretagne, et de Jeanne, fille du comte de Savoie [2]. — Philippe de Valois visita encore Chartres le 1er octobre 1335, puis le jour de la Purification 1338 et enfin au mois de janvier 1350.

Le 7 mai 1360, la veille de la signature du traité de Brétigny, Edouard, roi d'Angleterre, vint faire ses dévotions à Notre-Dame et vénérer la sainte chemise. Il retourna à Chartres le 12 mai et y coucha une nuit, puis repartit pour Harfleur.

Le roi Jean visita Chartres au mois de janvier 1361.

Au mois de mars 1364, Philippe, duc de Bourgogne, frère du roi Charles V, passa cinq jours dans nos murs.

Au mois de juillet 1367, Charles V convoqua à Chartres les députés des Etats-Généraux.

[1] Pintard, *Hist. mss. de la ville de Chartres.*
[2] Dom Lobineau, *Hist. du duché de Bretagne.*

Au mois d'août 1380, le sire Olivier de Mauny et les chevaliers qui accompagnaient le corps du connétable Bertrand du Guesclin s'arrêtèrent dans notre ville, et un service solennel fut célébré dans la cathédrale [1].

Vers la fin de février 1383, le duc de Bourgogne vint en pélerinage à Chartres avec le connétable et un grand nombre de chevaliers; quelques jours après Charles VI arriva à son tour dans cette ville, où il fut reçu avec une pompe extraordinaire [2].

Le 26 mai 1386, le duc de Berry vint à Chartres en compagnie du comte de Sancerre et de l'évêque de Poitiers. — Le 29 août de la même année, la reine Isabeau de Bavière fit son entrée dans notre ville.

Au mois de mars 1388, Charles VI se transporta à Chartres, avec Jean de Montaigu et Guillaume de la Forêt, pour assister aux obsèques de Jeanne d'Armagnac, duchesse de Berry [3].

Le 24 juin 1389, le roi Charles VI s'arrêta à Chartres; il y revint avec la reine le 13 décembre 1390, puis encore le 10 octobre 1391. Le 21 juillet 1392, le roi, accompagné des ducs d'Orléans et de Bourbon, vint à Chartres, d'où il se disposait à marcher contre Pierre de Craon, réfugié à la cour du duc de Bretagne. Il séjourna sept jours dans cette ville, où il fut rejoint par les ducs de Berry et de Bourgogne et le comte de la Marche [4]. Il repassait le 24 août suivant, atteint de la terrible maladie qui amena tous les malheurs de son règne.

Le 9 mars 1409, la célèbre *paix fourrée* entre les

---

[1] *Chronique de du Guesclin*, coll. Michaud, vol. Ier, p. 572.
[2] E. de Lépinois, *Hist. de Chartres*, t. II, p. 46.
[3] *Compte municipal de 1388*.
[4] *Chroniques de Froissard*, vol. III, p. 156.

maisons d'Orléans et de Bourgogne fut jurée dans la cathédrale de Chartres, en présence du roi, de la reine, du dauphin et de sa femme, des rois de Sicile et de Navarre, du duc de Berry, du cardinal de Bar, du marquis de Pont, son frère, des présidents de la cour de Parlement et d'une foule d'autres notables personnages. Le roi, la reine, le dauphin et la plupart des princes demeurèrent à Chartres jusqu'à la mi-carême [1].

L'année suivante, 1410, le duc d'Orléans, auquel vinrent se joindre les ducs de Berry et de Bourbon, les comtes d'Armagnac et d'Alençon, choisit Chartres pour son quartier-général dans la lutte qu'il préparait contre le duc de Bourgogne.

Le 9 novembre 1417, la reine Isabeau se retira à Chartres avec le duc de Bourgogne, Jean-sans-Peur, et, transformant cette ville en capitale du royaume, déclara qu'elle y fixait sa résidence et qu'elle prenait en main l'administration de l'Etat [2].

Dans les derniers mois de l'année 1440, Charles VII vint plusieurs fois à Chartres, d'où il data diverses célèbres ordonnances, celle entre autres par laquelle il déclarait que la France restait sous l'obédience du pape Eugène IV, déposé par le concile de Bâle.

Au mois de juillet 1462, Louis XI se trouvait dans notre ville; il y revint le jour de l'Assomption 1463; les 5, 25 mars et 14 avril 1464, on le voit encore dans notre ville, puis encore le 24 juillet de la même année. Sa dévotion à Notre-Dame de Chartres ramena ce prince dans nos murs aux mois de mai et de juin 1467 et aussi au mois d'octobre de la même année, où son séjour fut

[1] *Juvénal des Ursins*, p. 449.
[2] *Chroniques de Monstrelet*, p. 422.

de plus d'un mois[1]. Louis XI était encore à Chartres le 19 janvier 1471, le 28 décembre 1473, le 15 août 1474 et enfin aux mois de juin et juillet 1431.

La reine Anne de Bretagne, veuve de Charles VIII, traversa Chartres le 1er juin 1498.

Pendant l'hiver de 1502 à 1503, Louis XII vint plusieurs fois dans notre ville[2]. — Anne de Bretagne, remariée à ce prince, fut reçue à Chartres avec grande pompe dans les premiers jours de mars 1505.

Le 11 novembre 1518, le roi François Ier fit son entrée à Chartres avec sa mère, Louise de Savoie[3].

Le 21 mars 1532, eut lieu la réception de la reine Aliénor, seconde femme de François Ier [4]. La reine demeura dans notre ville jusqu'au 9 avril.

Le 22 novembre 1548, la jeune reine d'Ecosse, Marie Stuart, alors âgée de six ans, promise au dauphin François, arriva à Chartres, accompagnée du connétable de Montmorency, du duc d'Aumale et d'autres grands dignitaires du royaume[5].

Le 14 octobre 1550, le dauphin et sa fiancée traversèrent la ville, puis, le 18 novembre, eut lieu l'entrée solennelle du roi Henri II et de sa femme[6]. Le 4 octobre 1552, le dauphin passa de nouveau par Chartres, escorté

---

[1] *Jean de Troyes*, p. 283.

[2] Souchet, *Hist. manuscrite de Chartres*.

[3] E. de Lépinois, *Hist. de Chartres*, t. II, p. 154.

[4] Rouilliard, *Parthénie*, seconde partie, p. 282. Voir aussi : *L'entrée de la Royne de France en la ville et cité de Chartres*, 1532.

[5] E. de Lépinois, *Hist. de Chartres*, t. II, p. 186.

[6] Id., *ibid.*, p. 191.

du duc de Lorraine et de plusieurs gentilshommes. Au mois de décembre 1555, Henri II vint faire ses dévotions à Notre-Dame, en compagnie du duc et de la duchesse de Guise, du garde-des-sceaux et de la duchesse de Valentinois.

Le 8 août 1562, Charles IX vint à Chartres, accompagné de la reine-mère Catherine de Médicis, du roi de Navarre et du prince de la Roche-sur-Yon [1].

A la fin du mois de décembre de la même année, Catherine de Médicis vint s'établir à Chartres pour surveiller de plus près le prince de Condé et appela près d'elle Charles IX, qui arriva dans notre ville le 6 janvier 1563 et y séjourna tout le reste du mois.

Au mois d'octobre 1578, la reine-mère Catherine de Médicis et Louise de Vaudemont, femme de Henri III, firent leur entrée à Chartres avec une grande solennité.

Nous voici arrivés au règne de Henri III, et les visites de ce prince vont se succéder aussi fréquentes que celles de Louis XI. La première eut lieu le 2 février 1579, puis on le retrouve dans notre ville le 22 septembre de la même année; les 8 avril, 8 juin et 9 août 1581; les 2 février et 25 juin 1582; les 16 avril et 28 septembre 1583; les 13 mars et 25 décembre 1584; les 28 mars, 5 septembre et 29 novembre 1586, et enfin le 14 mai 1588, où, chassé de Paris par les barricades, il transporta temporairement le siége du gouvernement dans notre ville.

Après la prise de Chartres par Henri IV (10 avril 1591), cette ville, devenue une des plus importantes du parti royal, fut le siége, le 2 septembre 1591, d'un conseil ecclésiastique dans lequel on annula les monitoires et

---

[1] E. de Lépinois, *Hist. de Chartres*, t. II, p. 212.

excommunications du pape. Henri IV vint lui-même à Chartres au mois de septembre 1592. Le 1er janvier 1593, les chevaliers du Saint-Esprit firent leur office en grande pompe dans la cathédrale : cette cérémonie était l'ouverture d'une assemblée royale qui siégea pendant quatre mois dans nos murs et aux travaux de laquelle le roi vint souvent prendre part, entre autres les 29 janvier, 7 février et 28 mars 1593. Enfin, le 27 février 1594, eut lieu dans la cathédrale le sacre de Henri IV par les mains de Nicolas de Thou, évêque de Chartres [1].

Le cœur de Henri IV, légué par son testament aux Jésuites de la Flèche, arriva à Chartres le 31 mai 1610 ; il fut reçu par le clergé, les échevins, le gouverneur et la noblesse du pays et déposé dans l'église des Capucins, où il passa la nuit [2].

Le 12 septembre 1614, le roi Louis XIII et la reine-mère arrivèrent dans notre ville, où on leur fit une réception digne d'eux. — Le 26 septembre 1619, Louis XIII revint à Chartres avec sa jeune épouse, Anne d'Autriche, et y séjourna jusqu'au 3 octobre [3].

Le 24 mars 1648, Louis XIV et Anne d'Autriche, sa mère, vinrent prier à l'autel de la Vierge-aux-Miracles [4].

---

[1] *Cérémonies observées au sacre et couronnement du très chrestien roy Henry IIII* (Paris, Jamet Mettayer, 1594).

[2] E. de Lépinois, *Hist. de Chartres*, t. II, p. 375.

[3] *La royalle entrée du Roy et de la Royne en la ville de Chartres, auec les magnificences et ceremonies qui s'y sont obseruees le jeudy 26 septembre* (Paris, Jozué Chemin, ruë S. Jacques, au Chesne Verd, M DC XIX). Voir aussi : *Les magnificences préparées en l'église Notre-Dame de Chartres, pour les dévotes actions de grâces du Roi et de la Reine sa mère, de leur heureuse entrevue et aimable réconciliation.*

[4] *Mémoires de madame de Motteville.*

Le 7 décembre 1661, le roi, sa mère et Marie-Thérèse, la jeune reine de France, firent une nouvelle visite à Chartres[1]. Le roi et la reine revinrent le 24 mars 1665, puis encore le 21 septembre 1682 et enfin le roi, veuf, parut encore dans nos murs le 4 septembre 1685[2] et le 20 avril 1687.

La reine Marie Leczinska, femme de Louis XV, vint en pélerinage à Chartres le 17 mai 1732 : le dauphin et la dauphine imitèrent son exemple le 19 juin 1756[3].

En 1811, le 3 juin, l'empereur Napoléon et l'impératrice Marie-Louise visitèrent la cathédrale.

Le 13 août 1814, le duc d'Angoulême y entendit la messe.

En septembre 1815, la duchesse d'Angoulême y vint en dévotion.

Le 28 juillet 1816, Monsieur, comte d'Artois, et Madame, duchesse d'Angoulême, sa bru, ayant accepté de nommer deux cloches nouvellement fondues pour l'église Notre-Dame et d'en être parrain et marraine, se sont fait représenter par le vicomte de Sesmaisons et la duchesse de Gontault-Biron. A cette occasion, ils ont fait présent à l'église de Chartres de deux magnifiques voiles et d'un ornement blanc complet, en moire, avec parements et orfrois en étoffe de Lyon à fleurs, galonné et frangé en or fin. Cet ornement se compose d'une chasuble, de deux tuniques et de trois chapes. Depuis, le Chapitre a fait l'acquisition de deux chapes pareilles. Cet ornement sert principalement aux fêtes de la sainte Vierge.

[1] Luc. Merlet, *Lettres des rois de France*, p. 298.

[2] Id., *ibid.*, p. 310.

[3] *Cérémonies publiques à Chartres pendant le règne de Louis XV* (Chartres, Garnier, 1860).

Le 24 septembre 1823, M^me la duchesse d'Angoulême vint entendre la messe dans la cathédrale.

Le 1^er décembre 1823, M. le duc d'Angoulême, à son retour de la guerre d'Espagne, s'arrêta à Chartres où l'attendait son auguste épouse. Cette entrevue a été représentée par M. Garnier, membre de l'Institut, dans un tableau appartenant aujourd'hui au musée de Chartres.

Le 14 mai 1830, le roi et la reine des Deux-Siciles passèrent par Chartres, accompagnés de leur fils, le prince François de Paule, du prince de Salerne, frère du roi, et de M^me la duchesse de Berry, sa fille.

Le 25 janvier 1839, les restes mortels de la duchesse de Wurtemberg furent momentanément déposés dans la cathédrale, et un service funèbre fut célébré à l'intention de cette princesse.

Le 9 août 1839, le duc et la duchesse d'Orléans, se rendant à Bordeaux, s'arrêtèrent à Chartres, où ils visitèrent la cathédrale et les autres curiosités de la ville; ils en repartirent le lendemain.

Le 11 septembre 1843, le duc et la duchesse de Nemours s'arrêtèrent quelques heures à Chartres, pour visiter la cathédrale.

Le 5 juillet 1849, Louis-Napoléon Bonaparte, alors Président de la République, vint à Chartres présider à l'inauguration du chemin de fer de l'Ouest.

Le 23 août 1858, Napoléon III, de Président de la République devenu Empereur des Français, s'arrêta à Chartres, avec l'Impératrice, au retour de son voyage dans l'Ouest, pour l'inauguration des bassins du port de Cherbourg.

## CHAPITRE XXVI.

### Fête du Couronnement de la Vierge de Chartres, le 31 mai 1855.

Le 8 décembre 1854 avait été proclamé à Rome le dogme de l'Immaculée Conception de la sainte Vierge : M<sup>gr</sup> Regnault, alors présent à Rome, obtint de Sa Sainteté à cette occasion deux brefs particuliers, l'un pour le Jubilé diocésain au mois de mai 1855, l'autre l'autorisant à couronner solennellement, au nom du chef de l'Eglise, l'image vénérée de la Vierge de Chartres, la *Vierge-Noire* dont nous vous avons déjà longuement entretenus. C'est le récit de ce Jubilé et de la cérémonie auguste qui le termina que nous voulons vous faire en ce moment, désireux de conserver le souvenir d'une des plus belles fêtes dont la ville ait gardé la mémoire.

Le mercredi, 16 mai, s'ouvrit le Jubilé de Notre-Dame de Chartres. Le son des cloches de toutes les paroisses et des communautés religieuses qui répond à la magnifique sonnerie de notre cathédrale, annonce aux fidèles ces jours de grâces et de salut. Le zèle redouble de toutes parts, les populations tout entières s'ébranlent; les paroisses, bannières en tête, viennent en procession payer à la Madone de Chartres le tribut de leurs pieux hommages, se placer sous sa protection, implorer son glorieux patronage. De zélés missionnaires, les Jésuites, les Maristes, les PP. de la Miséricorde, prêchent, de différents côtés, des retraites qui préparent les cœurs à profiter des jours de bénédiction.

Le 27 mai, jour de la Pentecôte, avait lieu la communion générale à Notre-Dame. Inutile de dire qu'elle fut nombreuse, édifiante, conduite avec ordre.

Nous approchons du grand jour, du jour de la clôture, où doivent se célébrer les glorieuses fêtes solennellement annoncées et si impatiemment attendues. Il n'est plus question dans la cité de la Vierge Marie, que d'arcs de triomphe à élever, de guirlandes à tresser, d'illuminations à préparer, d'emblêmes, d'oriflammes aux couleurs de Marie.

Le mercredi 30 mai, à sept heures du matin, ainsi qu'il avait été annoncé, se fit la consécration du nouvel autel de l'église souterraine de Notre-Dame.

Nous avons déjà parlé de cet autel ; nous n'y reviendrons pas.

Dans l'après-midi arrivent à l'évêché, par les divers convois du chemin de fer, S. Em. le cardinal Donnet, archevêque de Bordeaux ; Mgr Sibour, archevêque de Paris ; Mgr Gignoux, évêque de Beauvais ; Mgr Allou, évêque de Meaux ; Mgr Palu du Parc, évêque de Blois, et Mgr Pie, évêque de Poitiers.

Le soir, à sept heures et demie, le bourdon et les cloches de la cathédrale donnent de nouveau le signal auquel répondent toutes les cloches des paroisses et des communautés de la ville, et annoncent la glorieuse fête du couronnement de Notre-Dame de Chartres. De tous côtés chacun se prépare.

Le grand jour est donc arrivé ; mais le ciel s'est assombri, les nuées s'accumulent, une pluie fine et glaciale jette la tristesse dans les cœurs et fait craindre que la procession extérieure ne puisse avoir lieu. Néanmoins les cérémonies annoncées commencent.

Le matin, à sept heures, Mgr Regnault célèbre à la chapelle de la crypte une messe basse, la première qui ait été dite dans ce sanctuaire vénéré depuis les mauvais jours de la profanation. Il adresse à l'assistance une courte et touchante allocution, après laquelle les enfants de la Maîtrise exécutent quelques chants mélodieux, en souvenir d'une ancienne fondation du chanoine Robert, au Moyen-Age, qui avait fait un legs important pour qu'une messe fût chantée chaque matin *soubs-terre* par les enfants de chœur.

Bien avant huit heures, malgré le mauvais temps et la pluie qui redouble d'intensité, la foule se présente aux portes de la cathédrale. Chacun veut arriver des premiers et craint de perdre quelques détails de l'imposante cérémonie qui va s'accomplir. Les portes s'ouvrent. En peu d'instants toutes les places réservées, la nef, les bas-côtés, le transept sont remplis par la foule, qui attend dans le silence et le recueillement le commencement de la cérémonie.

De nombreuses et riches draperies bleues et blanches, de grands labarums rehaussés de franges d'or au chiffre de Marie, et de nombreux écussons rappelant les événements qui se sont passés dans l'église de Chartres, décorent les arcades de la nef. Le vaste autel élevé sous le transept, plus richement orné que précédemment, couvert de fleurs, de feuillages, étincelant de mille bougies, permet à chacun, par sa grande élévation, de jouir, de toutes les parties de la vaste basilique, du spectacle imposant du couronnement. L'auguste statue de la *Vierge-Noire* n'occupe plus son pilier antique ; pour ce jour solennel, elle a été transportée par le soin des lévites au sommet de l'autel, du haut duquel elle domine l'assistance recueillie et semble lui présenter son divin fils. Au-dessus de sa tête plane cette légende du Cantique des cantiques : *Veni, amica mea, veni, coronaberis.*

A dix heures, le clergé, costumé en grande pompe, vient se ranger sur l'estrade. Les volées des cloches se font entendre de nouveau; l'orgue, touché par M. Simon, organiste de Saint-Denis, fait retentir des sons graves et mélodieux, et bientôt l'on voit s'avancer successivement S. Em. le cardinal et NN. SS. les évêques, revêtus de leurs chapes, qui vont s'asseoir sur les fauteuils préparés à cet effet.

Le saint sacrifice commence : la messe est célébrée par Mgr l'archevêque de Paris. Il est paré d'une magnifique chasuble, dans le style Moyen-Age, et assisté de ses deux vicaires-généraux, MM. Buquet et Eglée. Après l'Evangile, Mgr l'évêque de Poitiers monte en chaire.

Mgr Pie a choisi pour texte de son discours la légende qui plane au-dessus de l'autel : *Veni, coronaberis*. Nous n'essaierons pas de faire l'analyse de ce brillant discours : nous dirons seulement qu'après avoir parlé du glorieux couronnement de Marie dans le sein de Dieu, il représente celui qui va avoir lieu comme une imitation terrestre du perpétuel couronnement du ciel; il rappelle que le double motif sur lequel est fondé la confiance et la vénération des peuples catholiques pour Notre-Dame de Chartres, c'est la grotte souterraine consacrée par nos ancêtres à la vierge qui devait enfanter, *Virgini pariturœ*, et le don précieux fait par Charles-le-Chauve à l'église de Chartres du voile de la bienheureuse Vierge, devenu comme le palladium de la cité de Marie. Après avoir passé en revue les grands événements qui ont fait la gloire de ce sanctuaire et retracé les hommages que les souverains se sont plu à rendre à la reine du ciel, il termine par une allocution pleine de grâce et d'à-propos à chacun des prélats assistants.

Le discours terminé, Mgr l'évêque de Chartres prononce l'acte de consécration. Il est ensuite donné lecture des lettres apostoliques de S. S., déléguant spécialement notre évêque pour couronner en son nom Notre-Dame de Chartres ; puis est proclamée la Bulle relative au dogme de l'Immaculée-Conception. Alors M$^{gr}$ bénit les couronnes, tant celle qui doit être posée sur la statue miraculeuse, que toutes celles dont les députations des paroisses sont venues lui faire hommage ; et bientôt on le voit, montant les gradins jusqu'au sommet de l'autel, déposer les deux riches et gracieuses couronnes sur la tête de la Vierge-Noire et sur celle de l'Enfant-Jésus. En ce moment solennel, M$^{gr}$ l'archevêque de Paris est revenu au milieu de l'autel et il entonne le *Credo*. L'assistance émue qui remplit la vaste basilique s'unit de sentiments avec les pieux prélats dont la présence ajoute tant de dignité à l'acte auguste qui vient de s'accomplir.

Le saint sacrifice s'achève, et la foule s'écoule lentement, tout entière encore sous l'émotion profonde du spectacle imposant auquel elle vient d'assister !

Pendant la cérémonie du matin, la pluie avait continué. Cependant quelques éclaircies ont donné de temps à autre l'espoir que l'après-midi sera plus calme et que la procession pourra sortir. Cette incertitude dure jusque vers trois heures. Enfin, la nouvelle se répand que la procession s'organise et que la marche va commencer. Chacun se rend à son poste. Le long cortége s'ébranle. Il ne trouvera pas sur son passage les nombreux reposoirs qui devaient s'élever dans les carrefours : le mauvais temps y a fait renoncer. Mais toutes les rues que doit parcourir la procession, se trouvent en un clin-d'œil tapissées de blanc et garnies des riches décorations préparées à l'avance. Chaque maison est pavoisée d'oriflammes, de guidons aux couleurs de Marie, de guirlandes gracieuses ; c'est à qui décorera le mieux ses fenêtres et sa façade.

Quatre trompettes et huit chasseurs à cheval ouvrent la marche.

A leur suite flotte un grand étendard bleu-azur, sur lequel se détache, en lettres d'argent, l'inscription : *Chartres, ville de la Vierge.* Puis, viennent les députations des paroisses du diocèse, représentées par des groupes de jeunes personnes vêtues de blanc, portant sur un coussin une couronne de fleurs, hommage de leur dévotion à Marie, et ayant chacune leur bannière. Ces groupes sont au nombre de plus de cent, et rien n'est gracieux comme ces nombreuses bannières, mêlant leurs couleurs et s'agitant dans les airs.

A leur suite marchent :

Les orphelins et orphelines de Josaphat, précédées d'un suisse et de la croix ; les femmes du même hospice ; les orphelins de Saint-Brice, suivant leur guidon au chiffre de Marie, avec la légende : *Monstra te esse Matrem,* les vieillards du même établissement ; les orphelines avec leur bannière de Notre-Dame des Sept-Douleurs ; une députation des vieillards de l'hospice avec leur bannière de Saint-Martin ; enfin les orphelines du couvent de la Providence, portant dans leur rang un guidon en l'honneur de sainte Soline, jeune vierge et martyre de Chartres.

Nous sommes en vue des *trois paroisses de Chartres.* A leur tête se fait entendre la musique de la ville. Elle est suivie du gracieux labarum bleu et blanc, avec la légende : *A Marie, Dame de Chartres.*

La paroisse de Saint-Aignan, le suisse et la croix en tête, se compose des jeunes filles de la Sainte-Enfance, portant des oriflammes ; des demoiselles de la Confrérie avec la bannière de la Sainte Vierge ; les élèves du Collége, avec leur riche oriflamme, sur laquelle on lit l'inscription suivante : *Immaculatæ Virgini Deiparæ piè devotum collegium Carnotense XXXI maii MDCCCLV.* Dans leurs rangs se montre la châsse de saint Aignan, évêque de Chartres et patron de la paroisse, entouré de quatre guidons explicatifs.

La paroisse Saint-Pierre, ayant son suisse et la croix en tête, se compose des jeunes apprentis de l'Œuvre de Saint-Joseph, portant la statue de leur patron, et une fort belle bannière du même saint, offerte par les élèves de la Sainte-Famille ; bannière de la Sainte Vierge, suivie des jeunes personnes du Catéchisme de Persévérance et de la Confrérie ; membres de la Société de Saint-François-Xavier, précédés d'un joli guidon au chiffre de leur patron ; enfin, la châsse de saint Pierre, portée par quatre clercs en habit de chœur.

La marche de la paroisse de Notre-Dame est ouverte par un suisse, la croix et les acolytes.

Députation des jeunes filles de l'Œuvre de la Sainte-Enfance, avec leur bannière. Elles ont toutes alternativement à la main ou un bouquet de fleurs blanches ou une oriflamme de soie azurée. Au milieu de leurs rangs, figurent neuf guidons en l'honneur des neuf Chœurs des Anges, escortés par un groupe de neuf vierges couronnées de roses et portant des corbeilles de fleurs.

Députation des jeunes garçons de l'œuvre de la Sainte-Enfance avec leur bannière. Ils portent tous des oriflammes de soie rose au chiffre de Jésus, ou des inscriptions rappelant l'origine, le but et les progrès de l'œuvre. Au milieu des rangs, groupe d'anges portant des corbeilles de fleurs et formant la croix. Guidons aux noms des principaux patrons de l'association : la sainte

Vierge, saint Joseph, les bons Anges gardiens, saint François-Xavier, saint Vincent-de-Paul.

Jeunes filles de l'Œuvre du Patronage dirigées par les sœurs de la Charité. Elles ont à la main des oriflammes de soie jaune et suivent un joli guidon sur lequel on lit : *Sainte Anne, mère de la Mère de Dieu, veillez sur nous.* Les plus jeunes portent sur un brancard une portion du chef de sainte Anne renfermée dans une châsse gothique garnie de fleurs. Plusieurs dates et inscriptions historiques accompagnent cette insigne relique.

Catéchisme de Persévérance des garçons avec un labarum de drap d'or en l'honneur de saint Jean-Baptiste, second patron de la Cathédrale. Ils portent des oriflammes de soie verte. Au milieu de leurs rangs figurent sept guidons aux noms des sept Sacrements.

Riche bannière de Notre-Dame-de-la-Brèche en drap d'argent, escortée de guidons rappelant les quatre dates les plus glorieuses pour son sanctuaire, savoir :

*Levée du siége de Chartres*, 15 mars 1568.

*Institution de la procession commémorative*, 15 mars 1569.

*Restauration de la chapelle*, 15 mars 1842.

*Préconisation de Mgr Regnault*, 15 mars 1852.

Jeunes filles de la Maison Notre-Dame de Chartres. Elles portent le guidon de sainte Modeste, jeune vierge de Chartres, martyrisée dans la crypte et jetée dans le puits des Saints-Forts par ordre de son père Quirinus, gouverneur de la ville.

Dames poissonnières avec la bannière de saint Clair, leur patron.

Musique des élèves des Frères des Écoles chrétiennes.

Jeunes apprentis de l'Œuvre du Patronage de Notre-Dame. Ils suivent la bannière de Saint-Piat et portent dans leurs rangs les guidons et les emblêmes des sept dons du Saint-Esprit.

Députation des principales confréries et corps de métiers, entre autres les cultivateurs et vignerons de la confrérie de Saint-Vincent. Ils portent dans une riche châsse de bois d'ébène garnie d'argent, le corps entier de saint Piat et des inscriptions rappelant l'authenticité de la précieuse relique.

Les jardiniers de la confrérie de Saint-Fiacre. Ils portent sur un charmant brancard de fleurs la statue de leur patron.

La corporation des portefaix sous le patronage de saint Christophe. Ils portent une magnifique châsse renfermant les reliques de saint Taurin et de plusieurs autres saints dont les noms figurent sur des oriflammes aux quatre angles du reliquaire.

Les quinze Mystères du Rosaire représentés sur quinze labarum, de moire blanche pour les mystères joyeux, de moire violette pour les mystères douloureux, de moire rouge pour les mystères glorieux. Ces labarum sont portés par une députation de demoiselles des pensions, avec ceinture, couronne et palme de même couleur que l'oriflamme.

Bannière de Notre-Dame de Sous-terre, style Moyen-Age, représentant la Vierge des Druides telle qu'Elle était vénérée jusqu'en 1793 dans l'antique chapelle du pélerinage de la Crypte.

A sa suite, marchent les élèves de l'Institution Notre-Dame de Chartres, portant de larges oriflammes, toutes de couleurs différentes et ornées d'inscriptions qui rappellent les dates les plus mémorables et les plus glorieux souvenirs de l'histoire du Culte de la sainte Vierge de Chartres, savoir :

— 197 —

*Autel et Statue érigés à Chartres par les Druides, à la Vierge qui devait enfanter.*

*Priscus, roi de Chartres, offre son royaume à la Vierge des Druides.*

*La grotte des Druides est transformée en église par saint Savinien et saint Potentien.*

*Donations à Notre-Dame faites et confirmées par Pépin, Carloman et Charlemagne.* 768, 771, 794.

*Saint Vêtement de la Bonne-Vierge donné par Charles-le-Chauve à l'église de Notre-Dame.* 876.

*Le roi Eudes vient se mettre sous la protection de Notre Dame.* 889.

*Le saint Vêtement de la Bonne-Vierge sauve la ville de Chartres de la fureur des Normands.* 911.

*Saint Fulbert, guéri par Notre-Dame, achève sa cathédrale.* 1020.

*Robert, Henri I$^{er}$, tous les Princes chrétiens de l'Europe font de riches offrandes à Notre-Dame.* 1020-1037.

*Saint Gilduin, élu évêque de Dol, passe les jours et les nuits devant la Sainte-Châsse de Notre-Dame.* 1077.

*Louis-le-Gros, désarmé par la piété des Chartrains envers Notre-Dame, épargne leur ville.* 1118.

*Henri, roi d'Angleterre, promet obéissance au pape Innocent II, dans l'église de Notre-Dame.* 1131.

*Saint Bernard prêche la deuxième Croisade dans l'église de Notre-Dame.* 1147.

*Philippe-Auguste veut, par dévotion, passer sous la Châsse de Notre-Dame.* 1209.

*Richard Cœur-de-Lion porte la Châsse de Notre-Dame.*

*Saint Louis, bienfaiteur le plus généreux de la cathédrale de Chartres, assiste à la dédicace de cette église.* 1260.

*Philippe-le-Bel offre ses armes en trophée à Notre-Dame, après la victoire de Mons-en-Puelle.* 1304.

*Charles-le-Bel fait deux pélerinages à Notre-Dame.* 1304-1324.

*Philippe de Valois vient remercier Notre-Dame après sa victoire de Cassel.* 1328.

*Édouard III, roi d'Angleterre, arrêté par le miracle de Brétigny, vient vénérer Notre-Dame.* 1360.

*Le roi Jean fait plusieurs pélerinages à Notre-Dame; il y laisse son bâton de pélerin.* 1361.

*Charles V fait, pieds nus, le pélerinage de Notre-Dame.* 1366-1367.

*Le comte de Vendôme fait ériger une chapelle dans l'église de Notre-Dame.* 1413.

*Les Anglais font de riches offrandes à Notre-Dame.* 1414.

*Louis XI fait plusieurs pélerinages à Notre-Dame.* 1462-1467-1477-1479.

*Pélerinage de Charles VIII à Notre-Dame.* 1485.

*Louis XII et Georges d'Amboise à Notre-Dame.* 1502.

*Anne de Bretagne vint plusieurs fois vénérer Notre-Dame. Elle donne une cloche.* 1510.

*François I$^{er}$ fait ses dévotions à Notre-Dame.* 1518.

*Henri II vient remercier Notre-Dame du succès de ses armes.* 1550.

*La ville de Chartres, assiégée par les protestants, est miraculeusement délivrée.* 1568.

*Les habitants de Dreux et de trente-six paroisses circonvoisines viennent en procession à Notre-Dame au nombre de 15,000.* 1583.

*Henri III fait dix-huit fois le pélerinage à Notre-Dame.*

*Henri IV est sacré dans l'église Notre-Dame.* 1594.

*Louis XIII vient placer sous le patronage de Notre-Dame de Chartres, sa personne et son royaume. 1611.*

*La ville d'Issoudun, délivrée de la peste par Notre-Dame, lui offre une croix de vermeil. 1630.*

*Anne d'Autriche vient souvent vénérer Notre-Dame; elle en obtient un fils. 1639.*

*Louis XIV doit sa naissance à Notre-Dame; il vient plusieurs fois lui rendre ses hommages. 1648-1682.*

*M. Olier consacre à Notre-Dame le séminaire de Saint-Sulpice. 1650.*

*Les Hurons et les Abnaquis offrent une ceinture à Notre-Dame de Chartres. 1678-1699.*

*La pieuse Marie Leczinska vient faire des offrandes à Notre-Dame de Chartres. 1732.*

*Le Dauphin, père de Louis XVI, vient en pélerinage à Notre-Dame, avec la Dauphine. Mai 1756.*

Société des jeunes Économes de Notre-Dame de Chartres; les plus jeunes portent des corbeilles et des fleurs. Elles suivent une fort jolie bannière représentant la Vierge-Noire du Pilier, ornée de sa nouvelle couronne, avec l'inscription : *Nigra sum sed formosa.* Sur le revers figurent dans un écusson les armes de S. S. le pape Pie IX avec la date XXXI Mai MDCCCLV.

Autour de cette bannière flottent quatre guidons portant les quatre dates modernes les plus glorieuses pour la Vierge du Pilier :

*1824. Mgr Clausel de Montals fait vœu de prier tous les samedis aux pieds de la Vierge-Noire.*

*1849. Mgr Pie, évêque de Poitiers, prend pour armes l'Image et les Attributs de Notre-Dame-du-Pilier.*

*1854. Mgr Regnault fait aux pieds de la colonne miracu-*

leuse de Marie la consécration de son Diocèse et de sa personne à Notre-Dame de Chartres.

18 août 1854. *Bref de S. S. le Pape Pie IX autorisant Mgr l'évêque de Chartres à couronner en son nom la Vierge-Noire-du-Pilier.*

Grand labarum de drap d'argent en l'honneur de l'Immaculée Conception, avec la légende : *Gloire, Amour, Louange à Marie conçue sans péché.* Tout autour, on lit : *Paris, 1830. Médaille miraculeuse. — Gaëte, 1849. Encyclique. — Rome, 8 décembre 1854. Définition dogmatique. — Chartres, 31 mai 1855. Promulgation des Lettres apostoliques.* Ce labarum est escorté par un groupe de jeunes vierges vêtues de blanc et portant à la main des branches de lis, symbole de la pureté sans tache de Marie, comparée dans l'Écriture au lis qui fleurit au milieu des épines.

Plus loin, un chœur de cantiques porte dans ses rangs les guidons des trois Vertus théologales avec les inscriptions : *O Marie conçue sans péché, je crois en vous, j'espère en vous, je vous aime.*

Élèves de l'École normale. Ils sont précédés d'un grand labarum de drap d'or, sur lequel on lit : *Hommage de l'École normale à Notre-Dame de Chartres.*

Châsse de saint Castin.

Plus loin les élèves du pensionnat ecclésiastique de Nogent-le-Rotrou, musique et professeurs en tête.

Grande bannière de la confrérie de Notre-Dame de Chartres, escortée de guidons indiquant la date de l'institution de cette confrérie et les différents brefs d'indulgences dont elle a été honorée. Les demoiselles qui la suivent portent alternativement des oriflammes bleues et blanches, sur lesquelles brillent en lettres d'or les invocations des litanies de la sainte Vierge. Elles sont vêtues de robes blanches avec ruban bleu en sautoir, supportant un grand cœur d'argent.

Élèves du Petit-Séminaire. Ils portent dans une châsse ornée de fleurs les reliques de saint Cheron, leur patron, avec des oriflammes qui rappellent la date et les circonstances de son martyre.

Bannière et association des Dames du Saint-Sacrement, revêtues de noir avec leur grand ruban rouge cramoisi en sautoir.

Conférence de saint Vincent-de-Paul de Chartres, accompagnée de députations des conférences des villes voisines. En tête des membres de cette œuvre figurent la bannière et les reliques de leur patron.

Novices de la communauté des sœurs de Saint-Paul de Chartres. Elles portent dans leurs rangs une riche croix de vermeil renfermant une parcelle de la vraie Croix.

Dames de Saint-Paul de Chartres.

Petites-Sœurs des pauvres.

Sœurs tourières des Carmélites et Visitandines de Chartres.

Sœurs de Bon-Secours.

Sœurs de Saint-Vincent-de-Paul.

La musique du 3e régiment de chasseurs se fait entendre en tête du cortège d'honneur.

Deux escadrons sont échelonnés le long de ce cortège, formant la haie.

Ce cortège marche dans l'ordre suivant :

Un suisse, croix et acolytes ; les enfants de chœur des paroisses, la maîtrise de la Cathédrale, avec ses jolis costumes, les élèves des Séminaires en surplis.

Viennent ensuite les prêtres du diocèse. Nous en comptons plus de deux cents, auxquels sont venus s'adjoindre plus de cent prêtres des diocèses voisins. Au milieu de ce groupe nombreux, nous remarquons un religieux de haute stature et vêtu de blanc; c'est un trappiste, le supérieur des dames trappistines de la Cour-Pétral à Boissy-le-Sec ; après lui, M. l'abbé Levasseur, supérieur-général des PP. de la Miséricorde; M. l'abbé Carrière, supérieur-général de la Congrégation de Saint-Sulpice ; les PP. Maristes; une députation nombreuse du clergé du diocèse du Mans, à la tête de laquelle nous distinguons M. l'abbé Chevreau, grand-vicaire.

Devant la sainte châsse de Notre-Dame de Chartres, marche, en bon ordre, un chœur de cinquante chanteurs, sous la bannière de sainte Cécile.

Huit prêtres en dalmatiques portant la sainte châsse qui renferme le précieux voile de la bienheureuse Vierge Marie.

A quelques pas de la châsse, les curés de canton du diocèse et à leur suite les chanoines honoraires.

Vingt-quatre jeunes clercs, portant les uns des corbeilles de fleurs, les autres des encensoirs, précèdent un brancard, porté par huit prêtres en dalmatiques d'or, et sur lequel est placée la statue miraculeuse de Notre-Dame de Chartres, la tête ceinte de la glorieuse couronne qui lui a été offerte, le matin même, au nom du Souverain-Pontife.

Derrière cette sainte image, Monseigneur l'Evêque de Chartres, assisté de deux archidiacres, et entouré des chanoines titulaires de sa Cathédrale.

Puis, à quelques pas, S. E. le Cardinal-Archevêque de Bordeaux, Monseigneur l'Archevêque de Paris, et les quatre Evêques de Beauvais, de Meaux, de Poitiers et de Blois, chacun assisté de deux archidiacres, et bénissant la foule agenouillée sur leur passage.

Un peloton d'honneur, de la garnison, ferme la marche.

Cette magnifique et mémorable procession a parcouru les rues des Changes, des Grenets, les rue et boulevard Saint-Michel; la rue Regnier, la place des Halles, les rues de la Tonnellerie, du Bois-Merrain, du Grand-Cerf, Sainte-Mesme, du Cheval-Blanc, du Marché-à-la-Filasse. La tête de la procession rentrait par la porte Royale, au moment où la queue quittait à peine la place des Halles. Le défilé demandait au moins trois-quarts d'heure. Vers six heures, à l'instant où le cortége commençait à rentrer dans l'église, un rayon de soleil inattendu se projetait sur les joyeuses bannières et semblait saluer d'une dernière-lueur l'image glorifiée de Marie.

A l'ouverture des portes, la basilique dans l'ombre, l'autel éclairé d'une brillante illumination, la musique militaire, les chants de l'orgue, produisent une vive impression, un sentiment indéfinissable dans l'âme de chaque assistant, à mesure qu'on pénètre dans le lieu saint. Après une vive allocution et de touchants adieux du P. Carboy, prédicateur du Jubilé, le salut du Saint-Sacrement est donné, le *Te Deum* est entonné, et les cloches annoncent la fin de cette cérémonie émouvante, qui laissera de si longs souvenirs dans la cité et dans le cœur de tous ceux qui ont eu le bonheur d'y assister.

Des illuminations variées et ingénieuses, des transparents au chiffre de Marie, des verres de couleurs, des lanternes vénitiennes, prolongent bien avant dans la nuit le saint enthousiasme de la journée.

## CHAPITRE XXVII.

### Fête de la Réconciliation de l'Eglise Sous-Terre.
(17 octobre 1860.)

Nous avons dit dans le chapitre où nous avons traité *des Autels de l'église de Sous-Terre* que la piété de M$^{gr}$ Regnault était parvenue à mener à bonne fin une œuvre gigantesque, celle de la restauration entière de la crypte abandonnée depuis 1793. Les dix nouveaux autels qui, avec ceux de Notre-Dame et des Saints-Forts, doivent compléter les douze autels de la crypte sont en effet aujourd'hui terminés, sinon quant à la décoration des voûtes et des murs latéraux, au moins quant aux autels eux-mêmes ; ils ont été consacrés pour la plus grande partie les 17 et 18 octobre 1860, et nous sommes heureux de pouvoir joindre à notre rapide coup-d'œil sur la cathédrale le récit des fêtes splendides qui ont accompagné ce grand acte de la réconciliation de l'église Sous-Terre. Nous complèterons en même temps ce que nous avons dit de ces divers autels ; nous mentionnerons quelques nouvelles découvertes faites pendant les travaux, et nous trouverons moyen de rectifier une ou deux erreurs qui s'étaient glissées dans notre description de la crypte.

Le mardi, 16 octobre, à cinq heures du soir, toute la partie de la crypte qui n'était pas encore rendue au culte, c'est-à-dire l'aile droite et le pourtour de l'abside, fut réconciliée ou bénite par M$^{gr}$ l'évêque de Chartres. A la suite de cette cérémonie, le gros bourdon de la cathédrale donna le signal à toutes les cloches de la ville d'un concert aérien qui annonçait à tous les habitants la solennité du lendemain.

Le 17, dès six heures du matin, la même sonnerie recommença, et bientôt après des pèlerins arrivaient en foule de tous côtés vers Notre-Dame de Chartres. Deux trains supplémentaires amenaient de la ligne de Paris et de celle du Mans des prêtres et des fidèles et de hauts dignitaires, de plus d'une vingtaine de diocèses, et près de 500 pèlerins de Nogent-le-Rotrou. Ce pèlerinage se composait des paroisses de Saint-Hilaire, de Saint-Laurent et du Petit-Séminaire de Notre-Dame, dont la musique ouvrait la marche. A son arrivée, cette nombreuse caravane, conduite par les curés des paroisses et M. le supérieur du séminaire, se rendit processionnellement de la gare à la cathédrale.

La grande église avait déjà reçu la visite de plus illustres voyageurs : nous voulons parler des prélats qui venaient honorer cette fête de leur présence. Douze ont pu répondre à l'invitation de Mgr l'évêque de Chartres. Ce sont : Mgr de Bonnechose, archevêque de Rouen, président de la fête [1], et, par ordre de sacre, NN. SS. Gignoux, évêque de Beauvais ; Angebault, évêque d'Angers ; Rousselet, évêque de Seez ; Wicart, évêque de Laval ; Pie, évêque de Poitiers ; de Charbonnel, évêque de Toronto ; Palu du Parc, évêque de Blois ; Mabille, évêque de Versailles ; Ginouilhac, évêque de Grenoble ; Sergent, évêque de Quimper ; Devoucoux, évêque d'Evreux. Un de ces prélats portait l'habit des religieux

---

[1] Mgr l'archevêque de Sens, invité à présider la cérémonie, avait été retenu par la célébration des obsèques de Mgr Cœur, évêque de Troyes.

franciscains, c'est M gr de Charbonnel, qui a quitté son siége épiscopal de Toronto ou York, ville du Canada, pour embrasser l'ordre des Capucins.

Avant la grand'messe, Leurs Grandeurs se réunirent dans la chapelle de l'évêché. Mgr de Laval, qui devait célébrer la messe solennelle, était revêtu de ses vêtements pontificaux. Les prêtres, en habit de chœur, remplissaient les salles d'attente et le perron. Au signal donné, ce nombreux clergé, joint aux paroisses de la ville, conduisit processionnellement les prélats à l'église, au chant du psaume *Lœtatus sum in his quæ dicta sunt mihi*, chanté en musique par le chœur de Notre-Dame.

La vieille cathédrale s'était elle-même parée pour la fête : une oriflamme, longue de 20 mètres, flottait sur la pointe de sa flèche rajeunie par le ciseau des restaurations, et 38 mâts vénitiens, de hauteurs différentes, ceints de drapeaux au milieu, déployaient aussi à leur sommet, une large oriflamme aux couleurs de la Vierge, autour du vaste édifice et de la place du Cloître.

L'entrée de cette procession se fit par la Porte-Royale. Le grand orgue touché par M. Cavallo, artiste distingué de Paris, fit aussitôt entendre ses harmonieux accords, jusqu'à ce que NN. SS. les archevêque et évêques eussent pris place sur les trônes qui leur étaient préparés. Partout où devaient siéger Leurs Grandeurs, au chœur et au banc-d'œuvre, de riches draperies de velours galonnées d'or était tendues avec tout l'art et toute l'élégance possibles. Les hautes stalles du chœur qui devaient leur servir de trônes, portaient au-dessus les armoiries de chaque évêque. La chaire était également tendue de velours.

La grand'messe fut chantée en musique. Les voix, les instruments et les orgues ont exécuté cette messe avec un ensemble et un talent musical qu'on ne saurait trop louer et trop admirer. Inutile de dire que l'assistance était nombreuse. La grande nef et les bas-côtés étaient occupés par des masses compactes. Devant le banc-d'œuvre on distinguait les autorités civiles et militaires. Tout l'état-major de la troupe était présent en grande tenue. Outre cette assistance, la vaste étendue des transepts était remplie par une foule de peuple qui refluait encore autour du chœur.

Après l'évangile, l'éloquent évêque de Poitiers, cet illustre enfant du pays, qui avait déjà préconisé les gloires de son auguste patronne, lors de la fête de son Couronnement et célébré le rétablissement de sa statue druidique dans l'église de Sous-Terre, parut dans la chaire pour y poursuivre sa mission de panégyriste de Notre-Dame de Chartres.

Après avoir, dans son exorde, déploré les ravages du temps, le plus grand ennemi des hommes, qui n'épargne pas même les édifices sacrés, qui ne respecte que l'église immortelle du Christ, Sa Grandeur s'attacha à rappeler, dans une homélie, la liturgie catholique sur la dédicace des églises, et à nous instruire en particulier des faits anciens et nouveaux concernant la dédicace centenaire de l'église de Chartres.

Mais la partie la plus pompeuse et la plus intéressante de la fête, ce fut assurément la marche triomphale, dans les rues de la ville, d'une des plus gracieuses et des plus magnifiques processions qu'il soit possible de voir.

Les habitants avaient spontanément suspendu des guirlandes de feuillages et de fleurs et des baldaquins de soie aux fenêtres des maisons, et orné les balcons de verdure et de trophées de drapeaux.

A l'heure des vêpres, M$^{gr}$ l'archevêque, présidant la

cérémonie, et NN. SS. les évêques, précédés du clergé, sortirent de la cathédrale par le portique septentrional et vinrent se ranger, près de la grille, sous la voussure de ce vaste porche, tous la crosse à la main et la mître en tête. Sur les douze degrés de ce triple portique, d'une longueur d'environ 30 mètres, s'étageaient les prêtres et les chanteurs. Un espace de la largeur de la baie centrale s'ouvrait en face des prélats, afin qu'ils pussent voir défiler la procession. Elle se mit aussitôt en marche, sortant avec un ordre admirable de la cour de l'évêché, et s'en allant fendre une multitude de peuple. C'était là un spectacle sur lequel les témoins oculaires ne purent taire leur admiration. Ces pontifes vénérables, assis sous ce portail dédié à la Sainte-Vierge, et comme mêlés aux grandes statues des apôtres et des ancêtres de Marie qui décorent les parois, sous ce portail que saint Louis, roi de France, témoin de la première dédicace du temple en 1260, avait fait construire à ses frais; de chaque côté, sur les degrés, un immense cortége de prêtres, et, au bas, les paroisses, les confréries, les communautés, les corporations avec des bannières, des châsses et des oriflammes, passant devant cette assistance vénérable! tout cela ne peut se dépeindre. Donnons plutôt l'ordre de la procession. Nous ne répéterons pas la description des oriflammes et des bannières, c'étaient presque toutes les mêmes que lors de la procession du 31 mai 1855.

Cinq gendarmes à cheval, quatre trompettes et huit hussards.

La musique, les professeurs et les élèves du petit-séminaire de Notre-Dame de Nogent, groupe présidé par M. l'abbé Genet, chanoine honoraire, supérieur.

Une députation des confréries de la Sainte-Vierge de

plusieurs paroisses voisines de Chartres, entre autres Nogent-le-Phaye, Lucé, Jouy, Saint-Prest, toutes présidées par leurs curés en étole et en chape.

Les pélerins de Saint-Hilaire et de Saint-Laurent de Nogent-le-Rotrou, sous la conduite de MM. Fleury et Chavigny, leurs curés.

Paroisse Saint-Aignan, avec sa bannière, sa confrérie et son clergé. Président M. l'abbé Levassor, chanoine-honoraire, curé de la paroisse.

Paroisse Saint-Pierre. — Bannière de sainte Soline, suivie des jeunes filles de l'ouvroir des Sœurs de Saint-Paul, portant toutes à la main un fort joli bouquet de fleurs aux couleurs virginales. — Ouvroir de la Sainte-Famille, précédé du labarum de Saint-Joseph. — Confrérie de la Sainte-Vierge. Ces trois groupes, variés de couleurs et de décorations, sont présidés par M. l'abbé Dallier, chanoine-honoraire, curé de la paroisse.

Paroisse Notre-Dame avec ses nombreuses corporations et confréries savoir : Bannière de Saint-Clair, portée par les dames poissonnières.

Bâtons de Saint-Christophe et de Saint-Vincent.

Gracieux brancard de Saint-Fiacre, artistement décoré par la corporation des jardiniers.

Quatre groupes de jeunes associés de la Sainte-Enfance de l'un et de l'autre sexe, avec leurs jolies bannières et plusieurs centaines d'oriflammes de couleurs variées. Dans leurs rangs figure entre autres une petite bannière de forme originale envoyée de Chine en *ex-voto* à Notre-Dame.

Les élèves du cours supérieur des Frères des Écoles chrétiennes [1].

---

[1] Ils devaient porter dans leurs rangs la châsse de saint Taurin; mais ce reliquaire ne put sortir de l'église par les portes trop étroites.

Bannière de Notre-Dame de Sous-Terre, suivie d'une centaine de jeunes personnes des pensions, symbolisant les trois séries de mystères du Saint-Rosaire, avec croix, oriflammes, couronnes et décorations, blanches et vertes pour les mystères joyeux, violettes pour les mystères douloureux, roses pour les mystères glorieux; triple groupe d'un charmant effet, composé, en majeure partie, par les élèves des Dames de Saint-Paul et des Dames de la Providence, et présidé par M. l'abbé Binet, leur supérieur.

Bannière et châsse de Saint-Piat.

Ecole normale.

Bannières de Notre-Dame de l'Assomption et de Notre-Dame du Pilier.

Ouvroirs du Saint-Cœur de Marie et de la Maison Saint-Michel.

Précieux reliquaire contenant une portion du manteau de Saint-Joseph, donnée par S. S. le Pape Pie IX à Monseigneur et par Monseigneur à la Confrérie de Notre-Dame de Chartres.

Confrérie de Notre-Dame de Chartres, représentée par une députation de cent cinquante congréganistes, portant, sur de grands guidons bleus et blancs, les quarante-cinq invocations des litanies de la Sainte-Vierge. Président du groupe, M. l'abbé Bulteau, ancien vicaire de la Cathédrale.

Bannière de Notre-Dame de la Brèche.

Jeunes élèves de l'institution Notre-Dame de Chartres. Dans leurs rangs figurent le reliquaire de Saint-Faustin et de larges oriflammes de couleurs différentes et ornées d'inscriptions rappelant les dates les plus mémorables et les plus glorieux souvenirs de l'histoire du culte de la Sainte-Vierge à Chartres.

Petit séminaire de Saint-Chéron, avec la bannière de l'Immaculée-Conception, les guidons des neuf Chœurs des anges, des trois Vertus théologales et des sept Dons du Saint-Esprit.

Nouvelle et jolie bannière du Sacré-Cœur de Marie, suivie des Dames religieuses de toutes les Communautés de la ville.

Sœurs de Notre-Dame de Chartres, présidées par M. l'abbé Manceau, chanoine honoraire et secrétaire de l'évêché.

Sœurs et novices de la maison-mère de Saint-Paul, présidées par M. l'abbé Compagnon, chanoine honoraire et premier chapelain.

Sœurs tourières des Carmélites et des Visitandines.

Sœurs de Bon-Secours.

Petites Sœurs des Pauvres.

Filles de la Charité.

Précieuse relique du chef de sainte Anne.

Bannière de Saint-Vincent-de-Paul, suivie des membres des conférences de Chartres et de Dreux, portant les reliques de saint Vincent, leur patron.

Après les bannières et les députations des trois paroisses venaient, groupés derrière la croix du Chapitre, les enfants de la Maîtrise, portant dans leurs rangs une parcelle insigne du chef de saint Lubin, donnée le matin même à la cathédrale par M$^{gr}$ l'évêque de Blois.

Le grand séminaire.

Un chœur de chanteurs.

La musique du 5$^e$ hussards, dont les religieuses fanfares ne contribuèrent pas peu à la solennité de la cérémonie.

Trois à quatre cents ecclésiastiques et chanoines, tant du diocèse que de diocèses étrangers, et parmi eux le

R. P. Louis de Gonzague, supérieur général de l'ordre de Prémontré en France.

Puis la sainte châsse contenant l'insigne relique du voile de la Mère de Dieu, honoré à Chartres comme le palladium de la cité.

Enfin, immédiatement derrière la sainte châsse, NN. SS. les archevêque et évêques dans l'ordre suivant :

Mgr REGNAULT, évêque de Chartres ;
Mgr DEVOUCOUX, évêque d'Evreux ;
Mgr SERGENT, évêque de Quimper ;
Mgr GINOULHIAC, évêque de Grenoble ;
Mgr MABILLE, évêque de Versailles ;
Mgr PALU DU PARC, évêque de Blois ;
Mgr DE CHARBONNEL, évêque de Toronto ;
Mgr PIE, évêque de Poitiers ;
Mgr WICART, évêque de Laval ;
Mgr ROUSSELET, évêque de Séez ;
Mgr ANGEBAULT, évêque d'Angers ;
Mgr GIGNOUX, évêque de Beauvais ;
Mgr DE BONNECHOSE, archevêque de Rouen.

Après avoir parcouru les rues du Cheval-Blanc, Sainte-Même, du Cygne, la place Marceau, la rue de la Pie et la rue des Changes, la procession vint stationner sur la place Billard, pour offrir là encore une de ces grandes scènes religieuses qu'on est heureux de contempler une fois dans sa vie.

Au milieu de cette place régulière, on avait dressé un vaste trône richement orné de tapisseries. Lorsque tout le corps de la procession se fut replié deux fois sur lui-même autour de la place, NN. SS. les archevêque et évêques montèrent sur l'estrade et s'y disposèrent en demi-cercle, derrière la Sainte-Châsse. Alors la foule innombrable qui encombrait les abords de la place s'approcha, se resserra le plus près possible du trône, et les treize princes de l'Eglise entonnèrent d'une commune voix le chant sublime de la Bénédiction Pontificale, et leurs mains sacrées s'étendirent sur des milliers de fronts inclinés, dominés par le sentiment religieux et par l'influence mystérieuse des cérémonies catholiques.

La procession reprit sa marche vers la cathédrale, pendant que Leurs Grandeurs se reposaient sur l'estrade des fatigues du trajet. Mais une autre procession devait succéder à celle-ci, plus émouvante encore et d'un effet plus saisissant : c'était celle de l'église souterraine, cette procession aux flambeaux, qui devait renouveler cette ancienne fête des *Lumières* tant aimée de nos aïeux.

Lors donc que cette procession fut rentrée à la cathédrale et eût enceint l'immense nef et le chœur, pendant qu'un salut solennel du Saint-Sacrement était chanté en musique, elle recommença sous-terre le circuit qu'elle venait d'opérer dans l'église supérieure et descendit par la porte qui se trouve sous le clocher neuf pour déboucher par celle qui ouvre sous le vieux clocher. NN. SS. les archevêque et évêques suivaient tenant des flambeaux.

Le coup-d'œil qu'offrait alors la crypte est indescriptible. Ces longues galeries souterraines étaient illuminées, de chaque côté de la voûte, de quarante lustres portant une double couronne de bougies. Les chapelles étincelaient de mille feux suspendus aux voûtes, ou rayonnant sur les autels. Ces faisceaux de lumières faisaient scintiller l'or des peintures murales, se réflétaient sur les draperies de velours et permettaient de contempler l'admirable décoration de la crypte.

Tout le pourtour du rond-point faisant face aux chapelles avait été tendu d'une longue draperie de velours aux torsades et aux galons dorés. Les chapelles de Saint-Jean-Baptiste et de Saint-Joseph, élégamment revêtues d'étoffes de soie et de velours, étaient les plus richement décorées. Celles de Saint-Fulbert et de Saint-Yves restaurées, l'une par Mgr de Poitiers et l'autre par Mgr de Chartres, offraient, par l'ensemble harmonieux de leurs peintures murales, une idée de ce que doit être bientôt la restauration complète des chapelles, confiée au bon goût et au savoir profond de M. Paul Durand. La chapelle de Sainte-Anne avait été ornée de guirlandes de verdure courant sur la voûte ou serpentant aux murailles. La chapelle de Saint-Martin offrait aussi une belle décoration de guirlandes et de tapisseries. Enfin, au fond de la chapelle Saint-Nicolas, un transparent représentant l'image de Notre-Dame de Sous-Terre, au milieu de végétations symboliques, attirait les regards surpris par un très bel-effet de lumière. En face, la chapelle de Saint-Clément et Saint-Denis n'avait d'autre ornement que ses peintures murales du XII$^e$ siècle, échappées aux ravages du temps.

En passant devant chacune de ces chapelles, le cortége épiscopal s'arrêtait pour invoquer trois fois les saints auxquels ces chapelles sont dédiées.

La cathédrale offrait aussi pendant cette cérémonie de très-belles illuminations. Au dessus de l'autel principal, plusieurs lustres et couronnes rayonnaient sur le fond ténébreux des grandes baies ogivales. Les arcades des galeries de l'abside se dessinaient en lignes de feu, et une étoile brillait au milieu de chacune des arcatures.

A l'entrée du chœur, de chaque côté d'une couronne illuminée portant le chiffre de Marie, on lisait en lettres de feu deux dates qui à elles seules rappelaient l'objet principal de cette fête séculaire : 1260-1860.

Au-dessus des galeries des transepts étaient tracés également en caractères flamboyants, du côté septentrional : *Dominæ carnutensi*, et de l'autre : *Carnutum tutelæ*. Au-dessus de la porte royale, à l'intérieur, étincelait l'antique légende : *Virgini pariturœ*. Ensuite tout autour de l'immense basilique, les galeries étaient ornées par des guirlandes de feu. D'une arcature à l'autre une girandole de lumières était suspendue, rattachant toutes les colonnettes entre elles et attirant les yeux sur ce chef-d'œuvre immortel d'architecture.

Au sortir de l'église de sous-terre, le clergé reconduisit solennellement NN. SS. les archevêque et évêques au chant du *Te Deum*. Le cortége fit une courte station devant la chapelle de la Vierge-du-Pilier. Les prélats se rangèrent en demi-cercle pour y achever le cantique d'actions de grâce.

Si la cérémonie était terminée pour le clergé, elle ne l'était pas pour le public. Jamais la cathédrale de Chartres ne vit une multitude aussi nombreuse se précipiter avec tant d'empressement dans la crypte séculaire. On eût dit que le flot grossissait toujours à mesure qu'il s'écoulait par l'étroite galerie.

Le matin même de la fête du 17 octobre, l'autel de Saint-Lubin avait été consacré par Mgr l'évêque de Blois, qui avait offert, comme nous l'avons dit, une relique insigne du chef de Saint-Lubin. Au même moment Mgr de Toronto consacrait également l'autel principal de l'abside dédié à Saint-Jean-Baptiste. Le lendemain, Mgr de Chartres consacra l'autel de Sainte-Anne, Mgr de Poitiers celui de Saint-Fulbert, Mgr de Toronto celui de Sainte-Madeleine, Mgr d'Evreux celui de Saint-Joseph et Mgr de Blois celui de Saint-Martin. Enfin, le mercredi 25 octobre, jour de l'octave de la fête, M<sup>gr</sup> Regnault consacra l'autel de Saint-Yves. Deux autels restent donc encore à consacrer, ceux de Saint-Nicolas et de Saint-Clément et Saint-Denis.

Il nous reste maintenant, comme nous l'avons dit, à compléter la description des autels et des chapelles, telle que nous l'avons faite aux chapitres XIII et XIV de cette histoire.

La *chapelle de Notre-Dame* a toujours la même décoration que nous avons décrite précédemment, mais en blanchissant les murs, on a découvert, sur les parois de droite, des peintures murales du XIIIe siècle, autres que celles dont nous avons déjà parlé. Elles représentent *la présentation au temple* (deux femmes, l'enfant Jésus et Siméon); *le massacre des Innocents* (on distingue très-bien le diable sur l'épaule d'Hérode, un soldat est très bien conservé); *la fuite en Égypte* (on aperçoit la Vierge et l'Enfant-Jésus; on reconnaît aussi la croupe de l'âne et un arbre dans la campagne). Tous les personnages sont à peu près de grandeur naturelle.

Dans la *chapelle de Sainte-Véronique*, aujourd'hui sacristie, on a placé deux très-beaux bahuts du commencement du XVIe siècle. Cette chapelle, celles de Saint-Fulbert, de Saint-Yves, et de Sainte-Madeleine furent construites, ainsi que nous l'avons dit, immédiatement après l'incendie de 1194; mais les autres chapelles, loin d'être postérieures, appartiennent certainement au XIe siècle : on y trouve même, comme nous le ferons remarquer, quelques parties qui remontent à une époque antérieure à l'incendie de 1020. Indiquons une fois pour toutes que, après la révolution de 1793, on enleva le pavé de toute la crypte et on brisa les barreaux de presque toutes les fenêtres. Aujourd'hui le pavé des chapelles est composé de carreaux en terre cuite de couleur rouge et blanche, fabriqués exprès et dont les dessins, variés à l'infini, produisent un effet charmant.

*Chapelle de Saint Joseph.* — L'autel offre au centre une croix en relief entourée d'un nimbe et de chaque côté une branche de lis. Outre les peintures murales découvertes sur les murs derrière l'autel, on a reconnu que la voûte avait été au XIII<sup>e</sup> siècle ornée d'un semis de lis et de roses qu'on n'a pu conserver, mais qu'on reproduira dans la suite. On a également trouvé à gauche de l'autel une fenêtre du X<sup>e</sup> siècle et quelques fragments de murs appartenant certainement à l'église primitive. Dans cette chapelle est déposé le riche reliquaire renfermant la portion du manteau de Saint-Joseph, donnée à M<sup>gr</sup> l'Evêque de Chartres par S. S. Pie IX. — La restauration de cette chapelle est due au zèle des membres de la confrérie de Saint-Joseph.

*Chapelle de Saint-Fulbert.* — Sur l'autel, on voit trois arcades avec des croix byzantines. La voûte et les murs sont peints à la détrempe en blanc. Le soubassement représente une draperie en ocre jaune ; au-dessus du soubassement est un rinceau contenant au milieu le monogramme du Christ, et à chaque bout A et Ω. — Cette chapelle, entièrement terminée, produit, dans sa fraîcheur et sa simplicité, l'effet le plus ravissant.

*Chapelle de Saint-Jean-Baptiste.* — Cette chapelle qui, est celle de l'abside, est la principale de la crypte, après celle de Notre-Dame : aussi est-elle plus richement décorée que les autres. La table de l'autel est ornée de rosaces en relief et de têtes de clous en creux dans le style du XI<sup>e</sup> siècle. Au milieu de l'autel est une croix grecque entourée de sortes de fleurs-de-lis en relief. Quatre pilastres carrés, se liant au massif de l'autel, supportent la table : les chapiteaux de ces pilastres sont ornés de feuilles très-bien sculptées ; le fût est ciselé de têtes de clous.

La fenêtre du fond est ornée d'un vitrail dans le style oriental, parfaitement conçu et très heureusement exécuté, sur les dessins de M. P. Durand, par M. Eug. Moulin, artiste de Dreux. L'auteur du dessin a représenté saint Jean-Baptiste avec des ailes, en souvenir de ces paroles de l'Écriture : *Ecce mitto angelum meum ante te.* Autour de la tête du Précurseur, on lit ces mots : *Sanctus Johannes precursor Domini et Baptista.* Aux pieds du Saint, on voit deux arbres, dont l'un a une hache attachée à son tronc. C'est encore un souvenir de l'Écriture Sainte comme nous l'explique cette inscription qui se lit sur la banderole que tient saint Jean-Baptiste : *Penitentiam agite; appropinquavit enim regnum celorum; omnis arbor quæ non facit fructum bonum excidetur et in ignem mittetur; jam enim securis ad radicem...*

La voûte de la chapelle est peinte en bleu avec un semis d'étoiles d'or très-fines et très serrées. Sur une bande qui est au milieu, on voit les symboles de la Trinité : une main, un agneau et une colombe avec des inscriptions tirées de l'Évangile de saint Jean lors du baptême de Notre-Seigneur. Le reste de la bande est orné de monogrammes, de croix et d'abeilles, souvenir du séjour de saint Jean dans le désert.

On ne saurait trop faire l'éloge de la décoration de cette chapelle, dont le moindre détail a une signification profonde : on reconnaît bien là l'artiste habile qui avait présidé à la décoration de l'autel de Notre-Dame. Il fallait être comme lui versé dans la connaissance des œuvres du Moyen-Age et dans la science des Saintes-Écritures pour composer un tout où le moindre détail s'harmonise si parfaitement avec l'ensemble.

En face de cette chapelle, on a placé, dans une niche contre le mur, une très-belle statue de Vierge du XVIe siècle, et à ses deux côtés saint Jean et un évêque.

*Chapelle de Saint-Yves.* — Autel très simple, sans dorure. Au milieu, dans une niche ornée de dents de scie et de têtes de clous, une croix byzantine; au-dessous des bras A et Ω; dans les marches qui supportent cette croix une petite excavation d'où sort de l'eau, et cette inscription *Fons vitae*. De chaque côté le monogramme du Christ dans une branche d'olivier formant une couronne. Le crucifix de l'autel est placé sous un palmier, ancienne exposition du Saint-Sacrement sur le grand autel de l'église supérieure. Dans les fenêtres sont peintes les armoiries de S. S. Pie IX et de Mgr l'évêque de Chartres, restaurateur de cette chapelle. La voûte est peinte à la détrempe d'un ton d'ocre jaune très-pâle, ornée d'un semis de petites croix et d'étoiles en ocre rouge. Sur les murs latéraux sont figurés en ocre rouge des assises de pierre; au dessous est un rinceau, et enfin un soubassement où sont peints comme un ornement de broderie, un E et un R. Enfin sur les murs sont des niches, dans le style du XIIIe siècle, destinées à encadrer des représentations de Saints.

*Chapelle de Sainte-Anne.* — L'autel est formé de treize petites arcades, douze portent des palmes pour signifier les douze Apôtres, et au milieu est une croix ornée de petits rinceaux. La fenêtre du fond est ornée d'un fort beau vitrail, exécuté comme celui de la chapelle de Saint-Jean-Baptiste, par M. E. Moulin. Il représente sainte Anne tenant la Sainte-Vierge dans ses bras; on lit au bas de l'inscription : *Ave mater Anna*. C'est une très-heureuse imitation, tout-à-fait dans le style de la chapelle, de l'image de sainte Anne qui se voit dans l'église supérieure. On voit dans cette chapelle deux reliques très-précieuses celle du chef de sainte Anne, rendu à la cathédrale par les dames de la Providence et sur lequel autrefois les chanoines prêtaient serment lors de leur profession de foi, et celle du chef de saint Mathieu. — La restauration de cette chapelle a été entreprise par l'Œuvre des Mères Chrétiennes ; le vitrail a été donné par M. le marquis et madame la marquise de Pontoi-Pontcarré, dont les armoiries seront figurées au-dessous de l'image de sainte Anne.

*Chapelle de Sainte-Madeleine.* — L'autel est orné au milieu d'une croix en retraite dans un cercle, accompagnée de chaque côté d'un rameau portant du blé et du raisin. La fenêtre principale est occupée par un grand vitrail, habilement exécuté dans un atelier de Tours, mais dont malheureusement on sent que le dessin est beaucoup trop moderne et nullement en rapport avec le style de la crypte. Ce vitrail représente la Madeleine au pied de la Croix, au bas sont les armoiries du Pape et de M$^{gr}$ Regnault. Dans l'épaisseur du mur de droite de cette chapelle, on a encore retrouvé une petite fenêtre du X$^e$ siècle et des fragments de mur avec des briques mises sur champ.

Notons encore en passant, encastrée dans la muraille en face de l'entrée du côté du midi, une pierre marquée d'un *labarum* qui appartient certainement aux premiers âges chrétiens et un fragment d'inscription qui paraît également remonter à ces époques reculées.

*Chapelle de Saint-Martin.* — L'autel est porté par un mur par derrière et deux colonnes par devant. La table est décorée de douze colombes avec des lys, symboles des douze Apôtres et de la candeur de leur foi : au milieu est la croix avec le monogramme z $\underset{c}{\Omega}$ н ($\overset{\Phi}{}$ la lumière et la vie). Cette chapelle, où, comme nous l'avons dit, sont déposés les restes du jubé, est fermée par une grille en bois, d'un travail remarquable. — La restauration est due aux membres de la Société de Saint-Vincent-de-Paul.

*Chapelle de Saint-Nicolas.* — L'autel est appuyé contre le mur et porté par-devant sur deux pilastres, décorés de couronnes et de feuilles d'olivier. La table a une croix au centre, avec cette inscription IC. XP. NIKA (Jésus-Christ vainqueur), et de chaque côté une branche de lierre (l'immortalité). Sur le mur on voit le monogramme du Christ.

*Chapelle de Saint-Clément et de Saint-Denis.* — La table porte contre le mur et repose par devant sur deux pilastres carrés. Sur l'épaisseur de cette table on voit le monogramme du Christ (XP), disposé de manière à former une croix, et de chaque côté six croix entrelacées d'un rinceau. Sous l'épaisseur de la table sont trois croix, symbole de la Trinité. Outre les peintures murales que nous avons déjà décrites dans cette chapelle, on a encore retrouvé sur le mur de gauche qui fait face à l'autel une large bande décorée de médaillons renfermant des lions byzantins.

*Chapelle de Saint-Lubin.* — La table de l'autel dont on peut faire le tour est ornée d'un rinceau formé d'un I et d'un X et de croix s'entrelaçant. Les quatre piliers sont ornés d'une tige de lis fleuri, en souvenir de ce texte de l'Écriture : *terra germinet Salvatorem*. Sur les chapiteaux sont des croix. La grille, chef-d'œuvre de serrurerie, contient deux problèmes de serrurerie, enchâssés dans des rinceaux. On voit dans cette chapelle un joli reliquaire contenant la précieuse relique donnée par Mgr de Blois.

## CHAPITRE XXVIII.

### Dévotions établies et offices célébrés dans la Cathédrale de Chartres.

Tous les jours de l'année, messe capitulaire à neuf heures, vêpres à trois heures.

Les dimanches et fêtes, messe de paroisse à neuf heures, messe capitulaire à dix heures et demie, vêpres à trois heures, ensuite le salut du Saint-Sacrement.

M$^{gr}$ l'Évêque officie ordinairement, en grande pompe, aux fêtes de Pâques, de la Pentecôte, de l'Assomption, de la Toussaint, de Noël, et le Jeudi-Saint pour la consécration des Saintes-Huiles.

Le mercredi des Cendres, il bénit solennellement les cendres et les impose à son clergé. Le Jeudi-Saint, à deux heures et demie, il lave les pieds à douze pauvres vieillards, dans l'avant-chœur de la cathédrale.

Les Matines sont chantées au chœur la veille des fêtes annuelles et de toutes les fêtes de la Sainte-Vierge.

Le dimanche de la Quinquagésime et les deux jours suivants, prières des quarante heures avec exposition du Saint-Sacrement. Le dimanche, on célèbre l'office de la Réparation et l'on fait la procession à l'intérieur de l'église après complies. Le lundi et le mardi, il y a salut seulement le soir.

Le jour du Mercredi-Saint, à ces paroles de l'Evangile *Et le voile du temple se déchira*, on enlève le voile qui est entre le sanctuaire et le chœur.

Quatre fois par an, les dimanches qui suivent les semaines des Quatre-Temps, le Saint-Sacrement est également exposé toute la journée, et il y a procession le soir après les vêpres.

La procession de la Fête-Dieu se fait, au dehors, le dimanche dans l'Octave, dans la haute et la basse ville alternativement.

Tous les jours, la messe capitulaire est dite pour les bienfaiteurs de l'église, et de plus, tous les trois mois, en janvier, avril, juillet et octobre, on célèbre un service solennel à la même intention.

Aux fêtes de Pâques, de la Pentecôte, de la Purification, de l'Annonciation et de la Nativité, avant le salut, procession solennelle en l'honneur de la Sainte-Vierge.

Le jour de l'Assomption, cette procession se fait à l'extérieur, dans les rues de la ville, et l'on y porte la relique de la Sainte-Vierge.

Le dimanche le plus rapproché du 26 août, procession à l'intérieur de l'église, où l'on porte également la châsse de la Sainte-Vierge, en reconnaissance de la cessation du *choléra* en 1832.

Le jour de la Conception, on va processionnellement à la crypte.

On fait aussi une procession à la crypte, le soir du 15 septembre, octave de la Nativité de la Sainte-Vierge, en mémoire de l'inauguration de la nouvelle statue de Notre-Dame-de-sous-terre, en 1857.

Le 15 mars, avant la messe capitulaire, procession à la chapelle de Notre-Dame-de-la-Brèche, en actions de grâces de la délivrance de la ville de Chartres en 1568.

Pendant le mois de mai, tous les soirs, exercice du

mois de Marie, et, le dernier jour, procession à l'intérieur de l'église où est portée la statue de Notre-Dame-du-Pilier, pour perpétuer le souvenir du couronnement solennel de la même madone qui eut lieu, à pareil jour, au nom de S. S. Pie IX, en 1855.

Parmi les fêtes plus particulièrement propres à la cathédrale, nous citerons celle de saint Laumer, abbé, le 19 janvier; celle de saint Aventin, évêque de Chartres, le 4 février; le 9 du même mois, celle de sainte Appolline, dont les reliques sont ce jour-là exposées à la vénération des fidèles à l'autel de Notre-Dame sous-terre. Le 20 avril, on célèbre la fête de saint Yves, évêque de Chartres; le 28 mai, celle de saint Cheron, martyr; le 26 juin, celle de saint Adéodat, évêque de Chartres, et enfin, le 1er octobre, la fête de saint Piat, martyr, dont le corps est, comme nous l'avons dit, conservé à la cathédrale.

Le 17 octobre, on célèbre l'anniversaire de la dédicace de l'église de Chartres en 1260. C'est à l'occasion du sixième anniversaire séculaire de cette dédicace que notre ville a été témoin des fêtes mémorables racontées par nous dans le chapitre précédent.

Trois confréries sont établies à la Cathédrale : l'une en l'honneur du Saint-Sacrement, la seconde en l'honneur du Sacré-Cœur de Jésus, la troisième en l'honneur du Saint-Cœur de Marie.

Le premier jeudi de chaque mois, messe basse à la chapelle de Saint-Piat pour les associés de la confrérie du Saint-Sacrement.

Le premier vendredi de chaque mois, salut le soir à la chapelle du Sacré-Cœur de Jésus.

La fête du Saint-Cœur de Marie se célèbre à la messe paroissiale le dimanche qui suit le 8 février.

Le premier dimanche de chaque mois, après les offices du soir, procession solennelle de la confrérie de la Sainte-Vierge.

Le troisième samedi de chaque mois, salut le soir à la chapelle du Saint-Cœur de Marie.

---

## CHAPITRE XXIX.

### Description des Vitraux de la Cathédrale.

Nous avons déjà dit quelques mots (p. 30) des admirables verrières de la Cathédrale de Chartres ; les bornes que nous avions voulu nous proposer en rédigeant ce petit livret nous avaient forcé de nous contenter d'une appréciation générale : depuis, différentes personnes nous ont fait un reproche de notre brièveté ; elles ont émis le désir d'avoir des notions plus précises sur ces grands poèmes du XIII<sup>e</sup> siècle peints en couleur dans les splendides vitraux de cette époque. Nous voulons tenter de combler la lacune volontaire que nous avions faite en commençant notre récit : pour les vitraux, comme pour les groupes du *tour du chœur*, nous indiquerons les sujets traités par les artistes, et afin de mieux familiariser nos lecteurs avec ces joyaux de l'église Notre-Dame que la grande hauteur empêche souvent de bien distinguer, nous joindrons à notre analyse quelques figures que nous devons à la bienveillante communication de M. Ed. Charton, directeur du *Magasin pittoresque* [1].

Nous commencerons notre description par la grande rose du portail royal et les fenêtres situées au-dessous; nous parlerons ensuite des vitraux de l'étage supérieur en commençant à gauche près du clocher-neuf et continuant jusqu'au sanctuaire, puis revenant du sanctuaire au clocher-vieux, et enfin nous passerons en revue les vitraux de l'étage inférieur en suivant le même ordre.

L'église de Chartres possède encore aujourd'hui, en verres du siècle de saint Louis, 3 grandes roses de douze mètres environ de diamètre, 115 grandes lancettes, 23 roses moyennes et 6 petites roses, renfermant 3,889 figures peintes. Les 3 grandes roses sont placées à l'occident au-dessus du portail royal, au nord au-dessus du portail septentrional et au sud au-dessus du portail méridional; les moyennes roses couronnent les lancettes géminées des fenêtres supérieures; les petites enfin sont situées à l'étage inférieur, à droite et à gauche de l'abside.

Dans le nombre de ces vitraux ne sont pas comprises une grande verrière en grisaille du XIVe siècle, qui garnit une fenêtre placée dans le couloir conduisant de la sacristie à la cathédrale, et sept autres verrières qui se trouvent dans la chapelle de Saint-Piat et dont nous allons donner la rapide description :

I. (A gauche en entrant.) *Saint Denis* et *saint Laurent*, figures du XIVe siècle; *la Géométrie* et *les autres*

---

[1] Nous avons déjà cité la *Description de l'église de Chartres*, par M. l'abbé Bulteau. C'est cet excellent ouvrage qui va surtout nous servir de guide dans l'étude que nous entreprenons.

*arts libéraux*, allégories du XV⁰ siècle : au sommet, *la Vierge enlevée au Ciel*.

II. On ne voit plus qu'*une Annonciation* en grisaille et deux anges thuriféraires.

III. *Martyre de saint Etienne*. Vitrail aujourd'hui détruit : on ne distingue plus que les deux Juifs qui jettent des pierres.

IV. (A l'abside.) *Saint Turiaf, sainte Cécile, saint Piat* et *trois autres saints*. Dans le tympan, le *Jugement dernier*.

V. *La sainte Vierge tenant l'enfant Jésus*. Au sommet, *la Trinité*

VI. *Grisaille* du XIV⁰ siècle. Dans le tympan, *Goliath et David*.

VII. *Grisaille*, aux armes du Chapitre, presque entièment détruite.

Rose occidentale. — Le *Jugement dernier*. Jésus est assis sur des nuages au centre d'une auréole ; il est entouré d'anges et d'apôtres. A droite et à gauche on voit les morts sortir de leur tombeau.

I. Les trois fenêtres placées au-dessous de la rose occidentale sont du XII⁰ siècle. La première à gauche offre les scènes principales de *la Passion* et de *la Résurrection de Jésus-Christ ;*

II. La seconde plusieurs traits de l'*Enfance du Sauveur ;*

III. La troisième l'*Arbre de Jessé*, c'est-à-dire la tige généalogique de Jésus-Christ. Dans le bas du vitrail, le vieux Jessé est couché sur un lit ; de sa poitrine sort l'arbre de la généalogie divine, entre les branches duquel s'échelonnent David, Salomon, Roboam et Abias, quatre des ancêtres du Christ. Après Abias vient la sainte Vierge couronnée comme une reine; enfin, au sommet de la tige, Jésus entouré des sept dons du Saint-Esprit [1].

IV. Le premier vitrail supérieur dans la nef offre la *Tentation de Jésus-Christ au désert*.

V. Trois prophètes assis, avec leurs noms: *Jonas, Daniel, Habacuc*.

Dans la rose, *un évêque*, en habits pontificaux, et à ses côtés deux hommes en posture de suppliant.

VI. *Saint Laurent* et son martyre.

VII. *Saint Étienne* et sa lapidation. Dans le bas, des tisserands qui sont à leurs métiers.

Dans la rose, *saint Lubin :* deux taverniers lui offrent deux vases pleins de vin.

VIII. *Quatre apôtres*, et dans le bas, des pelletiers et drapiers, donateurs du vitrail.

IX. *Saint Nicolas*, et au-dessous des mégissiers fabriquant des escarcelles et préparant des peaux.

Dans la rose, *saint Thomas de Cantorbéry*, assis entre deux guerriers en cotte de mailles qui implorent sa protection.

X. *Six apôtres*, en tunique et manteau.

XI. *Un apôtre* d'une stature colossale, et sous ses pieds des changeurs qui vident des sacs de monnaie sur une table.

---

[1] Ce magnifique vitrail a été reproduit en chromolithographie, avec une rare perfection, dans la 6ᵉ livraison de la *Monographie de l'église de Chartres*. Il forme 3 planches, sous le nº 58, dessinées par M. Em. Beau, d'après les calques de notre si habile et si savant compatriote et ami, M. Paul Durand.

Dans la rose, *Marie tenant sur ses genoux les sept dons de l'Esprit-Saint.*

XII. *Saint Gilles* et un trait de sa vie : dans la bordure, deux portefaix chargés d'un ballot.

XIII. *Saint Georges de Cappadoce et son martyre* [1].

Dans la rose, *saint Georges à cheval terrassant un long serpent.*

XIV. *Jésus-Christ,* et dans le bas le Sacrifice d'Abraham. La partie inférieure du corps de Jésus-Christ a été enlevée au XVIIIe siècle afin d'éclairer les orgues.

XV. *Le sacrifice d'Abraham,* mais très-incomplet ; six panneaux ont été défoncés.

Dans la rose, une scène d'agriculture : *trois personnages conduisant une charrue attelée de deux chevaux.*

XVI. *Saint Martin* et un *autre saint.* Vitrail incomplet ; six panneaux ont été enlevés.

XVII. *Saint Martin partageant son manteau ; Jésus-Christ apparaissant à saint Martin.* Ce vitrail est coupé dans son milieu par six panneaux de verre blanc.

Dans la rose, *Marie tenant l'Enfant-Jésus,* et à ses côtés le donateur et sa femme en posture suppliante.

XVIII (Dans le transsept septentrional). *Mort, Assomption et Couronnement de la Sainte-Vierge.*

XIX. *Naissance et Présentation de Jésus.* Dans le bas, le donateur, Philippe de Boulogne, à genoux.

Dans la rose, *Philippe, comte de Boulogne,* en guerrier, monté sur un cheval blanc.

XX. L'*Annonciation* et *la Visitation.* Au bas, Mahaut, femme de Philippe de Boulogne.

---

[1] Ce vitrail a été reproduit dans la *Monographie* ( 5e livr., n° 63).

XXI. Vitrail détruit en 1791. Il représentait deux traits de la vie de saint Joachim et de sainte Anne. La donatrice était Jeanne de Boulogne, comtesse de Chartres.

La rose a été également dégarnie de sa vitrerie du XIII<sup>e</sup> siècle; elle a aujourd'hui au centre une Vierge en grisaille du XIV<sup>e</sup> siècle.

XXII et XXIII. Ces deux fenêtres et la rose sont garnies de grisailles du XIII<sup>e</sup> siècle.

ROSE SEPTENTRIONALE. — Cette rose est appelée *Rose de France* parce qu'elle a été donnée par saint Louis. Le sujet qui s'y trouve peint est la *Glorification de la Sainte-Vierge*.

XXIV, XXV, XXVI, XXVII et XXVIII. Les cinq fenêtres placées sous la Rose offrent Marie entourée des personnages figuratifs de l'Ancien Testament. Au centre, *sainte Anne* debout, tenant dans ses bras la petite Marie : à droite, 1° *David*, et sous ses pieds Saül se perçant de son épée; 2° *Melchisedech*, et au bas Nabuchodonosor adorant son idole : à gauche, 1° *Salomon*, et sous lui Jéroboam encensant les veaux d'or; 2° *Aaron*, et au-dessous Pharaon englouti par la mer Rouge.

XXIX. *Saint Thomas* et *saint Barnabé*.

XXX. *Saint Judes* et *saint Thomas*.

Dans la rose, *Jésus-Christ* assis sur un siége, entre le soleil et la lune.

XXXI. *Saint Philippe* et *saint André*.

XXXII. *Saint Judes* et *saint Philippe*.

Dans la rose, un *ecclésiastique*, debout devant l'autel : c'est le donateur des quatre vitraux précédents, au bas de chacun desquels il est représenté.

XXXIII. *Conversion, Baptême et Martyre de saint Eustache.*

XXXIV. *L'Annonciation, la Naissance du Sauveur, l'Adoration des Mages.*

Dans la rose, *Jésus* assis sur un siége, entre le soleil et la lune.

XXXV (Premier vitrail du chœur, à gauche). — *Marie* assise sur un trône, tenant son fils sur ses genoux.

XXXVI. *Deux groupes de pèlerins :* dans le bas, Robert de Berou, chancelier de Chartres, agenouillé devant un autel.

Dans la rose, *Jésus-Christ* sur son trône.

XXXVII et XXXVIII. Vitraux détruits en 1788. Le premier représentait deux traits de la vie de saint Jean-Baptiste, avec la donatrice, Jeanne de Dammartin. Le second rappelait deux épisodes de la vie de saint Jacques, avec la figure de saint Ferdinand de Castille.

Dans la rose, *saint Ferdinand de Castille*, en guerrier, monté sur un cheval brun et accompagné d'un lévrier.

XXXIX. *Guérison d'un paralytique et d'une muette par saint Martin.*

XL. *Saint Martin partageant son manteau ; Jésus-Christ lui apparaissant.*

Dans la rose, Jean Ier de Châtillon, comte de Chartres, donateur des deux vitraux précédents, au bas desquels il est représenté.

XLI et XLII. Vitraux détruits en 1773. Ils étaient tous deux dédiés à saint Denis : on y voyait l'image de saint Louis et celle de son fils, Louis de France, mort en 1260.

Dans la rose, *saint Louis*, couvert de son armure de guerre ; il monte un cheval blanc et porte le guidon

— 232 —

d'azur parsemé de lys d'or. Nous en reproduisons la figure.

XLIII (Première fenêtre de l'abside). *Aaron et un ange thuriféraire*. Au-dessous, Geoffroy, seigneur d'Illiers, donateur ; sa femme Adeline, et ses deux fils Guillaume et Geoffroy.

XLIV. *Ezéchiel, David et un Séraphin*, orné de six ailes dont deux sont couvertes d'yeux. Dans le bas, des bouchers découpant de la viande.

XLV. Trois épisodes de la vie de *saint Pierre :* il reçoit de Jésus les clefs du ciel ; — il est délivré de prison par un ange ; — il rencontre Jésus-Christ à la porte de Rome. Des changeurs étalent leur argent sur une table.

XLVI. L'*Annonciation, la Visitation, le Couronnement de Marie*. Au bas, des boulangers portant des pains dans un grand panier.

XLVII. *Moïse, Isaïe et un Ange thuriféraire*. Vitrail donné également par les boulangers du XIIIe siècle.

XLVIII. *Daniel, Jérémie et un Séraphin*. Présent des drappiers et pelletiers.

XLIX. *Saint Jean-Baptiste* et *Baptême de Jésus*. Verrière offerte par les changeurs ou monnayeurs.

L et LI (Dans le chœur, à droite, à la suite des fenêtres de l'abside). Vitraux détruits en 1773. Ils représentaient : l'un saint Barthélemy, apôtre, et au-dessous, Guillaume de la Ferté, vidame de Chartres ; l'autre la Vierge tenant un sceptre fleuri.

Dans la rose, *Amaury, sire de Montfort* et connétable de France, en costume de guerre, monté sur un cheval blanc, avec ses armoiries.

LII. *Saint Vincent jeté à la mer ; saint Vincent exposé dans les champs*.

LIII. *Saint Paul :* au bas, des tanneurs passant du cuir mouillé dans une boucle.

Dans la rose, *Amaury, sire de Montfort*, sur un cheval brun.

LIV et LV. Vitraux détruits, sans doute aussi en 1773, pour mieux éclairer le groupe de l'Assomption. Les sujets qui y étaient peints se trouvent d'ailleurs figurés dans d'autres fenêtres. C'étaient la Conversion de saint Eustache, et la Victoire et le Martyre de saint Georges. Les donateurs, Pierre et Raoul de Courtenay, étaient représentés dans les panneaux inférieurs.

Dans la rose, *Pierre de Courtenay*, monté sur un cheval blanc.

LVI. *Saint Jean et saint Jacques le Majeur; l'Adoration des Mages.* Dans le bas, Bouchard de Montmorency, seigneur de Marly à Gallardon, au moins autant qu'on peut le présumer par les armes placées à côté de lui.

LVII. *Naissance de Jésus-Christ; la Fuite en Egypte.* Au tableau inférieur, le donateur, Colin, de la Chambre du Roi, jouant aux dés avec sa femme, sur un échiquier.

Dans la rose, *Robert de Beaumont*, sur un cheval brun, portant son guidon à la main.

LVIII (Dans le transsept méridional). *Saint Christophe et saint Nicaise*, et dans le bas, le donateur, le prêtre Geoffroy, le même sans doute qui avait déjà donné les vitraux XXIX, XXX, XXXI et XXXII.

LIX. *Saint Denis donnant l'oriflamme à Henri Clément, seigneur du Metz et maréchal de France.* Saint Denis est en habits pontificaux; Henri Clément est vêtu d'une cotte de mailles d'or et d'un surtout bleu blasonné. Dans le bas, se voient les armoiries du seigneur du Metz entre deux chandeliers. Nous reproduisons ce vitrail.

Dans la rose, *saint Jean-Baptiste* tenant l'Agneau divin, et, dans un des pétales, les armes de Henri Clément.

LX. *Saint Protais* et *saint Gervais*.

LXI. *Saint Côme* et *saint Damien*. Le donateur de ces deux vitraux est encore le prêtre Geoffroy.

Dans la rose, *Marie* assise et tenant Jésus sur ses genoux.

LXII. Le prophète *Habacuc*, et dans le bas, Jean de Bretagne, à genoux.

LXIII. Le prophète *Osée*.

Dans la rose, *Marie* sur un trône; Jésus debout sur les genoux de sa mère.

Rose méridionale. — Le sujet peint sur cette rose est la *Glorification de Jésus-Christ*, déjà sculptée au porche occidental. Cette rose et les vitraux inférieurs ont été donnés par Pierre Mauclerc, comte de Dreux et duc de Bretagne, dont les armes sont partout répétées, et par plusieurs membres de sa famille.

LXIV, LXV, LXVI, LXVII et LXVIII. Les cinq grandes fenêtres placées sous la rose méridionale en complètent le sujet. Au centre, *Marie* est debout, présentant aux fidèles son divin fils : à droite, 1° *Isaïe* portant *saint Mathieu* sur ses épaules, et à ses pieds, Alix de Thouars, femme de Pierre Mauclerc; 2° *Jérémie* supportant *saint Luc*, et au-dessous Yolande de Bretagne [1] : à gauche : 1° *Ezéchiel* ayant *saint Jean* sur ses épaules, et au bas du vitrail Pierre Mauclerc, le donateur, à genoux en posture de suppliant, comme le représente notre gravure;

---

[1] Ces deux grands prophètes ont été reproduits en chromolithographie dans la 6ᵉ livraison de la *Monographie*, n° 71 B. Les deux feuilles, qui nous les représentent au 7ᵉ de l'exécution, ont été dessinées par M. Em. Beau d'après les calques de M. Durand.

2º *Daniel* portant *saint Marc*, et au-dessous, Jean de Bretagne, dit le Mauvais.

LXIX. Le prophète *Malachie*.

LXX. Le prophète *Michée*. Au bas, Yolande de Bretagne, à genoux.

Dans la rose, *Pierre Mauclerc*, à cheval, armé de toutes pièces.

LXXI. Vitrail détruit en 1786. Il représentait également deux Prophètes, en tunique et en manteau.

LXXII. *Saint Antoine* et *un autre saint*.

Dans la rose, *saint Ambroise*, suivant toute apparence. Il est debout, en habits pontificaux.

LXXIII. *Saint Paul*.

LXXIV. *Saint Pierre*.

Dans la rose, le *donateur du vitrail :* c'est un diacre, portant le livre des Évangiles sur la poitrine.

LXXV (Dans la nef). Vitrail défoncé en 1786. La grande figure représentait saint Symphorien et se voit aujourd'hui dans la chapelle de Vendôme. Dans le bas, on avait figuré le martyre du saint.

LXXVI. Verrière en partie cachée par le buffet des orgues. *Sainte Justine* et *sainte Colombe*.

Dans la rose, *saint Hilaire*, et à ses deux côtés deux fidèles qui l'implorent.

LXXVII et LXXVIII. Vitraux détruits en 1648, lors de la pose du buffet des orgues; on ignore les sujets qui y étaient figurés. Les fenêtres sont aujourd'hui bouchées par une maçonnerie grossière.

Dans la rose, *saint Grégoire-le-Grand*, vêtu pontificalement.

LXXIX. *Saint Barthélemy* et *Moïse :* dans le bas, un tourneur qui façonne une pièce de bois.

LXXX. *Saint Calétric*, évêque de Chartres : dans le bas, un tourneur ajustant une pièce de bois sur son tour.

Dans la rose, *saint Augustin*, et à ses côtés deux anges qui l'encensent.

LXXXI. *Saint Philippe*. Au-dessous, le prophète Jérémie.

LXXXII. *Saint Jacques-le-Mineur*. Dans le bas, Geoffroy, seigneur d'Illiers, et ses fils.

Dans la rose, *saint Jérôme*, en habits sacerdotaux.

LXXXIII. *Sainte Foi* et son martyre.

LXXXIV. *La Vierge* debout tenant l'Enfant-Jésus, et au-dessous l'apparition de Jésus à Madeleine après sa résurrection.

Dans la rose, *saint Solemne*, évêque de Chartres, entre deux jeunes saints.

LXXXV. *Saint Pierre*. Dans le bas, on voit un pâtissier vendant des gâteaux.

LXXXVI. *Saint Jacques-le-Majeur*. Dans les panneaux inférieurs, 1° un pâtissier travaillant au milieu de ses moules ; 2° deux garçons pâtissiers transportant, dans un panier, les gâteaux sortant du four.

Dans la rose, *Jésus-Christ* entre deux anges thuriféraires.

LXXXVII. *Saint Laumer*, et dans le bas du vitrail la mort du saint.

LXXXVIII. *Sainte Marie-l'Égyptienne* et sa sépulture.

Dans la rose, *saint Laumer*, et à ses côtés deux moines assis.

Telle est, bien succinctement, la description des vitraux de l'étage supérieur, nous allons maintenant examiner ceux de l'étage inférieur, en suivant l'ordre par nous adopté. Tandis que les verrières supérieures renferment un petit nombre de personnages, mais généralement de grande proportion, les verrières inférieures au contraire présentent chacune une grande quantité de scènes variées, tirées de la Bible, de la Vie des saints et de l'Histoire ecclésiastique. Là les personnages, beaucoup plus petits, sont multipliés à l'infini ; les légendes les plus naïves sont reproduites avec la plus grande fidélité ; les costumes et les mœurs du XIII<sup>e</sup> siècle nous sont conservés avec la plus exacte ressemblance. Ces vitraux, à un autre point de vue, sont donc peut-être plus curieux encore que ceux dont nous venons de parler : ils ne leur cèdent en rien d'ailleurs pour la richesse des couleurs, pour la pureté de la composition, et en général pour la beauté de la conservation. Il serait trop long de décrire toutes les scènes représentées dans chaque médaillon ; nous renverrons les personnes curieuses de ces détails à l'ouvrage déjà cité de M. l'abbé Bulteau ; nous nous contenterons d'indiquer le sujet général de chaque verrière, nous arrêtant seulement aux médaillons reproduits par la gravure, et aussi quelquefois à ceux de ces vitraux qui intéressent plus particulièrement l'histoire chartraine.

.I (Dans le bas-côté, près le clocher neuf). *Vitrail de Noé*, présent des ouvriers en bois du XIII<sup>e</sup> siècle, charpentiers, menuisiers, charrons et tonneliers. Les trois médaillons inférieurs, dont nous donnons le dessin, nous montrent d'un côté un charpentier montant la charpente d'une maison et des menuisiers travaillant à des tables ; de l'autre côté un charron construisant une roue et un tonnelier cerclant un tonneau.

II. *Vitrail de saint Lubin.* Les médaillons circulaires et la bordure représentent les donateurs, les marchands de vin.

III. *Vitrail de saint Eustache.* Il est à remarquer, pour ce vitrail comme pour presque tous ceux au reste de l'étage inférieur, que beaucoup de panneaux ont été déplacés ou retournés, par l'inadvertance du poseur ou des raccommodeurs, ce qui rend souvent très-difficile la lecture du vitrail, en interrompant la suite de la légende.

Dans le haut du vitrail de saint Eustache, devait se trouver la scène que nous figurons et qui est aujourd'hui

— 243 —

déplacée. Elle représente Eustache et un de ses compagnons partant pour la chasse, accompagnés de leurs chiens, et poursuivant un troupeau de cerfs. Un de ces cerfs, suivant la légende, s'arrêta tout-à-coup, et Jésus-Christ parla par sa bouche à Eustache infidèle.

IV. *Vitrail de Joseph.* Cette verrière, qui ne comprend pas moins de 24 tableaux, a été donnée par les changeurs ou monnayeurs. Les deux médaillons inférieurs, que

nous reproduisons, nous montrent d'une part un changeur dans sa boutique, pesant dans une balance des pièces d'or et d'argent, et de l'autre des changeurs étalant sur une table les pièces qu'on vient de leur apporter.

V. *Vitrail de saint Nicolas*, donné par les épiciers et pharmaciens, représentés dans les trois médaillons du bas.

VI. *Vitrail de la Nouvelle-Alliance* [1]. Sept panneaux ont été remplacées en 1816 par du verre blanc. Ce vitrail a été offert par les maréchaux et forgerons, figurés dans les trois médaillons inférieurs. Dans l'un, deux hommes versent du combustible dans les fourneaux de la forge. Dans le second, dont nous donnons le dessin, un maré-

chal ferre un cheval placé dans un travail ; enfin dans le troisième, deux forgerons battent le fer sur une enclume.

[1] Ce sujet est un des plus savants et des plus grandioses qu'ait traité le Moyen-Age : nous indiquerons brièvement ce que représente chaque médaillon, en commençant par la partie supérieure : Le couronnement d'épines. — La flagellation. — Le serpent d'airain. — La pâque des Israëlites. — La bénédiction de Jacob. — La descente de croix. — Abraham et Isaac partant pour la montagne de Moria. — Le sacrifice d'Abraham. — Un pélican se déchirant la poitrine pour nourrir ses petits. — La résurrection du fils de la Sunamite. — La veuve de Sarepta. — David déchirant un ours. — Samson enlevant les portes de Gaza.

VII. (Dans le transsept septentrional). *Vitrail de l'Enfant prodigue*, contenant 22 médaillons[1].

VIII. Vitrail détruit en 1791 ; il représentait l'histoire de saint Laurent.

IX. Vitrail également détruit en 1791, lors de la construction de la chapelle de la Transfiguration. On y voyait autrefois l'histoire des Vierges sages de l'Evangile.

X. (Dans le bas-côté du chœur). *Vitrail de saint Ambroise*, autant qu'on peut le conjecturer, car rien n'est moins sûr que cette application. Au bas, Geoffroy Chardonnel, chanoine de Chartres, en vêtements pontificaux.

XI. Encore un *vitrail de saint Nicolas :* les sujets ne sont pas les mêmes que dans le vitrail n° V. Dans deux médaillons inférieurs : Étienne, cardinal évêque de Palestrine, et le frère et la nièce du cardinal.

Dans la petite rose au-dessus de ce vitrail, *Jésus* entouré des quatre animaux évangéliques.

XII et XIII. *Grisailles* du XIII<sup>e</sup> siècle, avec bordure aux armes de Castille.

Dans la rose, *Jésus* et les animaux évangéliques.

XIV. *Grisaille* avec bordure, aux armes de Castille.

XV. *Grisaille* rehaussée de filets bleus et rouges. Dans le bas, un médaillon du XIV<sup>e</sup> siècle représente le martyre de saint Laurent et rappelle que l'autel de Saint-Laurent était autrefois situé en cet endroit.

Dans la rose, *Jésus* bénissant, accompagné de deux archanges avec sceptre et de deux anges thuriféraires.

XVI. *Vitrail de saint Thomas*. C'est un de ceux qui a

---

[1] Ce vitrail a été reproduit, d'après les dessins de M. Lassus, dans la 1<sup>re</sup> livraison de la *Monographie*.

été le plus défiguré par des restaurations inintelligentes. Tous les panneaux primitifs existent encore, mais dans un désordre tel qu'il est difficile, à première vue, de lire ce vitrail.

XVII. *Vitrail de saint Julien-l'Hospitalier*, donné par les charpentiers, charrons et tonneliers. Nous repro-

duisons une des scènes figurées dans ce vitrail; c'est celle qui figure saint Julien, à la tête de plusieurs guerriers, partant pour la guerre Sainte contre les Infidèles.

XVIII. *Grisaille*, rehaussée de filets courants en couleur.

XIX. *Vitrail de saint Savinien et saint Potentien*, les premiers apôtres de Chartres, *et de sainte Modeste*. L'at-

tribution de ce vitrail, donné par les tisserands, est peut-être un peu hasardée, au moins en ce qui concerne sainte Modeste, que le voisinage seul des deux apôtres, ses contemporains, fait placer ici. Nous donnons la gravure d'un petit médaillon de ce vitrail : il représente un tailleur de pierres construisant une chapelle, sous l'inspiration de saint Savinien.

Les légendes de saint Savinien et de saint Potentien sont peu connues et se rattachent assez étroitement à l'histoire de Chartres pour que nous croyions devoir indiquer, autant que cela est possible, le sujet de chaque médaillon qui leur est consacré.

*Histoire de saint Savinien :* Jésus bénit Savinien et Potentien. — Saint Pierre bénit Savinien, Potentien et Edoald. — Savinien et quatre missionnaires se disposent à entrer à Chartres. — Construction d'une chapelle. — Bénédiction de la chapelle par Savinien. — Apparition de saint Pierre. — Instruction de Victorin. — Baptême de Victorin. — Savinien devant Quirinus.

*Histoire de saint Potentien :* Arrivée de Potentien à Chartres avec Altin et Aventin. — Sermon de Potentien. — Baptême de deux néophytes. — Potentien devant Quirinus. — Martyre de Potentien.

XX. *Vitrail de saint Chéron*, un autre des apôtres du pays chartrain. Dans les médaillons inférieurs, on voit figurés les sculpteurs, maçons et tailleurs de pierres, donateurs de cette verrière.

Voici la description de quelques-uns des panneaux de ce vitrail : Chéron à l'école. — Offre à Chéron d'une jeune fille en mariage. — Guérison d'un sourd-muet. — Guérison d'un aveugle. — Chéron rencontre une voiture montée par un diable. — Assassinat de Chéron. — Chéron jette sa tête dans un puits. — Deux anges enlèvent l'âme du martyr. — Sépulture de Chéron. — Découverte des reliques du saint. — Guérison du fils du roi Clotaire. — L'évêque Pabolus puni pour avoir pris un calice dans l'église de Saint-Chéron.

XXI. *Vitrail de saint Étienne*, donné par les cordonniers, représentés, les uns à leur travail, les autres offrant le modèle de la fenêtre.

XXII. *Vitrail de saint Quentin*, présent du diacre Nicolas Leseine, qu'on voit, dans le bas, à genoux, devant une image de la Vierge.

XXIII. *Vitrail de saint Théodore et de saint Vincent*, don des tisserands, qui avaient, comme on le sait, saint Vincent pour patron.

XXIV. *Vitrail de Charlemagne et de Roland*[1]. Cette

---

[1] Ce vitrail, dessiné par M. Paul Durand et réduit à 0 m. 07 c. pour mètre, a paru dans la 2ᵉ livraison de la *Monographie de l'église de Chartres*, nº 67.

verrière, donnée par les drappiers et marchands de fourrures, est une des plus intéressantes et des mieux conservées. Nous en reproduisons un médaillon, qui repré-

sente les guerriers de Charlemagne s'emparant de la ville de Pampelune.

Rien de plus curieux que ce vitrail, qui reproduit, dans toute sa naïveté, la légende de saint Charlemagne et de saint Roland telle qu'elle a été conservée par tous les anciens hagiographes et en particulier par Vincent de Beauvais (*Miroir historial*, lib. xxiv). Il est à remarquer que Charlemagne et Roland sont partout nimbés dans ce vitrail, ce qui est conforme aux traditions du XIII$^e$ siècle, où l'on célébrait à la fois, le 28 janvier, la fête de l'oncle et du neveu.

XXV. *Vitrail de saint Jacques*. Ce vitrail est également des plus intéressants par le sujet qu'il traite et par la manière dont il a été exécuté. La seconde livraison de la *Monographie*, n$^{os}$ 68 et 69, contient deux planches dues au crayon de M. Paul Durand et consacrées à la reproduction de cette verrière. L'une de ces planches figure le vitrail dans son ensemble, à 0 m. 07 c. par mètre; l'autre donne l'image de quelques médaillons au quart de l'exécution. Le peintre-verrier du XIII$^e$ siècle a raconté toute l'histoire de la conversion de Philétus et du célèbre magicien Almogène; puis il a montré saint Jacques arrêté dans une sédition soulevée par le grand-prêtre Abiathar, mené devant Hérode, puis décapité avec son disciple Josias, converti à la vue des miracles opérés par l'apôtre du Christ. C'est toute la vie de saint Jacques, telle que l'a racontée Vincent de Beauvais (*Miroir historial*, lib. viii, chap. 3-6). Les donateurs de cette verrière sont les mêmes que ceux du vitrail de Charlemagne : les drappiers et marchands de fourrures du XIII$^e$ siècle. Ils sont représentés dans les deux médaillons inférieurs dont nous donnons la gravure : on voit d'un côté un drappier mesurant une pièce de drap; de l'autre un pelletier étalant une fourrure de vair. Le fond de ce vitrail, en verres bleus et rouges, est d'un effet ravissant, et fait encore mieux ressortir la richesse des teintes employées par le peintre dans la composition de ses médaillons.

XXVI. (Dans la chapelle de l'abside). *Grisaille*, avec bordure aux armes de Castille.

XXVII. *Vitrail de saint Simon et de saint Judes*, donné par Henri Noblet, diacre de l'église de Chartres, figuré dans les deux médaillons inférieurs de cette verrière. Dans le premier médaillon, on le voit debout et joignant les mains devant la Vierge assise tenant son divin fils; dans le second, il se trouve aux pieds de Jésus assis et bénissant.

XXVIII. *Vitrail du seigneur Jésus*. Le bas du vitrail a été défoncé en 1791, lorsqu'on a prétendu décorer la chapelle; neuf médaillons ont été enlevés et placés dans différentes fenêtres de la Cathédrale. Les donateurs étaient les boulangers, autrefois figurés dans les médaillons inférieurs.

XXIX. *Vitrail de saint Pierre*. Plusieurs panneaux ont été enlevés à une époque assez reculée. Cette circonstance rend difficile aujourd'hui le déchiffrement de cette verrière : il s'y trouve plusieurs scènes qu'il est impossible d'expliquer d'après les légendes aujourd'hui connues du grand apôtre.

XXX. *Vitrail de saint Pierre et de saint Paul*. Plusieurs panneaux ont été enlevés, comme dans le vitrail précédent, sans doute lors de la construction de la chapelle de Saint-Piat au XIVe siècle : ils ont été remplacés par une maçonnerie grossière. Les médaillons qui restent de cette verrière sont au reste très-faciles à expliquer et se rapportent tous aux miracles accomplis à Rome par les deux disciples du Christ.

XXXI. (Au dessus de la belle porte d'entrée de la chapelle de Saint-Piat). Vitrail du XIVe siècle : *grisaille* enrichie de médaillons à fleurs de lys d'or; au centre on voit la figure de *saint Piat*, debout, en habits sacerdotaux et tenant un livre en ses mains. Le donateur de cette verrière est Aimery de Chastellux, évêque de Chartres de 1332 à 1342, le fondateur des douze chanoines de la chapelle de Saint-Piat.

XXXII. *Vitrail de saint Sylvestre.* Plusieurs médaillons représentant les donateurs de cette verrière : les maçons, tailleurs de pierres et imagiers; nous reproduisons deux

de ces médaillons. Dans le premier, on voit, d'un côté, un appareilleur qui pose les pierres sculptées et taillées; de l'autre deux manœuvres qui portent des pierres.

Dans le second fragment de cette verrière, divisé en

quatre parties, le premier sujet représente encore des ouvriers maçons occupés à la construction d'une tour; le second figure des ouvriers sculpteurs ébauchant des pierres; les deux autres représentent des sculpteurs travaillant à une statue qui paraît terminée, car l'artiste, dans le quatrième tableau, semble donner son dernier coup de ciseau.

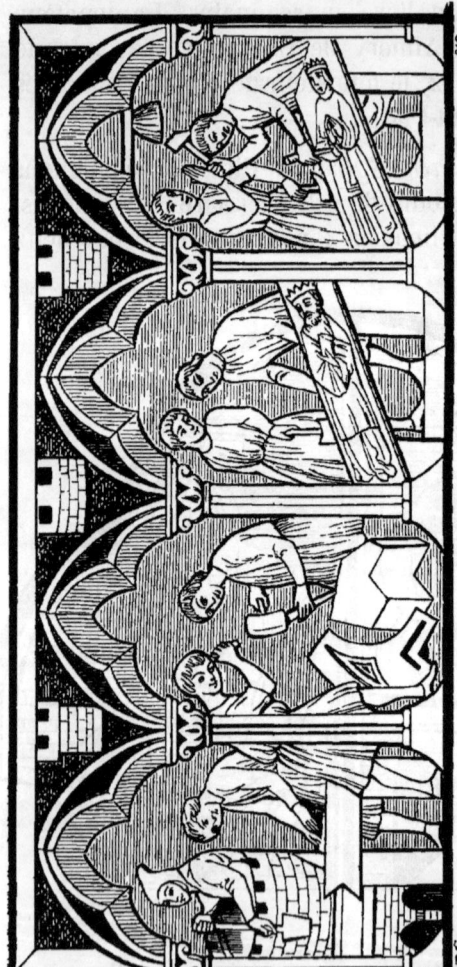

Un des médaillons, que nos gravures ne reproduisent pas, rappelle les attributs de cette profession. On y remarque divers outils de maçons et de tailleurs de pierres. Enfin dix petits médaillons circulaires renferment des rois avec des banderolles où se trouvent des lettres n'offrant aucun sens.

XXXIII. *Grisaille* de la fin du XIIIe siècle, avec bordure aux armes de Castille. Au centre, une figure de saint Nicolas, du XIVe siècle.

XXXIV. *Vitrail de saint Rémy*. Dans le bas, le donateur priant devant une image de Marie.

XXXV. Encore un *vitrail de saint Nicolas*. Plusieurs panneaux ont été enlevés au commencement de ce siècle et remplacés par de la maçonnerie ; ce sont au reste les mêmes sujets que dans le vitrail no V.

XXXVI. *Vitrail de sainte Catherine et de sainte Marguerite,* donné par deux guerriers, portant leurs écussons, et par un troisième personnage, à genoux devant la Vierge.

XXXVII. *Vitrail de saint Thomas de Cantorbéry.* Les tanneurs, donateurs de cette verrière, sont figurés dans trois médaillons, retournant les peaux dans une cuve, vendant du cuir et râclant des peaux sur le chevalet.

XXXVIII. *Vitrail de saint Martin*, présent des cordonniers, représentés dans quatre petits médaillons. M. l'abbé Bulteau, d'après la comparaison de ce vitrail avec ceux de la cathédrale de Rouen, croit pouvoir affirmer qu'il est l'œuvre de Clément, peintre-verrier de Chartres.

XXXIX et XL. *Grisailles* du XVIIe siècle : les rinceaux qui en formaient les fonds sont presque effacés ; les bordures sont mieux conservées.

XLI et XLII. *Grisailles* du XIVe siècle : dans le dernier vitrail, on voit au centre une Annonciation : au bas du premier, sont deux blasons soutenus par des anges, qui proviennent de la chapelle de Vendôme.

Dans la rose, *Jésus* et les quatre animaux évangéliques.

XLIII. *Vitrail du Zodiaque et des Mois,* un des plus intéressants assurément. Les signes du zodiaque et les mois sont placés dans l'ordre que nous suivons encore aujourd'hui. Chacun des douze mois est représenté d'une double manière : par le signe du zodiaque d'abord, puis par l'occupation principale et habituelle de chacune de ces parties de l'année.

Ce vitrail a été donné par Thibault VI, comte de Chartres, représenté à cheval dans un médaillon du bas.

XLIV. *Vitrail de sainte Anne et de la Sainte-Vierge*, donné également par Thibault VI. Un petit médaillon,

dont la gravure ci-contre, représente des vignerons occupés à tailler leurs vignes. Dans le vitrail précédent, on voit plusieurs personnages occupés à piocher la vigne, et d'autres tournant l'arbre du pressoir.

Dans la rose, *Jésus cloué sur la Croix :* près de lui Marie et Jean, et dans le fond, des Anges chantant les louanges du Seigneur.

XLV. *Vitrail de Notre-Dame de la Belle-Verrière* [1]. Au centre, l'image de la Vierge, assise sur un trône, tenant Jésus entre ses genoux : quatorze anges lui rendent leurs

---

[1] Ce vitrail a été reproduit, en chromolithographie, dans la 6ᵉ livraison de la *Monographie*, n° 64, par M. Em. Beau, d'après les calques de M. Paul Durand. Il forme deux feuilles, et est réduit au 6ᵉ de l'exécution.

hommages. Au-dessous de cette image, le miracle de Cana, et dans les trois médaillons inférieurs, la triple tentation de Jésus-Christ.

Cette image de Marie était autrefois l'objet de la vénération des fidèles, presque à l'égal de la Vierge-Noire du Pilier : aujourd'hui, on vient encore faire brûler des cierges à ses pieds.

XLVI. *Vitrail de saint Antoine.* — Les vanniers, donateurs de cette verrière, sont figurés dans les médaillons inférieurs ; nous reproduisons un de ces médaillons, qui représente des vanniers vendant des paniers à une femme accompagnée d'un enfant.

Dans la rose, Marie debout tenant son fils; à ses côtés deux anges thuriféraires.

XLVII. Vitrail détruit en 1791, et remplacée par une maçonnerie pour recevoir l'autel du Lazare ; il représentait la vie de saint Blaise.

XLVIII. Vitrail également détruit, autrefois en grisaille avec les images de saint Michel, de saint Lubin et de saint Martin.

XLIX. *Vitrail de saint Apollinaire.* — La partie inférieure de cette verrière a été coupée vers 1328, lors de la fondation de l'autel de Saint-Mathurin et de Sainte-Julitte,

17

et remplacée alors par des figures en grisaille dont voici les sujets : saint Cyr et sainte Julitte ; saint Maur et sainte Radegonde ; la Vierge portant l'Enfant-Jésus et bénissant Guillaume Thierry, donateur de cette grisaille ; saint Sulpice et saint Mathurin ; saint Liphard. Comme nous venons de le dire, Guillaume Thierry, chanoine de Chartres, fut le fondateur de l'autel de Saint-Mathurin et le donateur des grisailles : une assez longue inscription consacre ce fait. Toute cette partie inférieure de la verrière a été reproduite en chromolithographie, sous le n° 64, dans la sixième livraison de la *Monographie*, d'après les dessins de M. Paul Durand.

L. (Dans le bas-côté méridional). *Vitrail des Miracles de Notre-Dame.* — Cette verrière, qui aurait été infiniment curieuse par son côté essentiellement local, a été malheureusement en partie détruite : quinze médaillons ont été remplacés par du verre blanc ; il ne reste aujourd'hui qu'un seul sujet d'entier : on voit la statue de Marie posée sur un pilier, et entourée de pèlerins en prières ; deux chars traînés par des hommes se dirigent vers cette statue et portent d'autres pèlerins venant offrir à la Vierge de riches bannières.

LI. Vitrail donné au XV$^e$ siècle par Louis de Bourbon, comte de Vendôme, fondateur de la chapelle de Vendôme en 1413. Il est aujourd'hui complètement défiguré ; on y a intercalé des panneaux du XIII$^e$ et du XIV$^e$ siècle. Parmi les parties primitives, il n'existe plus que les images de saint Louis, saint Denis, saint Jean-Baptiste, saint Jean-l'Évangéliste et la Vierge.

Le tympan a gardé ses vitraux du XV$^e$ siècle : ils représentent *la Crucifixion* et *le Jugement dernier*.

LII. *Vitrail de la sainte Vierge*, donné par les cor-

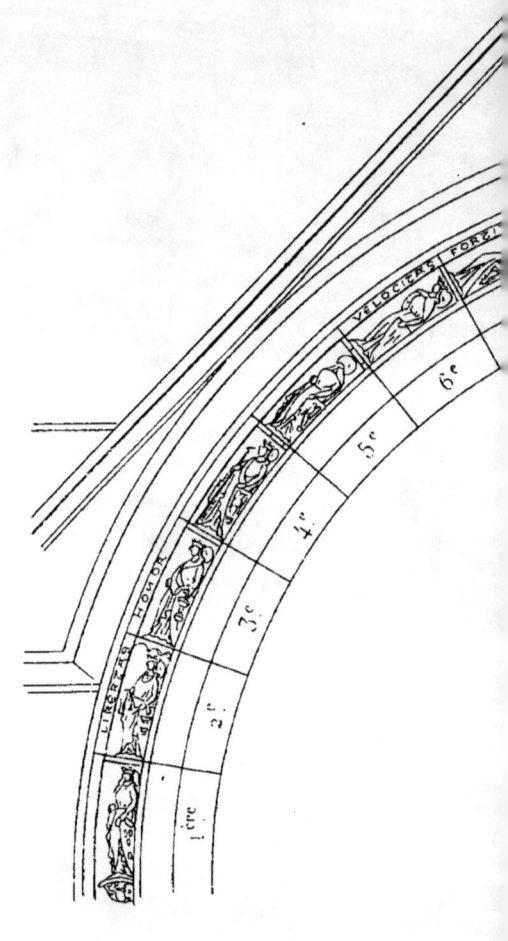

Porche septentrional.

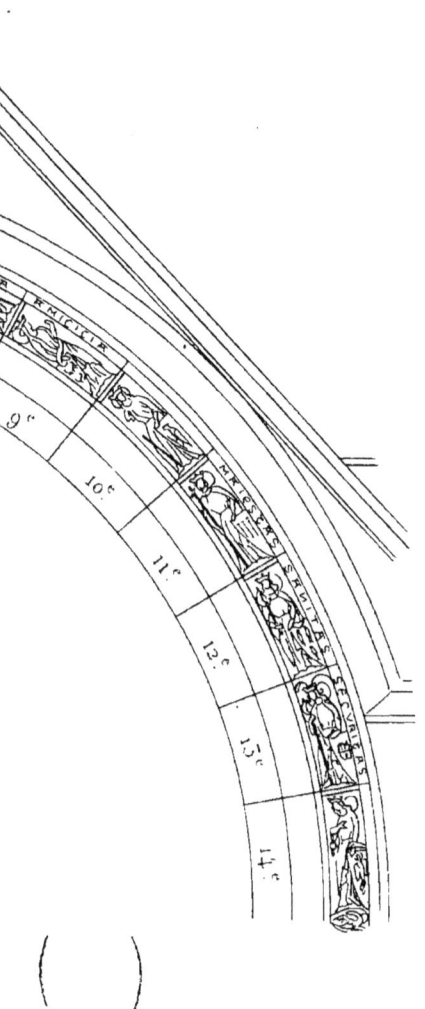

...drale de Chartres.

donniers, figurés dans trois médaillons inférieurs, vendant des chaussures, les polissant et achetant du cuir à un tanneur.

LIII. *Vitrail du Bon-Samaritain*, offert également par les cordonniers. Une partie de cette verrière est aussi consacrée à l'histoire de la création et de la chute de nos premiers parents.

LIV. *Vitrail de sainte Madeleine*, présent des éviers du XIII<sup>e</sup> siècle.

LV. *Vitrail de saint Jean-l'Évangéliste*, très-complet, mais dont les panneaux ont été intervertis. Les armuriers sont les donateurs de ce beau vitrail, où ils sont représentés dans deux médaillons.

---

## CHAPITRE XXX.

### Description des Statues du porche septentrional.

Les quatorze statues qui décorent le cordon extérieur de la baie Est du portail septentrional de la Cathédrale, statues que nous avons seulement mentionnées en passant, p. 22, ont fait l'objet de nombreuses controverses. Le premier, M. Didron (*Annales archéologiques*, années 1847 et 1849), a tenté de les définir, d'une manière aussi ingénieuse que savante, en disant qu'elles étaient la représentation des *vertus civiles* ou *publiques*. Depuis, M<sup>me</sup> Félicie d'Ayzac, dans un livre qui a mérité une mention honorable à l'Académie des Inscriptions et Belles-Lettres *( Les Statues du porche septentrional de Chartres)*, a donné une définition de ces statues beaucoup plus certaine, et en a fixé le sens, en démontrant sans conteste qu'elles représentaient les *quatorze Béatitudes célestes*, dont doivent jouir les élus après la résurrection générale.

Le hasard ayant rendu notre éditeur propriétaire de ce qui restait de l'édition du livre de M^me Félicie d'Ayzac et des cuivres qui avaient servi dans son ouvrage, nous avons cru faire plaisir à nos lecteurs en reproduisant ces gravures et en les accompagnant des si probantes explications que nous donne cet auteur. Peut-être ne serons-nous pas tout-à-fait de son avis en quelques endroits, mais si nous différons d'opinion, c'est que nous avons mieux vu que M^me d'Ayzac les attributs figurés sur les boucliers de ces statues. Comme elle le dit elle-même, quelques-uns de ces attributs, aussi bien que les noms, sont invisibles pour le spectateur placé au pied de l'édifice, détériorés qu'ils sont par la mousse ou usés par le temps, frustes, difficiles à lire : ayant été à même de consulter les estampages de ces boucliers qui se trouvent au Musée de la Cathédrale de Chartres, nous avons pu constater d'une manière certaine quelques erreurs de détail échappées à M^me d'Ayzac et à son graveur.

Les *quatorze Béatitudes*, telles que les a le premier enseignées saint Anselme, telles que les ont définies après lui saint Bernard, saint Thomas d'Aquin, saint Bonaventure et tant d'autres docteurs, sont elles-mêmes si peu connues, quoiqu'elles offrent d'ailleurs au cœur malade tant de consolations, que nous pensons devoir joindre les définitions que l'illustre archevêque de Cantorbéry a données de chacune d'elles. Nous ferons seule-

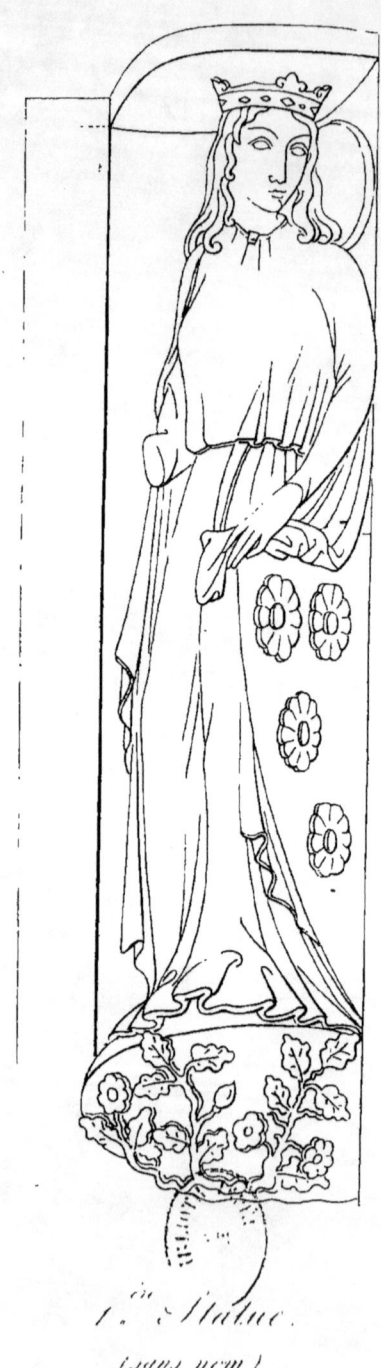

1. Statue.
(sans nom)

ment observer que le statuaire de la Cathédrale n'a pas conservé l'ordre exact indiqué par les docteurs. Voici, une fois pour toutes, l'ordre adopté par saint Anselme; nous, nous suivrons celui figuré par notre *tailleur d'images*, ou plutôt par son appareilleur, comme l'a fort bien fait remarquer M<sup>me</sup> Félicie d'Ayzac.

## BÉATITUDES

| CORPORELLES. | SPIRITUELLES. |
|---|---|
| I. Beauté. | I. Science. |
| II. Agilité. | II. Amitié. |
| III. Force. | III. Concorde. |
| IV. Liberté. | IV. Honneur. |
| V. Santé. | V. Puissance. |
| VI. Volupté. | VI. Sécurité. |
| VII. Longévité. | VII. Jouissance. |

### 1<sup>re</sup> STATUE. — LA BEAUTÉ.

La première statue, en commençant par l'extrémité inférieure du côté gauche, n'a plus de nom aujourd'hui ; elle a pour blason un semé de roses, et la console qui la supporte est tapissée de branches de rosier. Il n'y a pas à se tromper sur son attribution, nous avons bien là devant nous la *beauté céleste*.

« La première béatitude, dit saint Anselme, est la beauté. On ne rencontre point en cette vie la beauté parfaite ; car la beauté de l'homme ici-bas pâlit devant l'éclat modeste de la fleur. L'homme possède-t-il la blancheur du lis ou l'incarnat de la rose ? Mais, dans l'autre vie, la beauté atteindra sa dernière limite. Ces désirs ardents qui appellent la beauté seront alors comblés. L'éclat des justes égalera celui du soleil. »

Oui, l'œil de l'homme n'a jamais vu, son oreille n'a point entendu et son cœur ne saurait comprendre ce que Dieu garde à ceux qui l'aiment : ce sont ces récompenses sans prix que le sculpteur de Chartres a tenté d'interpréter, et quel autre que lui aurait pu y réussir? Ces reines au front doux et fier, au port gracieux et noble, n'élèvent-elles pas notre âme vers ces régions supérieures, où il est défendu à notre intelligence humaine de pénétrer?

## 2ᵉ STATUE. — LA LIBERTÉ.

Cette seconde statue, dont le nom nous a été conservé par la pierre, est la *Liberté*. C'est une de celles qui a eu le privilége d'occuper davantage l'attention des savants et des artistes : plusieurs fois déjà elle a été figurée [1]; des dissertations ont été écrites à son sujet ; son nom même a servi à la populariser, et tout le monde connaît au moins de réputation la *Liberté* de la Cathédrale de Chartres. Ecoutons Mᵐᵉ d'Ayzac nous décrire cette statue :

« C'est l'une des plus nobles, des plus belles, des plus gracieuses parmi ces quatorze statues, toutes si parfaitement nobles, toutes si parfaitement belles, toutes si parfaitement gracieuses. Une ravissante harmonie tempère en elle les contrastes, et fait, en les adoucissant, ressortir un charme infini de toutes les oppositions. Que de dignité dans ce port, mais comme cette dignité s'allie à la mansuétude ! Une majesté naturelle cambre légèrement sa taille, pleine en même temps de vigueur et de

---

[1] Nous citerons entre autres une gravure du *Magasin pittoresque*, due à notre savant ami, M. Paul Durand : l'article qui accompagne cette gravure est de M. Didron.

La Liberté.

grâces virginales. Le port de la tête, moins altier, modifie ce qu'il y aurait de trop dominateur dans ce mouvement. Quel caractère de grandeur paraît sur ce charmant visage ! Que de fierté, que de douceur sur ce front et dans ce regard ! Les cheveux libres et flottants descendent en mèches ondées, et se jouent sur les épaules en y déroulant leur richesse. Le manteau, glissé en arrière, a abandonné les épaules, dégageant le buste dont rien ne comprime les formes ; il semble n'être ramené sur le bras droit et retenu de la main gauche que pour ajouter par son luxe au luxe des draperies lâches dont cette vierge s'enveloppe. Ces draperies sont moelleuses, souples dans leurs plis uniformes et riches dans leur simplicité. Elles glissent le long du corps avec une grâce infinie, et vont, en balayant le sol, cacher les pieds de la statue. »

La main droite de la Liberté a été brisée ; elle devait sans doute tenir un sceptre, symbole de l'empire de l'homme libre sur lui-même. L'écu sur lequel s'appuie la main gauche porte dans son champ deux couronnes, représentant les deux puissances ou priviléges souverains de la Liberté. Car, comme le dit saint Anselme, « la liberté consiste dans deux priviléges ou puissances, n'être ni contraint à rester où l'on ne veut pas, ni empêcher d'aller où l'on veut. Mais qui peut jouir ici-bas d'une liberté aussi grande ? Ne souffrons-nous pas chaque jour ce qui est contraire à nos désirs, et ne voudrions-nous pas des choses que nous ne pouvons jamais faire ? Il ne nous est jamais donné d'être ici-bas tout-à-fait libres : dans la vie future, au contraire, l'élu le sera tout-à-fait. Il sera semblable aux anges, comme nous l'atteste l'apôtre. Rien ne peut arrêter les anges, rien non plus ne peut les contraindre d'aller où ils ne veulent pas. De même, notre volonté ne subira aucune violence, et nul élément, nul obstacle ne contrariera notre essor. »

### 3ᵉ STATUE. — L'HONNEUR.

*L'Honneur* ou distinction suprême, nous présente également son nom sculpté sur la pierre. C'est une belle statue, entièrement semblable par sa pose à celle de la Liberté. Malheureusement, comme celle-ci, elle a eu un peu à souffrir du ravage du temps : elle a le bras droit mutilé, et avec la main a disparu le bâton pastoral qu'elle devait porter. Car si l'Honneur a pour attributs les insignes de la plus haute dignité, la mitre et le pallium, remarquons que cette dignité est du domaine spirituel, plus élevé que le domaine de la terre : c'était donc le bâton pastoral qui devait appartenir à l'Honneur, et non le sceptre, attribut de la royauté temporelle. Le *pallium* de l'écu est mal représenté dans notre gravure où on le reconnaît à peine au premier coup-d'œil : sur la pierre il est beaucoup mieux figuré, et ses deux extrémités ne se confondent pas comme dans le dessin.

Les deux mitres sont le symbole des deux sortes d'honneurs, les louanges et les dignités. « L'homme, dit saint Anselme, aspire sans cesse à être honoré de tous ses semblables, et en paroles et en actions : en paroles, afin que tous célèbrent ses louanges ; en actions, afin que tous le placent au-dessus d'eux. Mais en aspirant à cet honneur, ver de terre il veut être loué par d'autres vers de terre ; ciron, il veut commander à d'autres cirons. Dans la céleste cité au contraire, les honneurs seront infinis par leur principe et par leur nature. »

S.te Matue
l'Honneur

4.ᵐᵉ Statue
(sans nom)

4ᵉ STATUE. — LA JOUISSANCE.

Le nom manque à cette statue, mais, d'après la liste des *Béatitudes* de saint Anselme, deux seulement peuvent lui convenir : *la Jouissance* ou *la Volupté*. Mᵐᵉ d'Ayzac a choisi le nom de la Jouissance, réservant celui de la Volupté pour la statue suivante, dont l'inscription fait également défaut. Nous adoptons sans hésiter son avis, bien que nous devions avouer que ces deux statues peuvent facilement être prises l'une pour l'autre dans leur attribution.

La Jouissance tient de sa main droite une croix, maintenant tronquée; de la gauche, elle s'appuie sur un écu, où l'on voit un ange, agenouillé dans un nuage, et levant la tête et les yeux dans une attitude extatique. L'extase est en effet l'état de béatitude par excellence; elle exprime la plénitude et l'excès des félicités éternelles. La Jouissance est le sceau suprême du bonheur céleste; elle en résume tous les biens; car la jouissance ne se bornera pas pour chaque élu à sa propre félicité, elle l'augmentera encore de la félicité des autres et de la joie du ciel tout entier.

M. Didron avait cru voir dans cette statue *la Prière*, et il expliquait ainsi le livre que porte l'ange contre sa poitrine. Mᵐᵉ d'Ayzac voit, au lieu d'un livre, une boîte, une cassolette à parfums : « L'encens qui monte et qui enivre, dit-elle, était un moyen tout mystique de représenter sur la pierre l'extase et le ravissement. » L'explication est très-ingénieuse et paraît tout d'abord fort probable, d'autant que sur notre gravure l'objet que porte l'ange est assez confus; mais sur l'estampage il est beaucoup plus net, et nous devons avouer qu'il nous semble difficile d'y voir autre chose qu'un livre. Et combien d'ailleurs n'est pas aisée l'interprétation de cet emblème ! Le livre n'a-t-il pas souvent été pris pour le symbole de la jouissance, et de la jouissance la plus pure, la jouissance intellectuelle ?

### 5ᵉ STATUE. — LA VOLUPTÉ.

Si le graveur n'a pas parfaitement rendu les attributs de l'ange de la Jouissance, il a encore altéré bien davantage le caractère de celui de la Volupté. L'emblème est bien le même : un ange vêtu d'une longue tunique, debout dans un nuage et tenant un encensoir à la main, mais l'ange du XIIIᵉ siècle a la tête levée vers le ciel ; tout dans sa pose, dans ses traits exprime la suprême volupté ; on sent que c'est bien là l'image du juste dont le cœur et la chair tressaillent dans le Dieu vivant. Sur notre gravure au contraire, l'ange a la tête baissée sur sa poitrine ; il semble méditer ; son encensoir n'est pas élevé vers le Seigneur.

Cette statue au reste est une de celles qui a le plus souffert des injures du temps et des hommes : la tête manque ainsi que le bras droit et la plus grande partie de la croix que sans doute elle tenait de la dextre. Comme nous l'avons dit, le nom fait également défaut, et ce n'est qu'au moyen du Traité de saint Anselme que nous avons pu reconnaître dans cette statue *la pure Volupté* céleste.

Voici comment le saint archevêque définit cette Béatitude : « Les hommes recherchent la volupté et fuient son contraire ; mais, ce qui est digne de remarque, ils ne peuvent atteindre à celle-là que par celle-ci. L'ont-ils

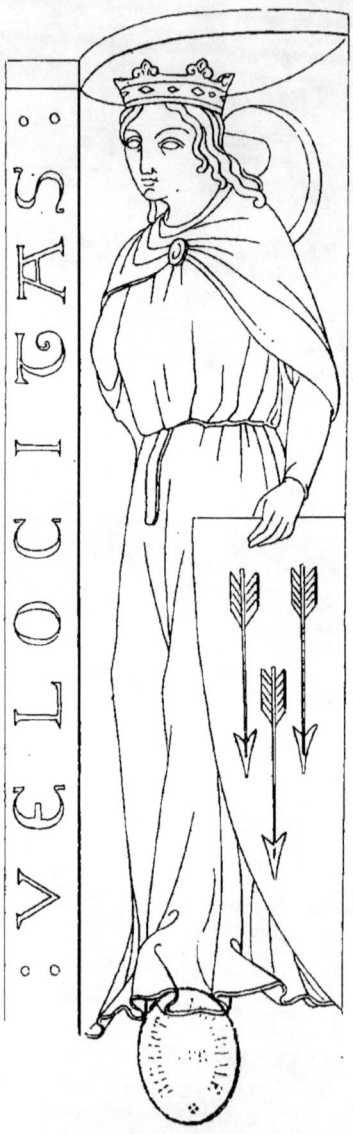

6.<sup>me</sup> Statue.
l'Agilité.

obtenue enfin à force de peines, ils ne peuvent la conserver qu'au prix de travaux infinis, et l'excès même de la volupté les ramène à l'anxiété. Dans la vie future, au contraire, nos corps seront comme immergés dans une volupté céleste. Pourrai-je la dépeindre ici autrement que par son contraste? Que l'on se représente donc un homme sous les paupières duquel on enfoncerait un fer incandescent, qu'on se figure tous ses membres, ses entrailles, ses os, leur moelle, soumis à l'action du même feu; que l'on ajoute à ce supplice celui d'une durée éternelle : c'est, selon nos idées, humaines et par conséquent très-bornées, quelque chose d'approchant de la suprême douleur. La délectation ineffable qui enivrera aussi les bons sera le contraire de ce supplice. Ils seront comblés, accablés d'une exubérance de plaisirs purs. Les yeux, les oreilles, la bouche, les mains, les pieds, le sens du goût, le cœur, foyer des affections, le foie, siége des sensations différentes, le poumon, les os et leur moelle, tout dans l'homme participera à l'enivrement infini que Dieu versera dans ses membres. Car on lit dans les livres saints : « Seigneur, vous les enivrerez du torrent de vos voluptés. »

## 6ᵉ STATUE. — L'AGILITÉ.

*Agilitas*, d'après saint Anselme et saint Thomas-d'Aquin, *Velocitas*, d'après saint Bernard et l'inscription du porche de Notre-Dame de Chartres : l'un et l'autre nom sont au reste parfaitement synonymes. *L'Agilité*, quoique représentée au repos, a moins de fixité dans son attitude que les autres Béatitudes, ses sœurs : elle se repose pourtant, car, ainsi que le fait remarquer Mᵐᵉ d'Ayzac,

« la félicité future est le calme après les épreuves, le repos après le labeur. »

Elle porte trois flèches sur son écu, et c'est le symbole de ces trois objets auxquels saint Anselme assimile l'agilité des corps glorieux : le vol de l'ange, l'apparition de la lumière, la vélocité des âmes. « L'agilité, dit-il, est un don aussi éminent et aussi souhaitable que la beauté. Par elle l'homme, ainsi que l'ange, pourra passer instantanément de la terre au ciel, du ciel à la terre, semblable au rayon, reçu ici-bas par nos yeux et rappelé au même instant au foyer d'où il est parti. Par elle, le corps de l'homme sera aussi prompt que les âmes, car il en aura l'excellence ; et ce sera là la vraie vie. »

### 7e STATUE. — LA FORCE.

Cette statue a son nom encore inscrit sur la pierre : *Fortitudo;* mais ce nom eût-il disparu, son blason seul nous l'eût fait reconnaître ; elle porte en effet sur son écu un lion passant, et le lion a toujours été l'emblème de *la Force*. On voit sur son front et dans tous ses membres comme une fleur de jeunesse, ce qui fait sans doute que saint Bonaventure a appelé cette Béatitude *juventus*. Elle se distingue en même temps par l'abandon de son attitude, ce qui est le caractère de la véritable force. Son bras droit a aussi été brisé, et avec lui sans doute l'étendard qu'elle devait tenir, en signe de souveraineté et de victoire.

« Qu'est-ce que la force humaine ? dit à ce sujet saint Anselme : une véritable faiblesse. Le hérisson de mer arrête dans son vol rapide le navire le plus chargé. Mais les actes qui exigent le plus d'efforts n'en coûteront pas plus au juste, que le clin de notre œil. Il pourrait, s'il le désirait, ébranler le monde terrestre. »

La Force

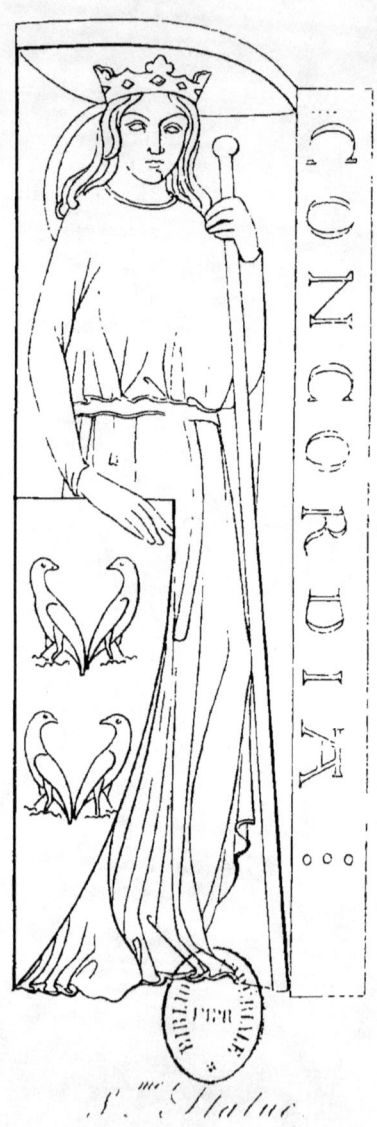

S.te Statue.
La Concorde.

8ᵉ STATUE. — LA CONCORDE.

Voici encore une des plus gracieuses et des mieux conservées d'entre ces quatorze statues que nous décrivons en ce moment. L'attitude de *la Concorde* est noble et pleine de douceur. Une chevelure abondante, partagée au milieu du front, s'échappe en boucles soyeuses de dessous la couronne et flotte sur les épaules. La main gauche de la statue tient un sceptre surmonté d'un pommeau : la main droite est appuyée sur un écusson qui porte dans son champ deux couples de colombes adossées, se retournant comme pour se becqueter. Les colombes, on le sait, ont toujours servi d'emblème à l'amitié, et la concorde peut-elle exister sans l'amitié la plus parfaite ?

« La Concorde, dit saint Anselme, est tellement rare ici-bas que l'homme peut à peine la maintenir en lui-même. Son corps et son âme sont toujours dans un tel conflit que ce que l'un des deux désire est précisément ce que l'autre ne veut pas. Il n'en sera point ainsi dans la vie future. La concorde y sera suprême et inaltérée parmi les élus. L'accord des élus sera comparable à celui des deux yeux dans l'homme : l'acte qui fait mouvoir l'un des deux fait également mouvoir l'autre, et la direction des deux yeux est nécessairement la même. Ainsi les habitants du ciel n'auront qu'une même volonté, qu'un seul acte, qu'un seul désir, qu'une seule et même affection. Par cette fusion de leurs âmes, les élus ne seront qu'un seul et même être, et cet être sera uni à l'essence infinie de Dieu, qui sera la tête de ce corps. L'un pourrait-il vivre sans l'autre ? »

## 9ᵉ STATUE. — L'AMITIÉ.

*L'Amitié* céleste est pensive ; sa tête est légèrement portée en avant ; son front est candide et serein, et une expression sympathique se peint sur sa physionomie. Seule, parmi les autres Béatitudes, elle a un voile sous sa couronne. Le voile est, on le sait, un attribut de chasteté, et c'est là le premier caractère de l'amitié céleste. Aussi porte-t-elle également sur son écu deux couples de colombes adossées, se retournant comme pour se becqueter, ainsi que nous les avons déjà décrites sur l'écu de la Concorde. Le bras gauche de l'Amitié est brisé ; il est à demi levé et devait porter un sceptre.

« L'Amitié céleste, dit saint Anselme, est une affection qui ne peut jamais se changer en haine. Il manque ici-bas quelque chose aux tendresses les plus intimes, même à celle des enfants envers leurs parents ; il n'y a point d'affections sans bornes. Dans la vie future, au contraire, une souveraine tendresse unira les cœurs des élus. L'élu aimera tous les autres autant que lui-même, et tous seront unis ensemble par un accord aussi intime que les membres d'un même corps. »

## 10ᵉ STATUE. — LA LONGÉVITÉ.

Cette statue tenait autrefois, de la main droite aujourd'hui brisée, un sceptre dont un fragment subsiste encore. Le blason de son écu est un aigle tenant aussi dans ses serres un sceptre fleuronné. La légende n'existe plus ; mais d'après les attributs de cette statue, d'après la comparaison de la liste des Béatitudes avec celles dont nous avons déjà constaté la présence sur le tympan de notre

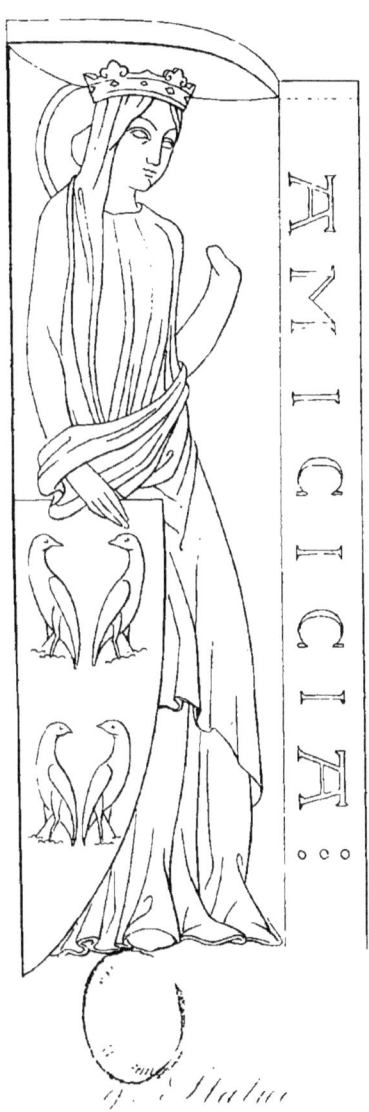

L'Amitié.

16.ᵐᵉ Statue
(sans nom)

cathédrale, il est facile de rétablir le nom de cette statue.

C'est *la Longévité*, d'après saint Anselme et saint Thomas-d'Aquin ; *l'Immortalité*, d'après saint Bernard et saint Bonaventure.

« Tout, dans cette statue, dit M<sup>me</sup> d'Ayzac, a un caractère particulier de gravité et de gloire. Quoique dans la fleur de la jeunesse et de la beauté, l'Immortalité est grave : elle ne sourit point, elle réfléchit, elle médite peut-être ; il semble que cette jeune reine ne doive sourire jamais ; mais elle a une sérénité qui vaut le sourire. L'expression des traits du visage, qui a quelque chose d'ascétique, est une douce majesté : celle du front est la pensée et décèle le souvenir du passé et l'intuition de l'avenir. »

Le sceptre que porte cette statue, celui que tient l'aigle dans ses serres sont l'image d'une double victoire : l'Immortalité a conquis la vie et a terrassé la mort. Quant à l'aigle, tout le monde sait qu'il était au Moyen-Age l'emblème de l'Immortalité.

## 11ᵉ STATUE. — LA MAJESTÉ.

Voici un nom nouveau dans l'énumération des quatorze Béatitudes : on ne le rencontre en effet dans aucun des théologiens que nous avons cités, mais en le comparant à ceux qui s'y trouvent, en regardant les emblèmes de la statue qui, sur le porche de Chartres, porte le nom de *Majestas*, il est facile de reconnaître que cette Béatitude est la même que *la Puissance*, *Potestas* de saint Anselme, saint Bernard et saint Thomas-d'Aquin ; *Potentia* de saint Bonaventure.

La Majesté réunit les attributs de la puissance religieuse et de la puissance civile : de sa main droite en effet elle porte une croix épiscopale en guise de sceptre [1], de sa gauche elle s'appuie sur un écu où sont représentés trois sceptres fleuronnés. Rien de plus imposant que cette statue, d'ailleurs parfaitement conservée. L'attitude est calme et placide, remplie de la plus douce, mais de la plus réelle dignité. On reconnaît bien là la Puissance en vertu de laquelle l'élu peut faire tout ce qu'il souhaite.

« La Puissance, dit saint Anselme, n'est qu'un mot, une ombre en ce monde; elle y est toujours si bornée qu'on ne peut lui donner ce nom. Celle de la vie future sera sans bornes. Dieu, qui peut tout ce qu'il désire, sera uni de telle sorte à la volonté de l'élu, qu'il lui communiquera en quelque sorte sa toute-puissance. »

### 12e STATUE. — LA SANTÉ.

Tous les théologiens sont d'accord pour ranger *la Santé* au nombre des Béatitudes célestes. Son nom est encore inscrit sur la pierre, et quand même d'ailleurs le temps l'aurait eu effacé, nous aurions facilement pu reconnaître cette Béatitude à ses armoiries, trois poissons, considérés partout comme l'emblème de la santé, suivant ce proverbe : « Il est sain comme un poisson. » De sa main droite, cette statue porte un étendard déployé, symbole de sa victoire sur la maladie et l'infirmité.

« La cinquième partie de la Béatitude, dit saint Anselme, est la santé; son contraire est l'infirmité. L'homme, en entrant dans la vie, commence à manquer de celle-là et

---

[1] De sa main droite, celle qui tient la croix épiscopale, cette statue semble également porter une épée dont la pointe va se cacher sous sa couronne. L'épée, si c'en est une, est également un des attributs de la Majesté ou de la Puissance.

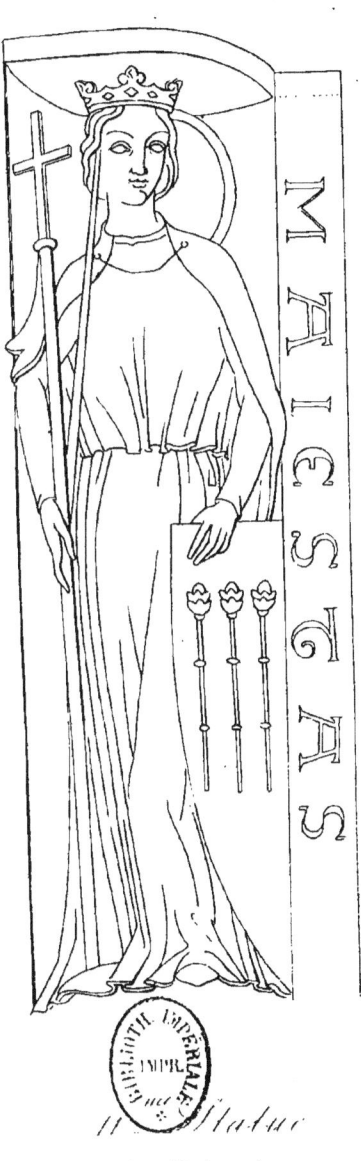

La Majesté.

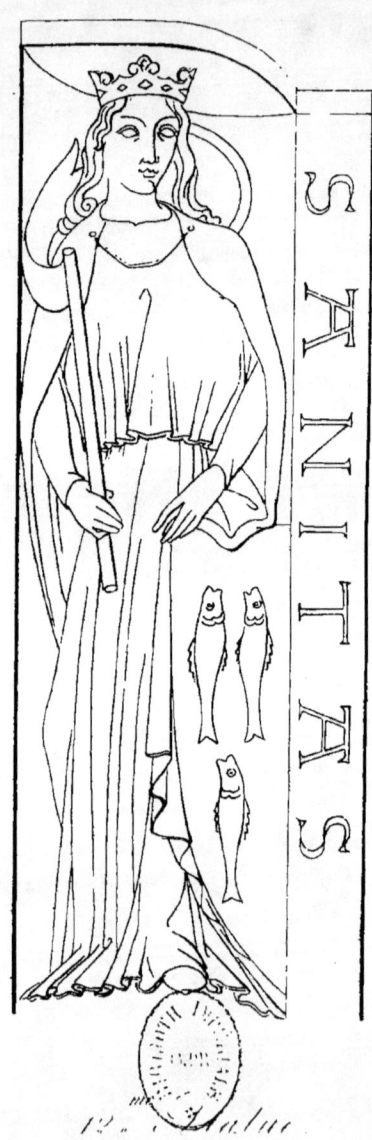

La Santé.

à subir celle-ci. Le premier cri qu'il fait entendre est une expression de douleur. Déjà il est tributaire de la faim, de la soif, de l'anxiété et de toutes les exigences du corps. Comment définir la santé céleste ? Le Psalmiste l'a fait dignement dans ce peu de mots : « La santé des justes » leur viendra de la main de Dieu. » Quant à ce qu'elle est sur la terre, comment aussi la définir ? Nous nous persuadons posséder la santé quand nous ne sentons en nous aucune douleur ; mais combien nous nous abusons ! Cette santé imaginaire ne redoute-t-elle pas jusqu'au moindre contact, à la moindre pression ? L'homme qui se croit le plus sain, si vous le heurtez, si vous serrez fortement l'un de ses membres, de quelque façon que ce soit, s'écrie aussitôt qu'on le blesse et n'a plus de repos que l'on n'ait cessé. Ne se disait-il pas sain tout-à-l'heure ? Pourquoi maintenant ces plaintes ? Pourquoi ces clameurs ? Est-ce donc là être sain ? Assurément non. Aussi, la santé que Dieu communiquera à nos corps sera bien différente. La santé, dans cette autre vie, sera éternelle et inaltérable. »

### 13e STATUE. — LA SÉCURITÉ.

*La Sécurité* se trouve également classée par tous les théologiens au nombre des Béatitudes, excepté toutefois par saint Bernard qui la remplace par *la Piété*.

L'emblème de cette statue la fait reconnaître aussi bien que son nom : elle porte dans son écu un château-fort flanqué de tours, dans une enceinte de pierres percée d'une seule porte. Notre graveur n'a pas rendu d'une manière suffisamment exacte le château parfaitement sculpté avec ses créneaux au porche de notre cathédrale : l'idée est bien la même, mais le dessin ne rend pas le style de l'époque. De sa main droite, la Sécurité s'appuie sur un petit drapeau à deux pointes, en guise de sceptre royal.

« La Sécurité, dit saint Anselme, ajoute aux autres Béatitudes une joie qui leur était nécessaire. Aucune ne serait parfaite sans celle-ci. Quel est le bien de cette terre qui ne soit instable et incertain? Le riche peut, en un clin d'œil, tomber dans le dénûment, et celui qui est plein de vie peut inopinément descendre au tombeau. Ici-bas, nulle joie complète, nulle entière sécurité. Mais, une fois sorti de la vie, l'être jouira d'une parfaite sécurité. Il verra tous ses désirs comblés et saura qu'il ne peut rien perdre de ce qui est en sa possession. »

### 14e STATUE. — LA SCIENCE.

Le nom de cette statue est détruit aujourd'hui, mais il ne peut exister de doute à son sujet, c'est *la Science* ou *la Sagesse*, *Sapientia* de saint Anselme, saint Bernard et saint Thomas-d'Aquin, *Cognitio* de saint Bonaventure. Elle se trouve au reste à sa place, ainsi que la Beauté; car elle est à l'âme des élus ce qu'est à leur corps la Beauté, la première béatitude et le point de départ des autres.

Sur la console où repose cette statue est figurée une oie, emblème de la vigilance; de sa main droite elle tient un étendard triomphal, symbole de sa victoire sur l'ignorance; de sa gauche elle s'appuie sur un écu où est représenté un dragon, emblème de la science.

La désignation de cet animal symbolique a été la cause d'un débat assez vif entre Mme d'Ayzac et M. Didron. Mme d'Ayzac veut y voir un griffon, représentant, suivant elle, la science sacrée, la vigilance et la défense, ces qua-

La Sécurité

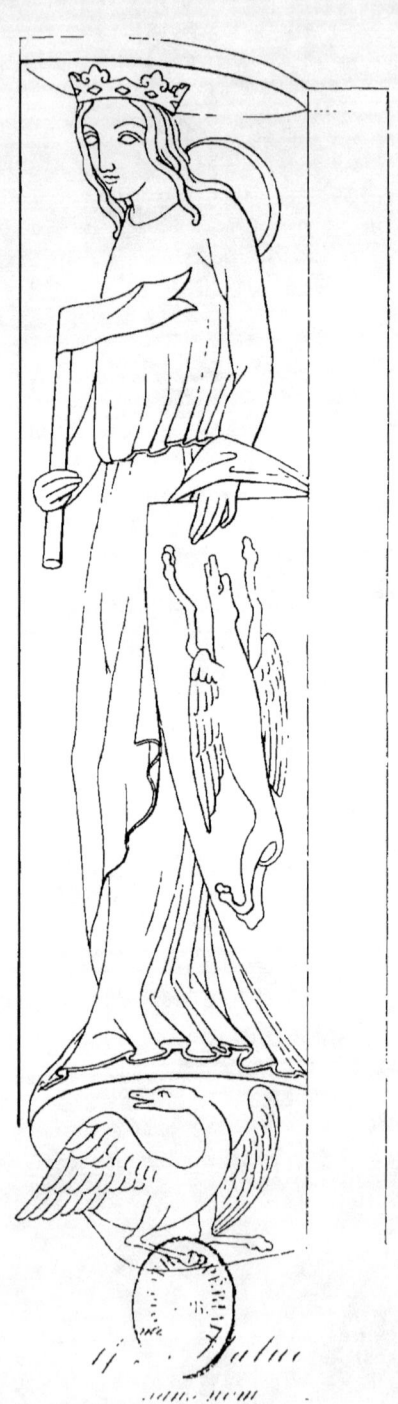

lités de la sagesse chrétienne : elle ne peut s'expliquer comment M. Didron a pu donner le nom de dragon à cet animal. L'erreur de Mme d'Ayzac, car c'est incontestablement une erreur, vient de la gravure qu'elle avait sous les yeux, où le dessinateur, au lieu de figurer, tel qu'il existe réellement sur la pierre, un dragon à la queue de serpent, a représenté je ne sais quel animal qui ne ressemble pas beaucoup plus à un griffon qu'à un dragon, mais qui en tout cas n'a jamais appartenu à la statuaire du XIIIe siècle.

Au reste, griffon ou dragon, Mme d'Ayzac a parfaitement interprété le symbolisme de cette statue, qui est bien la Science et non la Religion, comme M. Didron l'avait supposé.

« Dieu même, dit saint Anselme, est la science; celle-ci n'existe point à l'état parfait hors de Dieu, et le juste en sera rempli parce qu'il verra Dieu face à face. Le passé comme l'avenir, la chaîne des générations, et chaque être en particulier, la patrie, l'origine, toutes les actions de chacun, seront connues de chaque élu. Loin d'attrister jamais leur cœur, cette connaissance y versera une joie parfaite, et leur bonheur en sera accru en mille manières. »

---

Telle est l'explication de ces quatorze statues, si souvent citées parmi les plus intéressantes de celles qui décorent notre Cathédrale. Tout récemment, nous voyions reprocher à nos architectes du XIIIe siècle d'avoir méconnu ce précepte tombé du Sinaï : *Tu ne te feras aucune image taillée.* Chacun sent qu'il y a plus de sophisme que de vérité dans cette accusation; il ne nous appartient pas de la réfuter; mais nous plaignons sincèrement ceux qui ne comprennent pas ces pages de consolation et d'amour écrites au front de notre basilique. « Il nous semble, dirons-nous en finissant avec M^{me} d'Ayzac, il nous semble en contemplant ces Béatitudes, voir passer devant nous le chœur des voluptés célestes. Pure et ravissante vision ! L'une nous offre des roses en nous promettant la beauté d'une éternelle jeunesse; l'autre nous présente avec l'encens l'image des saintes ivresses et des voluptés de l'adoration. Consolez-vous à ce spectacle plein d'espérance, vous, dont le corps languissant trahit l'énergie de l'âme, vous posséderez la vigueur du lion; vous, dont l'impatience des désirs est sans cesse irritée par les obstacles, vous vous élancerez avec la félocité de la flèche. Il ne reste point dans le cœur de si mystérieux besoins ni d'aspiration si secrète, qui ne doivent un jour être satisfaits.

« Quel stimulant plus décisif pour les âmes noblement ambitieuses ! Quelle promesse plus suave pour les cœurs qui ont soif d'affection ! Quelle consolation plus tendre pour les âmes tristes ou faibles, lassées des travaux de la vie et fléchissant sous le fardeau ! Quel encouragement plus doux pour la foule obscure ou brillante, dont le plus sûr partage sera toujours, quoique l'on fasse, la fatigue, le travail et la douleur. »

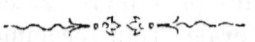

# TABLE

Notice sur Vincent Sablon . . . . . . . . . . ı

Dédicace au Chapitre de Chartres . . . . . . . *j*

Chapitre Iᵉʳ. — Des Druides . . . . . . . . . 1

Chap. ii. — De la manière dont cette église a été bâtie. 5

Chap. iii. — Description de l'extérieur de l'église de Chartres . . . . . . . . . . . . . . 9

Chap. iv. — Description des Portails de l'église . . 12

Chap. v. — Des Clochers et des Cloches, de la Charpente et de la Couverture de l'église . . . . 23

Chap. vi. — Description de l'intérieur de l'église de Chartres . . . . . . . . . . . . . 28

Chap. vii. — Des Autels et Chapelles qui existaient dans cette église . . . . . . . . . . 31

Chap. viii. — Des Chapelles aujourd'hui existantes dans l'église . . . . . . . . . . . . 34

Chap. ix. — De la Vierge-Noire, de sa Chapelle et de son Pèlerinage . . . . . . . . . . . 37

Chap. x. — Description des Sculptures ornant le tour du chœur de l'église de Chartres . . . . . . 42

Chap. xi. — De l'intérieur du Chœur et de sa principale grille . . . . . . . . . . . . . . 46

Chap. xii. — De Notre-Dame-sous-terre et des Autels qui y étaient . . . . . . . . . . . . . 52

Chap. xiii. — De la Chapelle actuelle de Notre-Dame-sous-terre . . . . . . . . . . . . . . 55

Chap. xiv. — Des Autels de l'Église sous-terre . . . 60

Chap. xv. — Des Chapelles de Saint-Piat et de Saint-Jérôme, adjacentes à l'église . . . . . . . 65

Chap. xvi. — De quelle manière la sainte Chemise de Notre-Dame fut apportée à Chartres, et comment elle a plusieurs fois miraculeusement sauvé la ville . . . . . . . . . . . . . . 69

Chap. xvii. — Description de la sainte Châsse . . . 77

Chap. xviii. — Des autres saints Reliquaires de l'église de Chartres, et d'autres richesses qui étaient dans le Trésor . . . . . . . . . 83

Chap. xix. — Des miracles qui se sont faits par l'intercession de Notre-Dame de Chartres . . . . 95

Chap. xx. — Des Reliques, Châsses et Ornements existants aujourd'hui à la cathédrale . . . . 115

Chap. xxi. — Liste des Évêques qui ont occupé le siége épiscopal de Chartres, depuis sa fondation jusqu'à nos jours . . . . . . . . . . . 120

Chap. xxii. — Des anciens chanoines et des Dignitaires de l'église de Chartres . . . . . . . 135

Chap. xxiii. — De la nouvelle organisation du diocèse de Chartres et des Paroisses qui le composent . . 142

| | |
|---|---|
| Chap. xxiv. — Incendie de la Cathédrale, le 4 juin 1836. | 158 |
| Chap. xxv. — Des événements mémorables qui ont eu lieu dans la ville et l'église de Chartres et des visites faites à cette église par des Rois, Reines, Princes et Princesses | 178 |
| Chap. xxvi. — Fête du couronnement de la Vierge de Chartres, le 31 mai 1855. | 188 |
| Chap. xxvii. — Fête de la Réconciliation de l'Église sous-terre, le 17 octobre 1860 | 204 |
| Chap. xxviii. — Des dévotions établies et des Offices célébrés dans la Cathédrale de Chartres. | 222 |
| Chap. xxix. — Description des Vitraux de la Cathédrale. | 225 |
| Chap. xxx. — Description des Statues du porche septentrional. | 259 |

Achevé d'imprimer le 1ᵉʳ septembre 1865
et tiré à 70 exemplaires:

60 sur papier vergé,
10 sur papier vélin azuré.

www.ingramcontent.com/pod-product-compliance
Lightning Source LLC
Chambersburg PA
CBHW050307170426
43202CB00011B/1805